역사 · 전기소설의 수사학

송명진

서강대학교 국어국문학과를 졸업하고 같은 대학 대학원에서 개화기 서사에 관한 연구로 박사학위를 받았다. 한림대학교, 동서울대학교 등에서 강의를 했으며, 현재 서강대학교 국어국문학과에서 대우교수로 재직하고 있다. 「개화기 독본과 근대 서사의 형성」, 「서사 전략과 대중문화 콘텐츠」, 「혼혈의 서사화 양상에 대한 사적 고찰」, 「1920년대 과학소설 수용 양상 연구」 등의 논문이 있다.

서강학술총서
054

역사 · 전기소설의 수사학

송명진 지음

서강대학교 출판부

서강학술총서 054

역사·전기소설의 수사학

초판발행 | 2013년 2월 27일
지 은 이 | 송명진
발 행 인 | 유기풍
편 집 인 | 우찬제
발 행 처 | 서강대학교 출판부
등록번호 | 1978년 9월 28일 제313-2002-170호

주 소 | 서울특별시 마포구 백범로 35번지
전 화 | (02) 705-8212
팩 스 | (02) 705-8612

ISBN 978-89-7273-229-7 94810
ISBN 978-89-7273-139-9(세트)

값 18,000원

* '서강학술총서'는 SK SUPEX 기금의 후원으로 제작됩니다.

책머리에

이 책은 역사·전기소설과 관련된 논의들을 모은 것이다. 신소설과 함께 개화기 소설의 한 축을 형성했던 역사·전기소설은 일본 제국주의에 의한 식민화의 위험으로부터 벗어나려는 노력을 서사화했다. 망국의 현실을 경계하기 위해 다른 나라의 망국사를 번역했으며, 제국주의에 대한 저항의 구심점으로 과거의 전쟁 영웅을 민족 영웅으로 호출했다. 국가와 민족, 이것은 역사·전기소설이 형성될 수 있었던 주요 원천이었다.

하지만 역사·전기소설은 개화기 소설의 연구사에서 주변에 머물렀다. 직설적인 화법, 단순한 서사 구조 등은 역사·전기소설의 가치를 '우국문학'으로만 제한하는 근거가 되었다. 그러나 역사·전기소설 또한 시대성을 내재화하면서 탄생한 소설이다. 따라서 역사·전기소설 역시 개화기의 다양한 사회적 문제와 변화를 함축하고 있다. 다만, 강조된 '국가'와 '민족'에 의해, 여타의 가치들이 가려져 있었을 뿐이다. 이 책은 그동안 역사·전기소설을 대상으로 강조되지 않았던 부분들에 대해 관심을 가지

려고 했다.

역사·전기소설에 대한 본격적인 관심은 박사학위 논문을 준비하면서 시작되었다. 이전에도 역사·전기소설에 대해 관심을 갖지 않았던 것은 아니지만 그때는 재미가 없었다. 소설은 모름지기 재미가 있어야 한다고 생각했다. 그러나 역사·전기소설은 을지문덕, 천개소문 등과 같은 인물의 이름만 달랐을 뿐, 내용은 크게 다르지 않았다. 그러던 어느 순간, 소설들이 갖고 있던 작은 차이들이 크게 보이기 시작했다. 그리고 그 차이들이 말해주는 이야기는 재미있었다. 역사·전기소설을 공부하면서 나는 드러난 이야기보다 드러나지 않은 이야기의 즐거움을 깨닫게 되었다.

이 책은 많은 사람들과의 인연에 의해 비로소 세상에 나올 수 있었다. 먼저 서강(西江)에 계신 여러 선생님들과 동학들의 도움이 아니었다면 이 책은 존재하기 힘들었을 것이다. 그들과 연을 맺은 것만으로도 나는 학문의 즐거움을 느낄 수 있었다. 특히, 지도교수님이셨던 이재선 선생님과 우찬제 선생님께 깊은 감사를 드린다. 이 책은 내가 썼지만, 결국은 당신들께서 안내해주신 학문의 여정에 이 책이 이미 있었던 것 같다. 그리고 가족들의 사랑 역시 빼놓을 수 없다. 언제나 믿고 기다려주시는 양가 부모님께 감사드린다. 부모님의 따뜻한 사랑이 언제나 송구스러울 뿐이다. 아울러 아내 이미정과 아들 송이한에게도 고마움을 전한다. 그리고 '사랑한다'라는 말도 함께 전하고 싶다. 끝으로 이 책을 구상하고 기획할 수 있게 해준 서강학술총서 관계자 분들과 좋은 책을 만들기 위해 노력해준 서강대학교 출판부 관계자 분들께도 고마움을 전한다.

몇 해 전에, 한 영화배우의 수상 소감이 회자된 적이 있었다. 스태프와 배우들이 차려놓은 멋진 밥상에서 맛있게 먹기만 했다는 말을 떠올리면서, 나는 과연 나의 인연들이 차려준 밥상에서 열심히 밥을 먹기는 했는지

되돌아본다. 부족했던 부분들은 이후 학문의 과정에서 서서히 채워나가도록 하겠다.

2013년 2월
저자 송명진

차례

서론

한국 근대문학사에서 역사·전기소설은 신소설과 함께 개화기 소설의 한 축을 구성했다. 특히, 일본 제국주의에 의한 식민화의 위험이 가시화되면서 역사·전기소설은 당시 가장 지배적인 서사 양식으로 인식되기도 했다. 이는 현실의 문제를 서사적으로 해결하고자 했던 욕망이 투여된 결과다. 타국의 망국(亡國) 과정을 형상화하면서 자국의 망국 위험을 경계하는가 하면 과거의 전쟁 영웅을 민족 영웅으로 호출하면서 당대의 위기를 돌파하고자 했다. 역사·전기소설은 시대가 부여한 '국민의 혼'으로서의 소설의 역할을 충실하게 수행했던 것이다.

역사·전기소설이라는 명칭은 이재선에 의해 비롯되었다. 이재선은 1975년에 출판된 『애국부인전/을지문덕/서사건국지』에 해제를 덧붙이면서, 이 소설들에 대해 "역사적 전기적 문학"이라고 명명했다. 허구적인 인물을 내세워 당대의 현실을 소설화하고자 했던 신소설과 달리, "역사적 전기적 문학"은 역사적인 인물을 통해 현실을 구제(救濟)하려는 '의도'를 소설화한 것이라고 이재선은 논의했다.[1] 이후, 1978년에 한국학문헌연구소에서 '개화기문학총서' 시리즈로 '역사·전기소설'을 출판하면서, 역사·전기소설은 신소설과 더불어 개화기 소설을 대표하는 문학 갈래로 인식되었다.

그러나 획일화된 주제, 단순한 구성, 권위적 서술자의 존재는 역사·전기소설에 대한 명확한 개념 부재[2]와 함께 역사·전기소설에 대한 다양하고 심화된 연구를 가로막아 왔다. 또한 개화기 신문 매체에 게재된 단형서사, 개화기 독본에 수록된 서사 등에 대한 최근의 연구 경향은 개화기 서사에 대한 이해의 폭을 넓혔지만 역사·전기소설에 대한 심화된 이해에는 오히려 기여하지 못했다. 그래서 역사·전기소설은 여전히 '우국문학'으로서의 존재 가치만 인정되었을 뿐, 형성 과정, 서술 방식, 주제적 측면 등과 같은 다양한 연구 시선들로부터 배제되어왔다.

하지만 역사·전기소설은 개화기 서사에서 주변 문학으로 한정될 수 없다. 역사·전기소설은 국가, 국민, 민족 등과 같은 근대적 개념과의 접속을 통해 탄생했다. 이러한 근대적 개념들은 현대문학에서도 여전히 간과할 수 없는 주제다. 역사·전기소설은 바로 이러한 간과할 수 없는 문제의식의 기원을 형성하고 있다. 『애국부인전』과 『라란부인전』은 남성화된 여성의 형상화를 통해 '국가와 여성'이라는 화두를 서사화했으며, 『을지문덕』은 국가의 전경화에 의해 생략된 개인의 소외 양상을 간접적으로 시사하고 있다. 그러므로 역사·전기소설에 대한 연구란 곧 현대사회에서도 여전히 논쟁적인 국가, 국민, 민족 등과 관련된 문제의식의

1 이재선 역주, 『애국부인전/을지문덕/서사건국지』, 한국일보사, 1975, 176~177쪽.

2 역사·전기소설은 크게 두 가지 부류로 구분된다. 『월남망국사』처럼 번안 혹은 번역된 작품군들과 『을지문덕』처럼 창작된 작품군들이 존재한다. 이에 대해 김영민은 전자는 '역사·전기류' 혹은 '역사·전기문학'이라고 명명하고 후자만을 '역사·전기소설'로 명명할 것을 제안했다. 이러한 제안은 역사·전기소설이라는 명칭 속에 포함된 서사의 다양성을 암시하는 동시에 역사·전기소설이라는 개념의 애매성을 환기하는 것이다. 김영민, 『한국근대소설사』, 솔, 1997, 83쪽 참고.

기원을 탐색하는 과정이라고 할 수 있다.

그러므로 역사·전기소설에 대한 연구는 더욱 다양화되고 심화될 필요가 있다. '역사·전기소설의 수사학'이라는 제목으로 기획된 본 연구는 현대문학에서 다루고 있는 여러 문제의 기원을 보여주고 있다는 의의를 지니며, 동시에 그동안 신소설에 비해 폄하되어왔던 역사·전기소설의 다양한 연구 가능성을 입증하려고 노력했다. 연구 과정은 크게 세 가지로 구분되어 이루어졌다.

첫째, 역사·전기소설의 형성, 전개와 관련된 논의다. 역사·전기소설은 국가의 위기 속에서 출현하여 경술국치와 더불어 소멸된 문학 갈래로 인식되고 있다. 그러나 문학 갈래의 생성과 소멸은 단순히 문학 외적인 사회 상황만으로는 설명될 수 없다. 일련의 소설군(群)이 형성되기 위해서는 그 소설을 가능하게 했던 개념 형성이 필수적이다. 마찬가지로 특정한 소설이 소멸된 이유 역시 소설의 내적 원인을 고찰하는 가운데 보다 분명해질 수 있다.

1부는 역사·전기소설이 형성되는 데에 기여했던 소설의 개념에 대한 고찰에서부터 역사·전기소설이 시대성을 상실하게 된 과정에 대해 살펴보았다. 그리고 더 나아가 지리적 공간을 달리한 이국(異國)에서 역사·전기소설이 전개되는 양상에 대해 아울러 고찰했다. 특히, 이국에서의 역사·전기소설 전개 양상에 대한 고찰은 개화기로 한정되어 다루어졌던 역사·전기소설에 대한 연구의 폭을 넓히는 데에 기여할 것으로 생각한다.

둘째, 역사·전기소설의 서술 양상과 관련된 논의다. 그동안 역사·전기소설의 서술 양상은 신소설과 대비하여 비통속성, 비상업성으로만 획일적으로 규정되어왔다. 그러나 서술의 단순성이라는 편견 너머에는 의외로 복잡한 서술의 문제들을 내포하고 있었다. 이는 개화기에 이르러 변화된 글쓰기 환경이 역사·전기소설의 서술 양상에도 영향을 미쳤기 때문이다.

2부에서는 역사·전기소설에 드러나는 서술의 문제를 역사 서술의 양상, 신문 매체의 영향, 번역어로서의 문체 선택 등과 관련지어 다루었다. 이는 역사·전기소설이 출현하게 된 외적인 상황과 긴밀한 관련성을 함축하고 있는 것들이다. 역사적 인물과 상황들을 서사화하고 있는 역사·전기소설은 신문 매체를 통해 연재되기도 하고 때로는 번역되어 읽히기도 했다. 이 과정에서 개화기에 이르러 변화된 역사 서술의 양상, 상업성을 지향하는 신문 매체의 영향, 번역 과정에서의 문체 선택의 문제 등이 역사·전기소설의 서술 양상에 일정한 영향을 미쳤다. 이에 대한 조망은 역사·전기소설의 서술 양상을 보다 중층적으로 이해하는 데에 기여할 것으로 생각한다.

셋째, 역사·전기소설의 주제학적인 측면에 관한 논의다. 역사·전기소설은 그 명칭에서부터 이미 암시하듯이 역사와 전기, 즉 망국사와 위인전이 주류를 이루는 단순한 서사 형태로 인식되어왔다. 그러나 망국의 '국'(國)이 '근대적' 국가를 지칭하며 위인전의 영웅이 '근대적' 영웅이라고 했을 때, 그 개념은 결코 단순하지 않다. 왜냐하면 이 근대적 개념들은 개화기에 이르러 비로소 번역된 낯선 개념들이기 때문이다. 따라서 이들 용어는 특정한 의미로 봉합되지 않은 상태로 다른 개념들과 접속하면서 유동적인 의미망을 내포할 수밖에 없었다.

3부에서는 근대적 영웅과 민족이라는 개념이 여러 맥락 속에서 다양하게 의미화되는 양상에 대해 주목했다. 남성과 여성이라는 젠더의 차이 그리고 경술국치 이전과 이후라는 시기의 차이는 영웅의 상(像)을 변화시켰다. 한편, '민족' 개념 역시 근대에 이르러 번역된 개념이다. 따라서 논자들마다 민족으로 지칭하는 개념의 범위가 달랐다. 번역된 용어들이 갖는 개념의 차이는 곧 역사·전기소설 각각의 변별적 차이로 구체화되었다. 역사·전기소설이라는 분류에도 불구하고 역사·전기소설들은 각각 변별적 특징들을 내포하고 있었던 것이다. 따라서 이는 당대의 위기를 서사적으로 해결하고자 하는 동일한 의도에서 비롯된 역사·전기소설의 다양한 서사적 특징을 재고하는 데에 기여할 것으로 생각한다.

현재의 변화는 과거의 변화를 이끌어낸다. 현대에 이르러 문학 연구는 방법론적 측면뿐만 아니라 연구 대상의 측면에서도 다양하게 확대되어왔다. 그러나 백여 년 전 국가의 위기와 함께 출현했던 역사·전기소설은 현대의 다양한 연구 시선으로부터 여전히 배제되어 있다. 역사·전기소설 역시 현대의 변화된 문학 연구 환경 속에서 새롭게 조망될 필요가 있다. 이상의 연구 내용이 그동안 '우국문학'으로서의 정체성만을 강요받았던 역사·전기소설에 대한 인식을 새롭게 하는 데에 기여하기를 바란다.

제1부

역사·전기소설의 형성과 전개

제1장
문(文)과 소설(小說), 개화기 '소설'의 한 개념

1. 개념의 전파와 용어의 선택

한국 문학사에서 개화기는 기존의 언어 체계와 서구로부터 전파된 낯선 언어 체계가 조우하는 혼종의 시기로 규정된다. 불완전한 근대의 조건 속에서 이전부터 존재했던 문(文)과 관련된 어휘들은 중국과 일본을 거쳐 유입된 서구의 문학어들과 중첩되면서 보다 다양한 의미를 내재화했다. '백성'과 '국민'의 개념적 거리, 번역된 '민족'이 지칭하는 범위 등은 명확히 규정된 것이라기보다는 어휘가 사용된 맥락에 따라 달라지는 경우가 일반적이었다.

이러한 상황에서 이광수는 「문학이란 하오」에서 "금일, 소위 문학이라 함은 서양인이 사용하는 문학이라는 어의(語義)를 취함이니, 서양의 Literatur 혹은 literature라는 어를 문학이라는 어로 번역하였다 함이 적당하다. 고로, 문학이라는 어는 재래의 문학으로서의 문학이 아니요, 서양어에 문학이라는 어의(語意)를 표하는 것으로의 문학이라 할지라"[1]

라고 문학에 대해 규정했다. '재래의 문학'과 '서양어의 문학'이 공존하는 상황에서 이광수는 서구로부터 번역된 문학 개념으로 당시의 문학 개념을 단일화하고자 했던 것이다.

그러나 번역어를 중심으로 새로운 언어 질서가 재편되는 과정은 근대문학의 선구자인 이광수 개인의 노력만으로 성취될 수 있는 것이 아니다. 왜냐하면 전파란 항상 수용자의 내적 상황과 긴밀한 관련성을 내포하기 때문이다. 일방적인 이식과 모방은 수용자의 상황을 고려하지 않은 채, 전파자의 상황만을 내세운 편견의 결과다. 서구로부터 전파된 '문학'이 역어로 성립될 수 있었던 것은 그래서 근대문학을 생성시키는 하나의 기제가 될 수 있었던 것은 비단 이광수뿐만이 아니라 당시의 상황이 서구로부터 전파된 문학의 개념과 접목될 수 있는 여건을 가지고 있었기 때문이다. 역어는 수용자의 흔적과 전파의 맥락이 접속된 가운데 비로소 존재할 수 있다.

개화기에 서구의 문학어가 전파되면서 가장 혼란스러운 용어 사용을 보인 것 가운데 하나는 '소설'이라는 용어다. 개화기 이전, 소설은 유학의 경(經), 사(史) 등과 반대되는 의미로 지칭되었다. 국가를 운영하는 지침서이자 일상생활의 교훈서로 기능했던 경(經)과 옛것을 거울삼아 현재를 경계하고자 했던 사(史)와는 달리, 소설은 "엄중한 논의와는 거리가 먼 자질구레한 이야기"[2]를 가리키는 용어에 불과했다. 효용론적인 가치를 중요하게 인식했던 유학(儒學)적 인식에서 소설은 무용할 뿐만 아니라 사람의 마음을 현혹시키는 것에 지나지 않았던 것이다.

---

1 이광수, 「문학이란 하오」, 『이광수전집』 1권, 삼중당, 1962, 507쪽.

2 김진곤 편역, 『이야기 小說 Novel』, 예문서원, 2001, 14쪽.

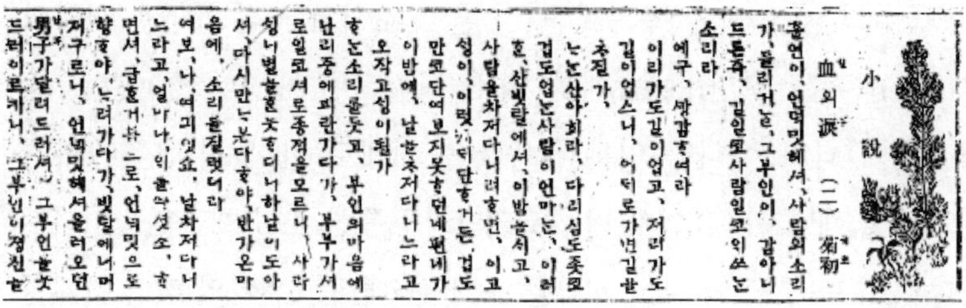

'소설'이라는 용어는 개화기에 이르러 다양한 개념의 혼란을 초래했던 용어 가운데 하나다. 서구로부터 전파된 개념과 개화기에 이르러 새롭게 형성된 개념이 함께 공존하고 있었던 용어가 바로 '소설'(小說)이었다.

그러나 개화기에 이르러 소설은 이전과 달리 '국민의 혼'으로서의 적극적인 가치를 인정받는다. 새롭게 전파된 민족, 국민 등의 개념이 소설과 접속하면서 소설의 새로운 역할론이 강조되었던 것이다. 이는 소설을 둘러싼 담론의 지형이 변화했다는 것을 의미한다. 이 변화의 원인은 근본적으로 서구의 소설 개념이 새롭게 유입되면서 이루어졌다. 그러나 앞에서도 언급했듯이, '국민의 혼'으로서의 소설이 가능하게 된 것은 서구 개념의 전파와 수용자의 내적인 여건과의 조율 속에서 가능해진 현실이다.

김재영은 개화기 소설의 개념은 일본과 중국을 거쳐 전파된 서구의 소설 개념을 '오해'한 결과라고 논의했다. 왜냐하면 개화기에 유통되었던

"흥미 중심의 읽을거리" 혹은 "국민의 혼"으로서의 소설 개념은 서구의 노블(novel) 혹은 로만(roman)과는 다소 이질적인 개념이기 때문이다. 직접적인 전파가 아니라 일본과 중국을 매개로 한 우회적인 전파가 서구의 소설 개념과는 거리가 먼 개화기만의 독특한 소설 개념을 낳았다는 것이다.[3] 그러나 서구의 소설 개념을 '오해'한 데에는 전파의 경위 못지않게 수용자의 상황도 결정적인 요인이 될 수밖에 없다. 수용하는 입장에서 기존의 개념을 변용하는 것은 일반적이기 때문이다. 이를 염두에 둘 때, 용어의 전파에 있어서 '오해'(?)는 필연적인 현상이다.

용어의 전파가 수용자의 내적 상황과 긴밀한 관련성을 갖는다고 할 때, 개화기 이전까지 문(文)에 대한 가치론이자 창작론이었던 문이재도(文以載道)의 개념은 중요하다. '국민의 혼'으로서의 소설 역할을 강조했던 신채호, 박은식 등이 모두 유학자 출신이라는 사실과 더불어 소설의 가치를 새롭게 끌어올릴 수 있었던 것 역시 문이재도(文以載道)에서 기인하는 효용론적 관점에서 비롯되었기 때문이다. 소설의 가치를 폄하했던 문이재도(文以載道)의 관점이 개화기에 이르러서는 역설적으로 소설의 가치를 상승시키는 역할을 했던 것이다. 그러므로 개화기 이전까지 문(文)에 대한 기준이었던 문이재도(文以載道)의 개념에 초점을 맞추어

3 김재영은 개화기에 유통되었던 소설 개념을 크게 두 가지로 구분했다. 첫째는 『한성신보』에 등장하는 소설이라는 용어다. 이 소설이라는 용어는 근대적 매체와 소설의 개념이 관련되는 방식을 보여주었으나 소설의 외연을 "흥미 중심의 읽을거리"로 확장시켜버렸다고 논의했다. 둘째는 "국민의 혼"으로서의 소설 개념이다. 민족주의라는 새로운 개념과 소설이 연관됨으로써 "국민의 혼"이라는 개념을 소설이 내포할 수 있게 되었다고 논의했다. 이러한 개화기의 소설 개념에 대해 김재영은 우회적인 전파 과정에 의해 서구의 소설 개념을 "오해"한 결과라고 논의했으며 "오해되지 않은(?)" 소설 개념은 이광수 · 김동인 등의 시대에 이르러서야 가능한 현실이 되었다고 논의했다. 김재영, 「근대계몽기 소설 개념의 변화」, 김영민 외, 『한국 근대 서사양식의 발생 및 전개와 매체의 역할』, 소명출판, 2005, 65쪽 참고.

개화기의 소설 개념을 고찰하는 것은 서구적 요인에 편향되어 있는 개화기 소설 개념 연구에 대한 재검토와 더불어 수용자의 상황을 강조하기 위한 작업이다.

2. '국민의 혼'으로서의 소설 개념

소설이라는 개념이 현대적 의미로 고정된 것은 이광수의 「문학이란 하오」에서부터였다. 조선의 소설 개념에 대해 "무식한 소치"라고 비판한 이광수는 소설에 대해 "인생의 한 방면을 정(正)하게 정(精)하게 묘사하여 독자의 안전(眼前)에 작자의 상상 내에 존재하는 세계를 여실하게, 역력하게 전개하여 독자로 하여금 그 세계 내에 존재하여 실견하는 듯하는 감(感)을 일으키게 하는 것을 말함이니"[4]라고 주장했다. 물리적 시간의 간격에도 불구하고, 작가의 상상력에 기초한 허구의 세계, 서사 진행의 핍진성에 대한 암시 등은 소설의 현대적 개념과 동일하다.

그러나 이광수보다 앞서 활동했던 신채호의 경우 소설에 대해 다르게 규정한다. 그러므로 이광수가 정의한 소설 개념이 지배적인 개념으로 고정되어 현대에 이르게 되었다는 사실은 소설 개념에 대한 일련의 배제와 선택의 과정이 개입되었다는 것을 암시한다. 다음은 개화기에 존재했던 한 소설 개념의 편린을 엿볼 수 있는 인용문이다.

> 한국에 젼힝ᄒᆞ는 쇼셜은 태반이나 모다 음란ᄒᆞ고 호탕ᄒᆞᆫ 글이오 부쳐를 숭비ᄒᆞ야

---

4 이광수, 「문학이란 하오」, 『이광수전집』 1권, 삼중당, 1962, 513쪽.

복을 비ᄂᆞᆫ 괴이ᄒᆞᆫ 말이니 이로 ᄯᅩᄒᆞᆫ 인심과 풍쇽을 부패케ᄒᆞᄂᆞᆫ 거시라 각죵 쇼셜은 져슐ᄒᆞ여 내여셔 이런 거슬 ᄒᆞᆫ번 쓸어 ᄇᆞ리ᄂᆞᆫ 거시 뎨일 급ᄒᆞ다 ᄒᆞᆯ지로다.

년젼에 몃낫 지ᄉᆞ들이 즁츄원에 헌의ᄒᆞ야 무릇 일반 려항간에 발매되ᄂᆞᆫ 녯젹 쇼셜을 금지ᄒᆞᆷ이 가ᄒᆞ다ᄒᆞᆫ 쟈ㅣ 잇ᄂᆞᆫᄃᆡ 나ᄂᆞᆫ 그 ᄯᅳᆺ은 올케 녁이거니와 그 방칙은 반ᄃᆡ하노라 능라를 가지고 갈포를 밧고쟈ᄒᆞ면 응치 아니ᄒᆞᆯ 쟈 업고 고량진미를 가지고 조밥을 밧고쟈ᄒᆞ면 즐겨ᄒᆞ지 아닐 쟈ㅣ 업슴과 ᄀᆞᆺ치 긔묘ᄒᆞ고 정결ᄒᆞᆫ 새쇼셜만 만히 나면 구쇼셜은 ᄌᆞ연 절죵이 될 것시어ᄂᆞᆯ 엇지 반ᄃᆞ시 이런 강제ᄒᆞᄂᆞᆫ 일노 민심을 거슬녀셔 힝ᄒᆞ기 어려온 일을 ᄒᆞ리오

그러나 근일에 새쇼셜이라 ᄒᆞᄂᆞᆫ 쟈ᄂᆞᆫ 발간ᄒᆞ여 내ᄂᆞᆫ거시 드물기도 ᄒᆞᆯ ᄲᅮᆫ더러 그 발간ᄒᆞ여 내ᄂᆞᆫ 쟈를 본즉 다만 ᄒᆞᆫᄯᅢ에 리익이나 도모ᄒᆞᄂᆞᆫ ᄉᆞ샹으로 초초ᄒᆞ게 지어내셔 녯쇼셜에 비교ᄒᆞ면 곳 오십보를 다라난 쟈가 ᄇᆡᆨ보를 다라난 쟈를 웃ᄂᆞᆫ 것과 ᄀᆞᆺᄒᆞ니 족히 새ᄉᆞ샹을 슈입케ᄒᆞᆯ 수 업ᄂᆞᆫ지라 슯흐다

나ᄂᆞᆫ 이것슬 개탄ᄒᆞ야 좁은 소견을 베프러 쇼셜짓ᄂᆞᆫ 쟈를 경고ᄒᆞ노라[5]

이것은 개화기 소설론을 언급할 때 자주 인용되는 신채호의 논의 가운데 일부분이다. 이 논의에서 신채호는 구소설(옛소설)과 신소설(새소설)을 구분하고 있는데, 구소설은 '음란'하고 '괴이'한 것을 특징으로 하고 있으며, '인심과 풍속의 부패'를 초래한다고 비판한다. 이러한 구소설은 각종 신소설의 생산으로 자연스럽게 소멸될 것이라고 신채호는 예상하고 있다.

구소설은 「근일 국문쇼셜을 져슐ᄒᆞᄂᆞᆫ 쟈의 주의ᄒᆞᆯ 일」에서 밝히고 있는 소대성전을 비롯하여, 이해조가 지적하고 있는 춘향전, 심청전, 홍길동전[6]과 박은식이 『서사건국지』 서문에서 밝히고 있는 구운몽, 사씨

5 신채호, 「근일 국문쇼셜을 져슐ᄒᆞᄂᆞᆫ쟈의 주의ᄒᆞᆯ일」, 『대한매일신보』(국문판), 1908. 7. 8.
6 이해조, 『자유종』, 김윤식 편, 『신소설 · 번안(역)소설 4』, 아세아문화사, 1978, 14~15쪽.

남정기, 소학사전, 장풍운전, 숙영낭자전 등을 지칭하는 것이다. 이들의 특징으로 박은식은 "황탄무계하고 요미불경"[7]하다고 지적한다. 이러한 소설에 대한 인식 태도는 개화기 이전, 문이재도(文以載道)의 가치관에 의해 소설을 폄하하던 논리와 동일하다.

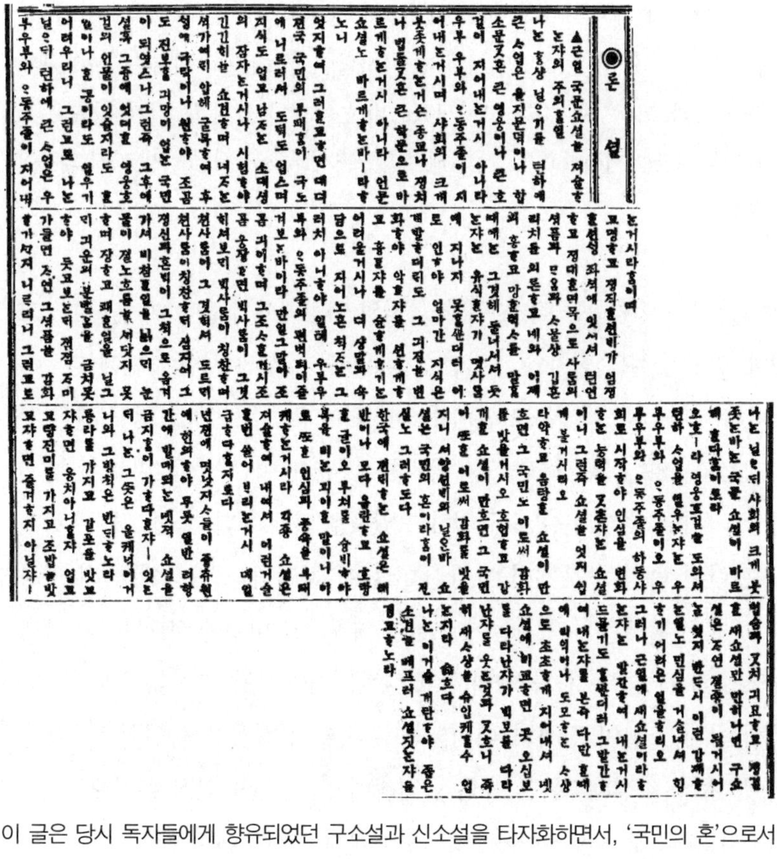

론설

▲근일 국문쇼셜을 저술ㅎ는자의 주의홀일

이 글은 당시 독자들에게 향유되었던 구소설과 신소설을 타자화하면서, '국민의 혼'으로서의 소설론을 강조했던 대표적인 논설이다.

7 박은식, 『서사건국지』, 『백암박은식전집』 5권, 동방미디어, 2002, 185쪽.

개화기 이전 소설에 대한 인식은 이덕무의 소설배격론에서 잘 드러난다. 이덕무는 「영처잡고」 '세정석담' 편에서 자신의 소설 독서 경험과 아울러 소설의 개념, 창작 과정, 당시 유행 정도의 일단을 피력하고 있다. 이 가운데에서 '소설유삼혹'(小說有三惑)은 주목할 만하다.

> 소설에는 세 가지 의혹된 바가 있다. 헛 것을 내세우고 빈 것을 천착하며 귀신을 논하고 꿈을 말하였으니 지은 사람이 한 가지의 의혹이요, 허황된 것을 감싸고 비루한 것을 고취시켰으니 논평한 사람이 두 가지 의혹이요, 귀중한 시간을 허비하고 경전을 등한시했으니 탐독하는 사람이 세 가지 의혹이다.[8]

이 글에서 이덕무는 작자, 평자, 독자의 입장에서 소설에 대해 살펴보고 있다. 먼저 소설의 작자와 관련된 논의에서는 소설의 개념에 대해 피력하고 있다. "헛 것을 내세우고 빈 것을 천착하며 귀신을 논하고 꿈을 말한다"(架虛鑿空 談鬼說夢)라고 소설 작자를 비판한 이 부분은 바로 소설의 특성을 '허구'와 '비현실'로 규정하고 있음을 알게 한다. 한편, 평자·독자와 관련된 논의 부분에서는 당시 소설이 차지하는 위상에 대해 엿볼 수 있게 한다. 당시 유학자들이 소설을 허황되고 비루한 것으로 인식했다는 사실과 "귀중한 시간을 허비하고 경전을 등한시했다"는 독자의 태도를 통해 당시 소설이 경서와 대비되는 위치를 점했음을 확인할 수 있다.

이덕무의 소설배격론은 유학적 입장에서 문(文)을 인식했던 태도에서 비롯되었다. 즉, 재도지문(載道之文)에 의해 경전을 우대한 반면 소설을 폄하했던 것이다. 이러한 인식 태도는 앞에서 언급했던 신채호, 박은식

8 이덕무, 『청장관전서』 5권, 「영처잡고」 1, 「세정석담」.

등과 같은 역사·전기소설가들이 구소설을 비판했던 논리로 고스란히 연결되었다.

한편, 신채호가 말하는 구소설을 소멸시킬 신소설은 무엇인가? 그러나 이 신소설은 이인직의 『혈의 루』를 시작으로 한 일련의 신소설들과는 일정한 거리를 유지한다. 앞의 인용문에서 당시의 신소설들에 대해 "ᄒᆞᆫ때에 리익이나 도모ᄒᆞᄂᆞᆫ ᄉᆞ샹"으로 만들어진 것이라며 그 상업성을 비판했던 신채호는 한 논평에서도 "근일에 쇼셜을 짓ᄂᆞᆫ 쟈들은 음풍을 ᄀᆞᄅᆞ치ᄂᆞᆫ 거스로 쥬지를 숨으니"[9]라고 논의했다. 이러한 비판과 그의 작품 성향을 토대로 했을 때, 그가 말하는 신소설이란 「근일 국문쇼셜을 져술ᄒᆞᄂᆞᆫ 쟈의 주의홀 일」에서 언급한 것과 같은 "영웅호걸을 도와셔 텬하 ᄉᆞ업을 일우ᄂᆞᆫ 쟈ᄂᆞᆫ 우부우부와 ᄋᆞ동주졸이오 우부우부와 ᄋᆞ동주졸의 하등샤회로 시작ᄒᆞ야 인심을 변화ᄒᆞᄂᆞᆫ 능력을 ᄀᆞ촌" 것이다. 즉, 가시화된 식민화의 위험 속에서 국가를 보존하는 '천하 사업'을 일반 민중(우부우부와 아동주졸)들이 행할 수 있도록 소설이 그 역할을 다해야 한다는 것이다. 이는 곧 오늘날 '역사·전기소설'이라고 지칭되는 소설로, 소설을 '국민의 혼'이라고 명명하는 데에 근거가 되는 개념이다.

'국민의 혼'으로 기능하는 소설 개념은 문(文)의 효용론적 기능을 강화한 것으로, 당시 시대상과 관련된 국가의 독립과 자유 의식을 국민들에게 일깨워주기 위한 도구적 기능으로서의 소설 개념이다. 이것은 개화기의 현실적 맥락을 통해 새롭게 형성된 소설 개념이다.

물론, 여러 논자들이 지적하는 것처럼 양계초가 개화기 역사·전기소설 작가들에게 미친 영향[10]을 무시할 수는 없지만, 중요한 것은 전파자가

---

9 신채호, 「잡동산이」, 『대한매일신보』(국문판), 1909. 12. 2.

10 공리적 효용론에 근거한 소설의 인식은 양계초와 직접적인 영향 관계를 암시케 한다.

아니라 수용자의 상황이다. 문화적 개념의 전파 여부는 최종 심급에서 수용자의 내적 조건에 의해 결정된다. 그러므로 양계초의 소설론이 전파될 수 있었던 것은 개화기 한국의 내적 조건이 그것을 받아들일 상황이었음을 암시한다.

소설의 효용론을 염두에 둘 때, 문(文)의 효용론에 큰 가치를 부여했던 유학(儒學)의 문이재도(文以載道) 개념을 생각하지 않을 수 없다. 주돈이(周敦頤)가 정립시킨 문이재도(文以載道)란 도(道)를 싣는 그릇으로서의 문(文)을 가리키는 개념이다.[11] 문(文)의 가치를 판단할 때, 문(文)을 통해 표현되는 도(道)에 의미를 부여하는 것이다. 이러한 문이재도(文以載道)의 개념은 개화기 이전에는 절대적이었다. 하지만 구습을 일신하고자 했던 개화기 현실 또한 문이재도(文以載道)에 대해서만은 전면적 부정이 아닌 비판적 계승의 입장을 취하고 있다.

3. 대설(大說)화된 개화기 소설(小說)

조선의 오랜 통치 이념이었던 성리학은 주자(朱子)에 의해 집대성된 학문 체계다. 주자(朱子)는 가까이로는 소위 북송오자(北宋五子)(소옹[邵

양계초는 「역인정치소설서」(譯印政治小說序)에서 '소설은 국민의 혼이라'(小說爲國民之魂)라고 말한 한 영국인의 말을 인용하고 있다. 이 구절은 개화기 박은식, 신채호 등을 비롯한 역사·전기소설 작가들이 공유하고 있는 개념일 뿐만 아니라 직접적으로 인용하고 있는 구절이기도 하다. 이외에도 양계초 저서의 번역 등을 고려할 때, 양계초가 개화기 역사·전기소설 작가들에게 미친 영향은 크다고 할 수 있다. 이재선, 『한국개화기소설연구』, 일조각, 1972/1985, 159~171쪽.

11 정요일, 『한문학비평론』, 집문당, 1990, 178쪽.

雍], 주돈이[周敦頤], 장재[張載], 정호[程顥], 정이[程頤])의 사상을 창의적으로 계승·발전시켰으며, 멀리로는 사서(四書)와 오경(五經)을 주석하고 정립함으로써 유학을 일정한 궤도 위에 정착시킨 인물로 평가받는다.[12]

성리학의 여러 사상들 가운데 가장 핵심을 이루는 것은 수기(修己)와 관련된 부분이다. 주자(朱子)는 인(仁)·의(義)·예(禮)·지(智)를 인간의 본성으로 보았으며, 이러한 본성이 감정으로 드러나는 것이 맹자(孟子)가 말한 사단(四端), 즉 측은지심(惻隱之心), 수오지심(羞惡之心), 사양지심(辭讓之心), 시비지심(是非之心)이라고 보았다.[13] 이는 인간의 본성을 선한 것으로 파악하는 인식 태도다. 그러나 인간의 선한 본성은 잠재태로 머물러 있다. 따라서 후천적인 노력에 의해 현실태로 발현시키는 것이 중요하다.[14]

조선시대는 예학(禮學)의 시대로 불린다. 비록 17세기부터 사림에 의해 예학의 논의가 활발하게 이루어졌지만, 이는 그 이전 시기에 이미 성리학의 이론과 실천적인 예속의 보급이 있었기 때문에 가능했다.[15] 예학은 앞에서 언급한 인성론과 형식·내용의 관계를 이룬다. 즉, 사람의 선한 본성을 실천하는 방식이 예학인 것이다. 그러므로 사람의 선한 본성을 실천적으로 드러낸다는 측면 때문에, 수기(修己)의 차원은 예학에서 중요하게 다루어지고 있다.

인간의 선한 본성을 실천하기 위해 예학을 숭상하는 태도는 문(文)에 대한 가치론과 직접적으로 연결된다. 소설(小說)은 패관잡기나 패관문학과 같은 개념으로 통용되었다. 패관이란 지방의 여론과 풍속을 수집하는

12 임헌규, 「『인설』, 유가 인 개념의 정점」, 주희, 『인설』, 임헌규 역, 책세상, 2003, 64쪽.
13 주희, 『인설』, 임헌규 역, 책세상, 2003, 26~27쪽.
14 신창호, 「유학의 '인성론'에 내재된 교육의 방향」, 『한국교육학연구』 8권 2호, 2002, 125~130쪽.
15 도민재, 「조선전기 예학사상의 이념과 실천」, 『유학사상연구』 21집, 1999, 118쪽.

임시적 사관(史官)을 의미하는데, 이들이 채집한 가담항어를 패설, 패승 등으로 불렀다고 한다.[16] 따라서 이들 소설·패설은 근거가 확실치 않으며 가치가 적다고 인식되었다. 성인의 말씀을 전하는 경서(經書), 감고계금(鑑古戒今)을 지향하는 사서(史書)는 인간의 선한 본성을 드러내는 데에 수기의 역할을 하지만, 소설은 단순히 흥미를 유발하는 데에 그치기 때문에 유학자들에 의해 경계의 대상이 되었다. 주자(朱子)가 "하물며 물건이 실려 있지 않는 수레나 도(道)가 실려 있지 않은 문장은 비록 그 장식을 아름답게 할지라도 또한 무슨 쓸모가 있겠는가?"[17]라고 언급한 것은 문(文)에서 도(道)의 중요성을 언급하는 것이며, 이 도(道)는 수기의 차원과 직접적인 연관성을 내포하기 때문에 중요하게 다루어지고 있는 것이다.

그러나 개화기에 이르러 문이재도(文以載道)의 가치관에 의한 소설의 부정적 인식은 시대 정세와 맞물려 변화하게 된다. 소설에 대한 부정적 인식이 변화하는 것은 일반 백성에 대한 인식의 변화에 근거를 두고 있다. 신채호는 「근일 국문쇼셜을 져술ᄒᆞᄂᆞᆫ 쟈의 주의ᄒᆞᆯ 일」에서 변화된 민중관을 다음과 같이 언급했다.

> 오호ㅣ라 영웅호걸을 도와셔 텬하 ᄉᆞ업을 일우ᄂᆞᆫ 쟈ᄂᆞᆫ 우부우부와 ᄋᆞ동주졸이오 우부우부와 ᄋᆞ동주졸의 하등샤회로 시작ᄒᆞ야 인심을 변화ᄒᆞᄂᆞᆫ 능력을 ᄀᆞᆺ촌 쟈ᄂᆞᆫ 쇼셜이니 그런즉 쇼셜을 엇지 쉽게 볼거시리오
>
> 라약ᄒᆞ고 음탕ᄒᆞᆫ 쇼셜이 만흐면 그 국민도 이로써 감화를 밧을 거시오 호협ᄒᆞ고 강개ᄒᆞᆫ 쇼셜이 만흐면 그 국민이 ᄯᅩᄒᆞᆫ 이로써 감화ᄅᆞᆯ 밧을지니

16 성현경, 『한국 옛소설론』, 새문사, 1995, 12~13쪽.

17 『朱子全書』 권10, 「문사」, 朱子 註(성현경, 앞의 책, 33쪽에서 재인용).

셔양션빅의 닐은바 쇼셜은 국민의 혼이라흠이 진실노 그러ᄒᆞ도다[18]

국가와 국민의 개념이 전파되었던 개화기에도 일반 백성들은 여전히 교화의 대상자로서 수동적인 존재에 불과했다. 『독립신문』의 한 「론셜」(1899. 10. 12)에서는 외국 학문을 수학한 선비가 풍수 선생을 만나 풍수지리설의 허황됨을 비판하는 내용이 게재되어 있다. 이러한 비판에 대해 풍수 선생은 "사ᄅᆞᆷ의 화복이 산쇼 쓰ᄂᆞᆫ ᄃᆡ 잇지 안타 ᄒᆞ면 무도한 ᄇᆡᆨ셩들이 ᄌᆞ긔 부모의 신톄라도 개쳔에 ᄇᆞ리ᄂᆞᆫ 놈들이 필연 만흘지니 ᄌᆞ손의 화복이 산쇼 쓰ᄂᆞᆫ ᄃᆡ 잇다 함이 ᄇᆡᆨ셩을 어거ᄒᆞᄂᆞᆫᄃᆡ 무슴 해가 잇스리오"라고 변명한다. 이 말은 풍수 선생 자신 또한 풍수지리설이 허황되다는 사실을 알고 있지만, 어리석은 일반 백성들을 교화하는 데에 도움이 되기 때문에 사회적으로 필요하다는 의미다. '필요악으로서의 풍수지리설'이라는 궤변은 개화기 당시 식자층들이 일반 백성들에 대한 인식 태도를 보여준다.

그러나 식민화의 위험이 가시화된 애국계몽기에 이르러 백성은 더 이상 수동적인 위치가 아니라 국가(?)의 호명을 받은 능동적인 국민으로 자리매김된다. 신채호가 앞의 인용문에서 논의했듯이, 일반 백성은 영웅을 도와 천하 사업을 전개할 주체로 인식된다. 뿐만 아니라 당시 개화기 영웅대망론의 경우도 민족을 구원할 단 한 사람의 영웅을 기다리는 것이 아니라, 일반 백성들 모두가 영웅적 지위에 올라 민족의 독립과 자유를 위해 힘쓰기를 바란다는 내용이 대세를 이룬다.[19]

일반 민중을 잠재적 영웅으로 인식할 때, 소설의 위상은 변하지 않을

18 신채호, 「근일 국문쇼셜을 져술ᄒᆞᄂᆞᆫ쟈의 주의ᄒᆞᆯ일」, 『대한매일신보』(국문판), 1908. 7. 8.
19 권보드래, 『한국근대소설의 기원』, 소명출판, 2000, 49쪽.

수 없다. 왜냐하면 일반 민중들이 가장 쉽게 즐기는 읽을거리는 바로 소설이기 때문이다. 그러므로 개화기 역사·전기소설가들은 민족의 영웅을 만들기 위한 기획으로 소설을 선택한 것이었다. 피통치자로서 수동적 역할에 머물던 민중을 역사의 능동적 참여자로 변화시키기 위한 기획은 소설을 '국민의 혼'으로 인식하게 만들었다. 양계초가 소설을 공기와 곡물에 비유하고 있는 것처럼,[20] 많은 사람이 소설을 애독한다면, 이러한 소설을 통해 국민의 정서를 바꿀 수 있다고 생각했던 것이다.

박은식, 신채호를 비롯한 역사·전기소설가들은 대부분 유학적 풍토에서 어린 시절을 보냈다. 박은식은 개화기 유학에 대한 비판적 풍토에 맞서, 유교의 대중화를 위해 「유교구신론」과 「왕양명선생실기」 등을 저술하였다. 같은 유학이지만 주자학이 그 도(道)에 이르는 과정이 지난(至難)한 데 반해, 양명학은 간이직절(簡易直切)하기 때문에 새로운 시대에 알맞다는 것이다.[21] 신채호 또한 당시 일련의 유학 개혁에 대해 "이제 과연 유교의 세력을 확장ᄒᆞ여 문명풍긔를 널니 젼포홀진ᄃᆡ 민국의 힝복됨이 실노 적지아닐지니라"[22]라고 반기고 있다.

유학의 배척이 아니라 유학의 변화를 촉구했던 이들은 문(文)에 대한 기본적인 입장 역시 유학적 관점을 견지했다. 즉, 도(道)를 실은 문장이라는 관점은 변화가 없었던 것이다. 다만 독자의 범위가 일부 지배계층이 아닌 일반 국민으로 확대된 개화기의 일련의 상황을 고려하여 문(文)의 전범으로 경서(經書)와 사서(史書)가 아닌 소설을 선택했던 것이다.

이들이 재도지문(載道之文)의 가치관에 의해 선택한 소설은 구소설이

---

20 이재선, 앞의 책, 164~165쪽.

21 조종환, 「박은식의 유교 개혁론」, 『韓國思想史學』 4·5合輯, 한국사상사학회, 1993, 454~459쪽.

22 신채호, 「유교를 확장ᄒᆞᄂᆞᆫᄃᆡ ᄃᆡᄒᆞᆫ의론」, 『대한매일신보』(국문판), 1909. 6. 16.

보여주었던 "황탄무계함"과 이인직 등의 신소설 등에서 보이는 "음풍" 등을 벗을 필요가 있었다. '애국부인전'이라는 표제와 함께 '신소설'이라는 명칭이 붙어 있는 장지연의 『애국부인전』, 『대한매일신보』 「쇼셜」란에 게재된 신채호의 『이순신전』은 당시 소설이라는 이름으로 통용되었다. 이것은 기존의 소설 개념이 가지고 있었던 내용을 일신하는 동시에 새로운 소설 개념을 피력하고 있었다.

> (가) 이에 세 치 무딘 붓으로 그를 서술하여 사회 제군의 일람(一覽)을 바라노니 4천년 역사에 첫 손가락 꼽을 영웅 혼이 부활할런지, 우리도 남과 같이 자유종을 쳐 울리려면 우리 선민(先民)의 정신점(精神點)으로써 우리의 뇌력(腦力)을 자양(滋養)하여야 하리라 생각한다.[23]

> (나) 그 시ᄃᆡ가 갓갑고 그 유젹이 쇼샹ᄒᆞ야 후인의 모범되기가 ᄀᆞ장 됴흔이ᄂᆞᆫ 오직 리슌신이라 져술쟈의 용렬ᄒᆞᆫ 필력으로ᄂᆞᆫ 리공의 졍신을 만분지일이나 셜명ᄒᆞᆫ다ᄒᆞ기 어려우나 한만ᄒᆞᆫ 묵은 쇼셜ᄎᆡᆨ에 비ᄒᆞ면 나흔거시 잇슬지니 슯흐다 독셔ᄒᆞᄂᆞᆫ 제군이여 졍신을 들여 이 리슌신젼을 볼지어다[24]

(가)는 박은식이 1911년 9월에 집필을 완성한 것으로 추정되는 『천개소문전』의 「서론」에서 밝힌 내용이다. 여기서 박은식은 과거의 위대한 영웅들을 찾아 저술하는 목적에 대해 밝히고 있다. 그동안 가치를 제대로 평가받지 못한 영웅들을 새롭게 저술함으로써, 현 시대에 '영웅혼'을

---

23 원문을 밝히면 다음과 같다. "於是乎三寸禿筆로此를述ᄒᆞ야社會諸君의一覽을供ᄒᆞ노니四千年歷史에第一指를来ᄒᆞᄂᆞᆫ英雄魂이復活ᄒᆞᆯ넌지우리도남과갓치自由鐘을裏振ᄒᆞ자면우리先民의精神點으로써우리腦力을滋養ᄒᆞ여야可ᄒᆞᆯ줄노思惟ᄒᆞ노라." 박은식, 『천개소문전』, 『백암박은식전집』 4권, 동방미디어, 2002, 343쪽.

24 신채호, 『리슌신젼』, 『대한매일신보』(국문판), 1908. 6. 11.

부활시키기 위해서, 혹은 다른 국가처럼 자유종을 쳐 울리기 위해서 『천개소문전』을 집필한다고 밝히고 있다. 소설의 내용이 국민들을 계몽하는 데에 일정한 영향을 미치기를 바라고 있는 것이다.

(나)는 신채호가 『대한매일신보』 「쇼셜」란에 『이순신전』을 연재하면서 쓴 서론의 한 부분이다. 자신이 이순신의 행적을 만분의 일이라도 제대로 쓸 수 있을지는 모르지만 "묵은 소설"보다는 나은 것이 있을 것이라고 논한다. 즉, 이순신이 "후인의 모범"이 되기에 저술하니 독서하는 제군들이 "정신을 들여" 이 소설을 보라는 것이다. 이 또한 소설의 교화력을 언급한 것이다.

소설을 국민을 계몽하는 수단으로 여기는 것은 문이재도(文以載道)의 전통에서 결코 낯선 것이 아니다. 자하(子夏)가 지었다고 하는 「시경대서」에는 "정치의 득실을 바로잡으며 천지를 움직이고 귀신을 감동시키는 데 시보다 가까운 것이 없다"라는 구절이 있으며, 공자는 『예기』 「경해」에서 "백성들이 온유돈후한 것은 시로써 교화된 증거"라고 말했다.[25] 이처럼 문(文)을 통해 교화를 실천하는 것은 유학의 기본 전제다.

서구 사상의 유입, 소설 개념의 전파 등에 의해 새로운 문(文)의 담론이 형성되는 가운데, 역사·전기소설을 저술했던 계층은 전통적으로 지속되어왔던 유학적 문학관에 따라 글을 집필했다. '개화'라는 새로운 사상을 담는 문학이지만, 그 문학에 대한 태도는 유학에서 비롯된 전통적 가치관을 고수하면서, 개화기의 다양한 문학 개념의 한 축을 담당하고 있었던 것이다.

25 정요일, 앞의 책, 223쪽.

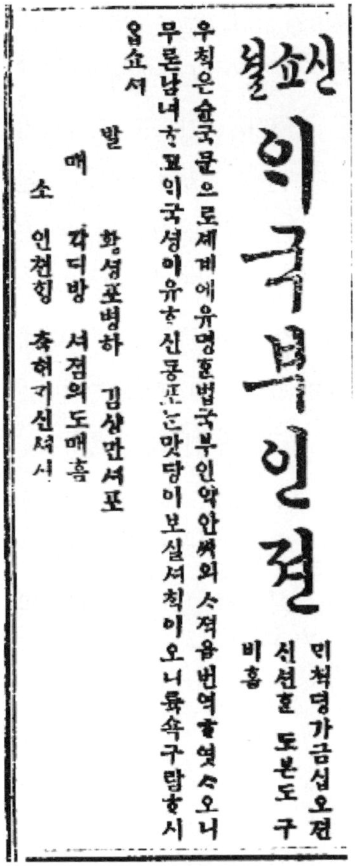

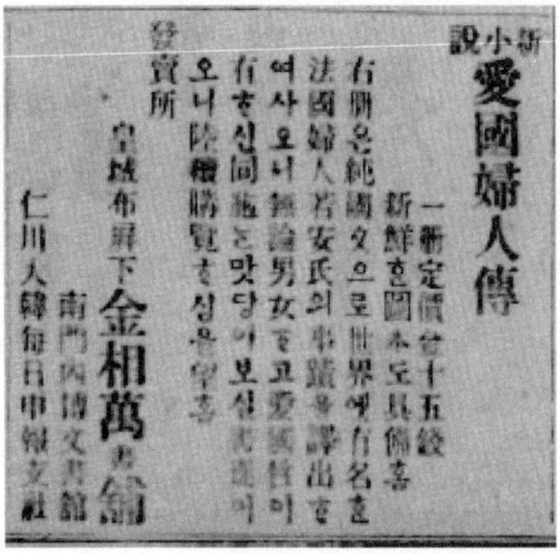

『대한매일신보』와 『황성신문』에 게재되었던 장지연의 『애국부인전』에 대한 광고는 국문체와 국한문체라는 문체의 차이에도 불구하고 『애국부인전』을 모두 '신소설'이라고 소개하고 있다.

개화기에 이르러 문이재도(文以載道)의 가치관에 의해 집필된 소설이 개화기 소설 지형의 한 축을 담당하고 있었다면, 장지연의 『애국부인전』을 광고할 때, '신소설'이라는 명칭을 사용한 것은 결코 우연이 아니다. 유학적 환경에서 성장한 신채호가 현실을 외면한 채 연애에만 심취한

문학을 '현실 도피'[26]라고 비난하고, 이해조가 구소설을 '음탕 교과서, 처량 교과서, 허황 교과서'라고 비판한 것은 모두 문이재도(文以載道)라는 문(文)에 대한 전통적 가치관에서 기인한 것이다. 그러므로 장지연의 『애국부인전』이 '신소설'이라는 명칭으로 유통될 수 있었던 까닭은 소설임에도 불구하고 시대적 진리 혹은 진실이라는 도(道)를 담은 소설이기 때문이다. 즉, 기존의 구소설과는 엄연히 다르다는 점에서 '신소설'이라는 명칭을 사용할 수 있다는 것이다. 이는 이인직이 자신의 소설에 대해 명명했던 '신소설'의 의미와는 별개를 이룬다. 그러므로 『애국부인전』을 소개하는 데 사용한 '신소설'이라는 명칭은 서구에서 전파된 소설(novel) 개념이 아니라 개화기 이전 폄하의 대상이었던 소설(小說)을 도(道)를 실은 문(文)으로 변모시키면서 얻게 된 개념이다. 즉, 대설(大說)[27]화된 소설(小說)이 바로 개화기 역사·전기소설가들이 유통시킨 소설 개념의 한 축이었던 것이다.

4. 개화기 현실과 변화하는 도(道)

개화기에 이르러 전통적 개념의 소설이 대설(大說)화되었다는 것은 소설이 재도지문(載道之文)으로서의 면모를 갖추었다는 것이다. 문(文)에 대한 가치론뿐만 아니라 창작 태도에까지 영향을 미쳤던 문이재도(文以載

---

26 신채호, 「문예계 청년에게 참고를 구함」, 앞의 책, 21쪽.

27 성현경은 문이재도(文以載道)의 가치론에 의해 도(道)를 싣지 않은 문(文)과 도(道)를 실은 문(文)을 구별하고 각각 소설(小說)과 대설(大說)이라는 명칭을 사용했다. 성현경, 앞의 책, 14쪽.

道)는 '도(道)를 나타내는 문장이 참된 문장'이라는 뜻으로 문학에 대한 많은 오해와 편견을 가져온 용어다. '윤리나 도덕만을 내세워 문예 또는 문학을 부정한 논리'라고 인식하는 것이 그 대표적인 선입견이다. 하지만 문이재도(文以載道)는 문학과 도덕의 본말(本末) 관계를 주장하는 것으로, 도덕만을 인정하고 문학을 완전히 배제하자는 논리가 아니다.[28]

그렇다면 문이재도(文以載道)에서 도(道)란 무엇인가? 기존의 문이재도(文以載道)에서 도(道)란 공맹(孔孟)이 제창한 유학의 인륜도덕, 육경에 담겨 있는 유가사상, 의리지학으로서의 주자학 등을 포괄하는 개념이었다고 한다.[29] 그러나 도(道)는 고정불변하는 것이 아니라 시대에 따라 그 성격을 달리한다.[30]

(가) 나는 오늘에야 이치(道)를 알았다. 마음의 눈을 감은 자는 육신의 귀와 눈이 탈이 될 턱이 없고 귀와 눈을 믿을수록 보고 듣는 힘이 밝아져서 더욱 병통이 되는 것이다.[31]

(나) 옛날부터 여자들이 더욱 요술을 잘하여, 포사는 봉홧불로 여희는 벌로 요술을 삼았습니다. 그러나 성인의 도와 교를 창설하는 데도 역시 이런 것이 있는바, 저는 비록 섬돌에 난 풀이 아첨쟁이를 가리키고, 순 임금이 지은 소악을 듣고 봉황새가 날아왔다는 것은 감히 의심을 못 한다더라도, 누런 용이 배를 등에 졌다는 것이라든가 붉은 까마귀가 집에 날아들었다는 것을 다 믿을 수는 없습니다.[32]

---

28 정요일, 앞의 책, 177~178쪽.

29 김명호, 「실학파의 문학론과 근대 리얼리즘」, 『한국한문학연구』 19집, 1996, 90쪽.

30 정요일, 앞의 책, 187쪽.

31 박지원, 『열하일기』 「一夜九渡河記」, 리상호 역, 보리, 2004, 452쪽.

32 박지원, 『열하일기』 「幻戲記」, 앞의 책, 499쪽.

(가)와 (나)는 모두 박지원의 『열하일기』에서 인용한 부분이다. (가)는 박지원이 백하(白河)를 건널 때, 마음에서 무서움과 두려움이 드는 것은 눈을 비롯한 감각기관에서 비롯된다는 사실을 깨닫고 '나는 오늘에야 이치를 알았다'(吾乃今知夫道矣)라고 말하는 부분이다. 도(道)를 도리 혹은 이치로 해석할 수도 있겠지만, 박지원이 주장하는 도(道)의 맥락에서 살펴봤을 때, 이 도(道)는 기존의 도(道)에 대한 확대된 인식을 보여주는 부분이라고 할 수 있다. 박지원은 의고주의를 비판하면서, 당대에 진정으로 모방해야 할 것은 고전이 아니라 자연이라고 역설하였다고 한다. '문자화되지 않은 문(文)'인 자연 자체를 직시할 것에 초점을 두었던 것이다.[33] 따라서 「일야구도하기」(一夜九渡河記)에서 언급한 도(道)는 배워서 알게 된 옛 성인의 관념적 도(道)가 아니라 자신의 경험을 통해 획득된 도(道)라고 할 수 있다. 박지원이 당대 현실에 관한 것을 중요시 여겼다는 것은 옛 성인의 도(道)를 비판하는 부분에서도 직접적으로 드러난다.

(나)는 중국에서 요술을 구경하고 나서, 홍려시소경 조광련과 대화를 나누던 중, 조광련이 한 말을 인용해놓은 부분이다. 조광련은 여기서 옛 성인의 도(道) 또한 요술과 같은 부분이 없지 않다는 의견을 피력한다. 「예덕선생전」에서는 똥을 치우는 엄행수의 시선을, 「광문자전」에서는 걸인 광문자의 시선을, 「호질」에서는 사람이 아닌 동물의 시선을 통해 사물을 보려고 노력했던 박지원은 유학에서 이상적 질서로 생각했던 요순시대를 상대주의적 시선을 통해 노골적으로 비판하고 있다.

이러한 박지원의 인식 속에서 도(道)는 고정불변하는 것이 아니라

33 김명호, 앞의 글, 91쪽.

시대에 따라 그 가치를 달리함을 알 수 있다. 그러므로 도(道)는 시대성을 내포하며, 이러한 시대성을 내포한 도(道)를 문(文)에 실현하는 것이 진정한 문이재도(文以載道)라고 할 수 있다.

개화기에 이르러, 문(文)에 대한 전통적 가치관은 이전의 유학 경서가 아니라 소설을 문이재도(文以載道)의 실현을 위한 문(文)으로 인식했다. 개화기라는 시대성의 도(道)를 드러내기에는 경서보다는 소설이 더 효율적이라고 생각했기 때문이다.

개화기는 대내적으로는 개화를 통한 근대화의 욕망이, 대외적으로는 자강을 통한 국권 회복의 열망이 팽배한 시기였다. 구한말 중국과 일본을 통해 유입된 몇몇 책자들은 한국의 서구에 대한 인식에 큰 영향을 미쳤다. 위원(魏源)이 아편전쟁의 패배를 통해 깨달은 "양이(洋夷)를 막기 위해서는 과감하게 양이의 장기를 채용해야 한다"라고 역설했던 『해국도지』는 당시 위정자들로 하여금 『해국도지』를 토대로 전함과 수뢰포를 제작하게 만들었다.[34] 또한 황준헌(黃遵憲)이 저술한 『조선책략』은 러시아가 무서운 강적임을 논하고 그것을 막기 위해서 한국은 "친(親)중국 결(結)일본 연(聯)미국"을 해야 한다는 것을 강조함으로써 당시 개화파 인사들에게는 국제 정세에 대한 안목을, 보수적 유학자들에게는 위정척사 운동을 전개하게 만든 계기가 되었다.[35] 구한말 동양에서 유행하던 책자들은 한결같이 서세동점(西勢東漸)에 대한 우려를 피력하고 있다.

이 시기에 서구라는 타자는 결코 매력적인 타자가 아니다. 서구를 지칭하는 '서양 오랑캐'라는 어휘는 그들을 무시함으로써 그들에 대한 두려움을 상쇄하려는 의도적인 노력이다. 서구에 대한 두려움은 1840년

---

34 이광린, 「『海國圖志』의 한국 전래와 그 영향」, 『한국개화사연구』, 일조각, 1999, 4~14쪽.
35 이광린, 「개화사상연구」, 앞의 책, 46쪽.

의 아편전쟁, 1860년의 영불연합군의 북경 침입으로 구체화되었다. 세계의 중심이라고 자처했던 중화주의 사상이 양이(洋夷)라고 부르던 서구라는 타자에 의해 무너진 것은 중국에게도 충격이었지만 소중화 의식에 젖어 있던 한국의 위정자들에게는 큰 위기의식으로 다가왔다.

한편 동도서기(東道西器)는 서구에 대한 두려움을 해소하려는 일련의 의지를 표방한다. 서구의 기술 문명을 받아들임으로써 나라를 부강하게 하고 이를 통해 자강의 논리를 펼치려는 것은 국제 정세 속에서 약육강식 논리에 의해 도태되지 않으려는 노력의 일환이다.

이상의 개화기 상황은 특정 집단이나 계급의 결여가 아니라 이제 막 눈뜨기 시작한 '세계'라는 틀 속에서 겪는 민족적 결여다. 결여는 끊임없는 불안을 야기한다. 현실 속에서 해소될 수 없는 불안은 상상적·일시적인 해소를 위한 서사를 필요로 한다. 그 서사가 사실에 기초하든 아니면 허구에 기초하든 일관성 있는 연결을 통해 수사학적 호소력을 지닌다면 결여로 인한 불안은 해소될 수 있다.[36]

이러한 민족적 결여를 서사적으로 해결하기 위해 선택된 글쓰기 양식이 바로 소설이다. 의고주의에 의한 옛 성인들의 도(道)를 표방한 문(文)으로서는 개화기에 직면한 여러 가지 상황을 서사적으로 해결할 수 없다. 그러나 소설은 현실의 문제를 허구적으로 해결하는 것이 가능하다. 그러므로 문(文)의 실천적 윤리를 강조하는 문이재도(文以載道)의 가치관은 개화기의 대표적 서사 양식으로 소설을 선택했던 것이다. 즉, 문이재도(文以載道)라는 문(文)에 대한 전통적 가치관이 여전히 유효할 수 있었던 것은 문(文)을 통해 기입되는 도(道)가 고정된 것이 아니라 시대성을 담보로 항상 변화하는 개념이었기 때문에 가능했던 것이다.

36 박찬부, 『현대정신분석비평』, 민음사, 1996, 194쪽.

5. 문(文)의 효용론과 개화기 소설의 한 개념

이상으로 문이재도(文以載道)의 관점에서 개화기 소설 개념에 대해 살펴보았다. 개화기 이전 소설은 유학자들에 의해 황탄무계하다고 비판받았던 대상이었다. 그러나 개화기에 이르러 소설은 개화기의 현실을 서사적으로 해결하려는 도(道)를 담은 문(文)으로 일신하게 된다. 이러한 개화기 소설 개념의 변화는 문이재도(文以載道)라는 문(文)의 효용론적 관점이 여전히 유효했기 때문에 가능한 것이었다. 즉, 개화기 소설이라는 용어를 중심으로 벌어졌던 다양한 개념의 지형도에서 역사·전기소설을 가능하게 했던 소설 개념의 한 축은 개화기 이전의 문(文)에 대한 유학적 입장을 변용·계승함으로써 이루어졌던 것이다.

개화기에 이르러 소설이 재도지문(載道之文)으로 선택된 데에는 두 가지 내·외적 요인이 존재했다. 외적 요인으로는 민중에 대한 변화된 인식이다. 개화기에도 일반 백성들은 여전히 통치의 대상에 불과했다. 그러나 식민의 위험이 본격화되면서 일반 백성은 더 이상 수동적인 존재가 아니라 개화기의 현실을 타개할 주체, 즉 국민으로 구체화되었다. 이러한 주체들이 가장 즐기는 읽을거리가 경서(經書), 사서(史書)가 아닌 소설이라는 사실은 소설의 위상을 변화시키는 데에 결정적인 역할을 했다. 수동적 역할에 머물던 민중을 역사의 능동적 참여자로 변화시키기 위한 일련의 기획이 소설을 선택한 것이다.

내적 요인으로는 문이재도(文以載道)의 도(道)가 시대에 따라 변화하는 개념이라는 데에 있다. 기존의 문이재도(文以載道)에서 도(道)란 공맹(孔

孟)이 제창한 유학의 인륜도덕, 육경에 담겨 있는 유가사상, 의리지학으로서의 주자학 등을 포괄하는 개념이었다. 그러나 박지원의 인식에서도 알 수 있듯이, 도(道)는 고정불변하는 것이 아니라 시대에 따라 그 가치를 달리한다. 그러므로 도(道)는 시대성을 내포하며, 이러한 시대성을 내포한 도(道)를 문(文)에 실현하는 것이 진정한 문이재도(文以載道)라고 할 수 있다. 따라서 개화기라는 시대성의 도(道)를 드러내기에는 의고주의적인 경서보다는 소설이 보다 효율적이었다.

이러한 내·외적 요인에 의해, 개화기의 문이재도(文以載道)는 개화기의 현실을 해결하기 위한 문(文)으로 소설을 선택했던 것이다. 양계초(梁啓超)는 "영국의 어떤 명사는 소설을 국민의 혼이라고 말했다"라고 강조하면서 제국주의 침략 속에서 위기를 겪고 있는 중국을 염려하며 소설의 역할을 강조했다. 이처럼 국가의 위기와 소설의 정치화는 보편적인 현상일 수도 있다. 그러나 앞에서도 언급했듯이, 전파된 개념이 특정한 개념으로 담론화되기 위해서는 수용자의 상황이 무엇보다 중요하다. 소설을 통해 가시화된 식민화의 위험을 극복하기 위한 기획에 동참했던 필자들이 모두 기본적으로 유학적 가치관을 내면화하고 있었다는 사실을 염두에 둘 때, 문(文)에 대한 가치론이자 창작론이었던 문이재도(文以載道)는 개화기에 이르러 소설을 통해 구현되었다고 할 수 있다. 재도지문(載道之文)으로서의 소설에 대한 인식이 양계초 등을 통해 전파된 '국민의 혼'으로서의 소설 개념과 접목하면서 개화기 소설의 한 개념을 구성할 수 있었던 것이다.

제2장
'민족'과 '개인' 그리고 역사·전기소설의 형성과 쇠퇴

1. 전파된 '민족'과 애국계몽기 현실

구한말, 서구에서 '발명'된 '민족' 개념의 전파는 당시 대내외적 위기를 극복할 수 있는 새로운 가능성으로 제시되었다. 갑오개혁을 통해 관념적으로 폐지된 신분질서는 '민족'이라는 이름을 통해 실질적 평등의 기초를 다질 수 있었다. '민족' 구성원으로 상상된 자아 정체성은 오랜 반상(班常)의 구별을 뛰어넘을 수 있었던, 이전과는 다른 불연속적 계기였다. 대내적 평등 개념에 기여할 수 있었던 '민족' 개념의 전파는 이미 여러 논자들에 의해 언급되었듯이, 한반도를 둘러싼 열강들의 세력 팽창에 기인한다. '민족'은 외부의 위기 상황을 극복하기 위해 제시된 새로운 패러다임의 주도적 개념이었다.

개화기 서사는 그동안 주류로 인식되었던 신소설과 역사·전기소설의 대립적 개념을 해체하면서 다양한 부류의 서사들이 길항하는 장으로 인식되어왔다. 그럼에도 불구하고 민족의 개념을 가장 철저하게 구현하고 있다고 인식되는 갈래는 여전히 역사·전기소설이다. 이재선은 "위기 의식을 기반으로 하여 민족주의적 대응문제를 제시하고 이를 통해서 그 위기의 극복을 시도하려 했다"[1]라고 역사·전기소설을 평가하고 있다. 이는 곧 서구에서 전파된 민족/민족주의 패러다임에 의해 새롭게 형성된 서사 갈래가 역사·전기소설이라는 사실을 보여주고 있는 것이다.

'민족'의 서사화는 신채호에 의해서 가장 잘 드러난다. 이는 최초의 국문학자인 안자산의 「조선문학사」에서도 분명하게 언급되어 있다.

> 역사소설로는 『법란서신사』, 『보법전기』, 『서사건국지』, 『월남망국사』 등은 한때 큰 환영을 받은 것이라. 그 소설의 재료는 서양 위인의 사적과 정치의 역사 등에서 뽑은 것이니, 이들 책의 환영은 종래 소설의 권계주의에 길든 안목으로 받아들이기 쉬운 바라. 고로 그 문체도 한적의 옛투를 벗어나지 못하고 객관적 사실을 늘어놓음에 불과하니 이로써 보면 당시까지도 문학의 면목은 변치 않고 오직 정치적 관념이 비등하여 국가 관념을 대전제로 두던 것이니라. 이때 무애생의 이름이 강호에 널리 전하여 문명이 혁혁한 자는 신채호 그 사람이라. 신씨는 한학 출신의 성균관 박사니 그 문은 파란이 중중하고 문채가 빈빈하여 가히 박은과 임제에 비할지라. 소저는 『이태리건국삼걸전』, 『을지문덕』, 『최도통전』, 『독사신론』 등이니, 근래 역사의 신경지를 엶은 신씨의 독창성에서 나온지라. 그러나, 조선사를 전체적으로 다루매 어느 곳에서는 역사의 본색을 잃은 점도 없지 않노라. 신씨뿐 아니라 당시 문학은 다 시대 조류에 화하여 정치 및 민족 사상에 집중되었나니 이는 시운을 따라 자각적으로 일어난 일이러라.[2]

---

1 이재선 외, 『개화기 문학론』, 형설출판사, 1978; 한국학술정보 2002, 166쪽.

2 안자산, 최원식 역주, 『조선문학사』, 을유문화사, 1984, 199~200쪽.

안자산은 신채호에 대해 '민족 사상'을 통해 '역사의 신경지'를 열었다고 평가했다. 실제로 신채호는 '민족'의 개념에 집중하면서 여러 영웅들을 입전했으며, 기존의 역사를 '민족'이라는 이름으로 새롭게 재구성했다. 그는 『을지문덕』에서 "내 일직이 고구려 대신 을지문덕의 ᄉᆞ적을 낡다가 긔운이 스ᄉᆞ로 나고 담이 스ᄉᆞ로 커짐을 ᄭᆡ닷지 못ᄒᆞ야 이에 하늘을 우러러 ᄒᆞᆫ번 불니 ᄀᆞᆯ아ᄃᆡ 그러ᄒᆞᆫ가 ᄎᆞᆷ 그러ᄒᆞᆫ가 우리 민족의 셩질에 이ᄀᆞᆺᄒᆞᆫ 쟈ㅣ 잇셧ᄂᆞᆫ가 이ᄀᆞᆺᄒᆞᆫ 웅위ᄒᆞᆫ 인물의 위대ᄒᆞᆫ 공업은 고왕 금ᄅᆡ에 비ᄒᆞᆯᄃᆡ가 업스니 우리 민족의 셩질이 강ᄒᆞ고 용ᄆᆡᆼᄒᆞᆷ이 과연 이러ᄒᆞ던가 ᄒᆞ엿노라"[3]라고 했으며 『독사신론』에서도 "국가의 역사는 민족의 소장성쇠(消長盛衰)의 상태를 살펴 서술한 것이라. 민족을 버리면 역사가 없을 것이며 역사를 버리면 민족의 그 국가에 대한 관념 또한 크지 않을 것이니, 오호라 역사가의 책임 또한 무겁도다"[4]라고 주장했다. 민족이라는 어휘의 전파 역사가 길지 않음을 생각할 때, 신채호의 민족 개념에 대한 주체적 수용은 참으로 신속한 것이라고 하지 않을 수 없다. 이것이 토대가 되어 이후, 민족주의와 신채호의 관련성에 대한 많은 논저들이 편찬된 것은 결코 우연이 아니다.

이선영은 신채호의 문학을 전기, 중기, 후기로 구분하고 이 통시적 구분에도 변하지 않고 지속되는 것이 있으며 그것은 곧 "이민족의 지배에서 벗어나 자주독립을 획득하려는 민족의식이다"[5]라고 논의했다. 그리고

3 신채호, 『을지문덕』, 광학서포, 1908, 『단재신채호전집』 4권, 독립기념관 한국독립운동사연구소, 2007, 107쪽.

4 원문은 다음과 같다. "國家의歷史ᄂᆞᆫ民族消長盛衰의狀態ᄅᆞᆯ閱叙ᄒᆞᆯ者ㅣ라民族을捨ᄒᆞ면歷史가無ᄒᆞᆯ지며歷史ᄅᆞᆯ捨ᄒᆞ면民族의其國家에對ᄒᆞᆫ觀念이不大ᄒᆞᆯ지니嗚呼ㅣ라歷史家의責任이其亦重矣哉ㄴ져" 신채호, 『독사신론』, 『단재신채호전집』 3권, 독립기념관 한국독립운동사연구소, 2007, 5쪽.

5 이선영, 「단재의 사상과 문학」, 단재신채호선생기념사업회 편, 『단재신채호와 민족사관』,

송재소는 "그는 국민들의 애국심을 고취시키고 민족의 국수(國粹)를 찾아서 그 우수성을 선양하고, 민족 영웅을 찬양하게 된다. 『이태리건국삼걸전』, 『이순신전』, 『을지문덕』, 『동국거걸 최도통전』 등을 번역 또는 저술한 것은 이런 이유에서이다"라고 주장했다.[6] 최홍규는 아예 신채호의 일생 자체에 대해 "그의 호 '단재'가 상징하는 것처럼 일편단심으로 조국 광복과 민족사의 영광을 위해 분투한 순교자적인 과정"[7]이라고 요약했다.

그러나 신채호가 절대적인 것이라고 강조했던 '민족'은 아이러니하게도 역사적 필요에 의해 구성된 개념이었다. 주지하다시피 베네딕트 앤더슨은 민족을 '상상의 공동체'라고 규정했으며, 어니스트 겔너는 "민족들의 노력이 민족주의를 만든 것이 아니라, 민족주의가 민족을 만들어냈다"라고 주장했다.[8] 신채호가 주장했던 민족 개념이 시대적 요청에 의해 저항과 단결의 구심적 역할을 했다는 사실은 분명하다. 그러나 한편으로 이 개념은 서구에서 이식된 선험적 개념이었다는 사실 또한 부정할 수 없다.

전파된 민족 개념이 애국계몽기 현실에 수용되는 과정에서 역사·전기소설은 형성되었다. 과거 전쟁 영웅을 민족 영웅으로 서사화하는 것은 단순히 영웅의 전범을 형성하는 데에 그치는 것이 아니라 '민족'이라는 이질적인 서구의 개념을 애국계몽기 현실 속에서 담론화하는 과정이었다. 그러나 이식된 민족 개념은 역사·전기소설의 장르적 특성을 구성하는

형설출판사, 1980, 568쪽.

6 송재소, 「신채호 문학의 민족과 민중」, 강만길 편, 『신채호』, 고려대학교 출판부, 1990, 240~241쪽.

7 최홍규, 『신채호의 민족주의사상』, 단재신채호선생기념사업회, 1983, 23쪽.

8 한스 울리히 벨러, 이용일 역, 『허구의 민족주의』, 푸른역사, 2007, 32쪽.

요소이면서 동시에 역사·전기소설의 서사적 단순성이라는 한계를 함축하는 지표였다. 서구의 민족 개념은 다양한 근대적 가치들과의 관계 속에서 존재했다. 근대성의 패러다임에서 이탈하여 애국계몽기 한국의 새로운 관계망 속에 자리매김된 민족은 역사·전기소설의 특징이면서 일종의 균열이 될 수밖에 없었다.

따라서 다음의 논의에서는 다양한 근대적 가치들과 공존하고 있었던 서구의 민족 개념이 애국계몽기 한국의 맥락에 수용되는 양상을 고찰하고 이를 통해 역사·전기소설의 형성과 쇠퇴의 원인들을 고찰하고자 한다. 이는 개화기 서사의 한 지형을 구축했던 역사·전기소설의 특성을 살피는 작업인 동시에 그 서사적 한계를 조망하는 과정이 될 것이다.

2. 호출된 '민족'과 역사·전기소설의 탄생

『독사신론』의 시작 부분에는 당시의 역사 교과서에 대한 비판의식을 직접적으로 표출하고 있다. "내가 현재 각 학교 교과용으로 사용되는 역사를 보았더니, 가치 있는 역사서는 전무하도다. 1장을 살펴보면 우리 민족이 지나족의 일부분인 듯하며, 2장을 살펴보면 우리 민족이 선비족의 일부분인 듯하다. 마침내 전체를 다 읽고 나면, 어떤 때는 말갈족의 일부분인 듯하다가 어떤 때는 몽골족의 일부분인 듯하며 어떤 때는 여진족의 일부분인 듯하다가 어떤 때는 일본족의 일부분인 듯하니"[9]라는

9 원문은 다음과 같다. "余가現今各學校敎科用의歷史를觀ᄒᆞ건ᄃᆡ價値有ᄒᆞᆫ歷史가殆無ᄒᆞ도다第壹章을閱ᄒᆞ면我民族이支那族의壹部分인듯ᄒᆞ며第二章을閱ᄒᆞ면我民族이鮮卑族의壹部分인듯ᄒᆞ며末乃全篇을閱盡ᄒᆞ면有時乎말갈族의壹部分인듯하다가有時乎蒙古

신채호의 탄식에는 '민족'이 자리 잡고 있었다. 1908년부터 『대한매일신보』에 연재되기 시작했던 『독사신론』(讀史新論), 즉 '역사를 읽는 새로운 논의'의 핵심은 곧 민족을 역사의 새로운 주체로 등장시키기 위한 선언이었으며 동시에 교과서 중심으로 편찬되었던 개화기 역사서와의 차별화를 시도한 것이었다.10

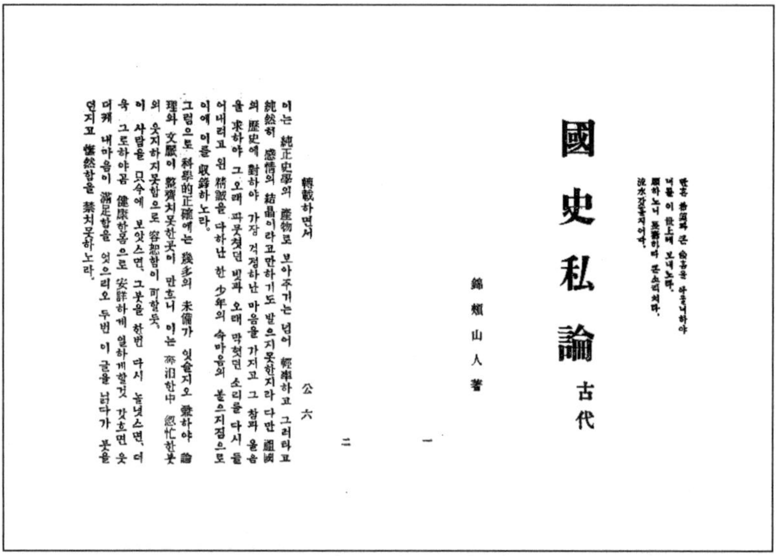

國史私論 古代

錦頰山人 著

一

轉載하면서 公六

이는 純正史學의 産物로 보아주기는 넘어 輕率하고 그러타고 純然히 感情의 結晶이라고만하기도 발으지못한지라 다만 祖國의 歷史에 對하야 가장 걱정하난 마음을 가지고 그 참과 올음을 求하야 그 오래 파뭇쳐던 빛과 오래 막혓던 소리를 다시 들어내려고 원 精誠을 다하난 한 少年의 속마음의 불으지짐으로 이에 이를 收錄하노라。

그럼으로 科學的正確에는 幾多의 未備가 잇슬지오 叢하야 論理와 文脈이 整齊치못한곳이 만흐니 이는 亦泪한中 忽忙한뭇의 웃지하지못함으로 容恕함이 可할뜻,

이 사람을 뭇속에 보앗스면, 그뭇을 한번 다시 놀녓스면, 더욱 그로하야곰 健康한몸으로 安詳하게 일하게할것 갓흐면 웃더케 내마음이 滿足함을 엇으리오 두번 이 글을 닑다가 붓을 던지고 慨然함을 禁치못하노라。

二

1908년 『대한매일신보』에 연재되었던 신채호의 『독사신론』은 이후 최남선에 의해 간행되었던 『소년』이라는 잡지에 『국사사론』이라는 명칭으로 게재되었다. '讀史'가 '國史'로 바뀐 사실은 신채호의 『독사신론』이 당시 사회에 미쳤던 영향력을 상징적으로 보여준다.

族의壹部分인듯ᄒᆞ며有時乎女眞族의壹部分인듯ᄒᆞ다가有時乎日本族의壹部分인듯ᄒᆞ니" 신채호, 『독사신론』, 5쪽.

10 신채호의 민족 중심의 고대사 인식이 함의하는 독창성에 대해서는 이미 많은 논자들이 강조했던 사항이다. 특히, 이만열은 "민족주의적 시각과 통시대적인 시각에서 상고시대의 재중국 조선족의 활동을 새롭게 한국사에 편입"시켰다고 논의했다. 이만열, 「단재 신채호의 고대사 인식」, 강만길 편, 앞의 책, 149쪽.

개화기 역사서의 주된 흐름은 중국으로부터의 독립을 피력하는 문제였다. 갑오개혁 이후 최초로 학부에서 편집 간행된 『국민소학독본』의 첫 장에 선언적으로 명시되어 있는 "世界萬國中에 獨立國이 許多ᄒᆞ니 우리 大朝鮮國도 其中의 一國이라"[11]라는 구절은 역사교과서를 통해 구체화된다. 1895년에 학부에서 최초로 편찬된 『조선역사』는 '단군기'에서부터 시작한다. 이전의 역사서에서 그 신이성(神異性)으로 인해 정식 역사로 간주하기 꺼려했던 단군이 정식 역사에 편입된 것은 중국과의 역사 관계에서 대등한 위치를 점하기 위한 것이다. 『조선역사』에 의하면 단군이 조선을 건국한 것은 '무진원년'으로 중국의 요(堯)가 나라를 세운 시기와 불과 25년의 차이밖에 나지 않는 것으로 기록하고 있다(唐堯의 二十五年이라[12]).

그러나 신채호에게 있어서 민족을 배제한 독립의 논리는 어불성설일 따름이었다. 중국으로부터 독립하게 된 직접적 계기는 『독립신문』에서도 "일본셔 두ᄒᆡ젼에 쳥국과 싸화 익인 후에 죠션이 분명ᄒᆞᆫ 독닙국이 되얏스니"[13]라고 밝히고 있듯이, 청일전쟁이었다. 그러나 타율적으로 이루어진 독립의 성과는 곧 또 다른 종속을 위한 예비 단계일 뿐이었다. 신채호는 이를 명확하게 이해하고 있었다. 일본의 제국주의 의도를 미화한 동양주의에 대해 그는 다음과 같이 논의했다.

한국사ᄅᆞᆷ들이 이 렬국의 경징ᄒᆞᄂᆞᆫ 시ᄃᆡ를 당ᄒᆞ여 국가쥬의를 쥬장치 아니ᄒᆞ고

11 『국민소학독본』, 『한국개화기교과서총서』 1권, 아세아문화사, 1977, 9쪽.

12 『조선역사』, 『한국개화기교과서총서』 11권, 아세아문화사, 1977, 5쪽.

13 『독립신문』, 1896. 4. 18.

> 동양쥬의에 정신이 혼몽ᄒᆞ면 오ᄂᆞᆯ 이 시ᄃᆡ의 인물노 쟝ᄅᆡ에 다른 힝셩의 세계와 경징ᄒᆞᆯ 거슬 근심ᄒᆞᄂᆞᆫ 쟈와 다름이 업고 또 비참ᄒᆞᆫ ᄃᆡ경에 잇셔셔 속박ᄒᆞᄂᆞᆫ 거슬 버서ᄇᆞ릴 ᄉᆡᆼ각은 아니ᄒᆞ고 동양쥬의를 쥬쟝ᄒᆞᄂᆞᆫ 거시 엇지 파란사ᄅᆞᆷ이 서양쥬의를 말ᄒᆞᄂᆞᆫ 것과 다르리오 하물며 국가ᄂᆞᆫ 쥬인이오 동양은 ᄀᆡᆨ이어ᄂᆞᆯ 이제 동양쥬의를 창론ᄒᆞᄂᆞᆫ 쟈를 볼진ᄃᆡ 동양은 쥬인이 되고 국가가 ᄀᆡᆨ이 되어 나라의 흥ᄒᆞ고 망ᄒᆞᄂᆞᆫ 거슨 하ᄂᆞᆯ밧긔 붓치고 오즉 동양을 보젼코져 ᄒᆞᄂᆞ니 오호ㅣ라 엇지 그리 심히 우미ᄒᆞ뇨 그런즉 한국이 영영 망ᄒᆞ며 한국민족이 영영 멸죵이 되어도 다만 이 나라 따히 황인죵에게로만 도라가면 이거시 됴타ᄒᆞᆯ가 오호ㅣ라 불가ᄒᆞ니라[14]

조선의 독립을 명분삼아 형식적인 수평적 통합을 주창했던 일본의 동양주의에 대해 민족의 생존 문제를 이유로 신채호는 거부했다. 신채호에게 있어서 '민족'은 제국주의와 맞서 싸울 수 있는 사상적 기반이었다.

그러나 신채호의 사상적 기반이었던 '민족'은 애국계몽기 시대의 필요성에 의해 구성된 담론이다. 니시카와 나가오의 견해에 따르면, 민족이라는 어휘는 독일어 Volk의 번역어로서 일본에서 '民'과 '族'을 합성하여 만들어낸 조어이며, 20세기에 들어서면서 보편적으로 사용되기 시작했다.[15] 민족이라는 어휘가 한국에서 본격적으로 사용된 시기는 권보드래의 실증적 연구에 따르면 1908년에 이르러서다. 권보드래는 『독립신문』과 『대한매일신보』에서 '민족'의 사용 빈도를 조사한 결과, 『독립신문』에서는 한 번도 등장하지 않았던 '민족'이 『대한매일신보』의 경우 1908년을 전후로 해서 보편적으로 사용되었다고 논의했다. 『독립신문』에서 주로 사용되었던 '신민', '백성'이라는 어휘가 1908년 『대한매일신보』에 이르

14 신채호, 「동양쥬의에 ᄃᆡᄒᆞᆫ 평론」, 『대한매일신보』(국문판), 1909. 8. 10.
15 니시카와 나가오, 윤대석 역, 『국민이라는 괴물』, 소명출판, 2002, 114쪽.

러서는 '국민', '민족'으로 대체되었다는 것이다.[16]

어휘의 변화·대체는 어휘와 관련된 일련의 개념망들의 변화를 초래한다. '신민', '백성'에서 '국민', '민족'으로의 변화는 당대 현실에 대한 인식의 변화뿐만 아니라 현실 인식에 기초한 개혁의 방향 수정과도 밀접한 관련성을 함축한다. 개항 이후 접하게 된 국제질서에 대한 인식은 소중화로 자처해왔던 당시 한국인들과의 인식과는 모순되는 것이었다. 그러나 청일전쟁의 결과는 조선에게 있어서 국가에 대한 인식을 명확히 하는 계기가 되었다. 조선은 대한제국으로 탈바꿈하게 되고 광무(光武)라는 독자적 연호를 사용하게 되었으며 고종은 근대적 군주로서의 이미지 쇄신을 통해 개혁의 중심에 서 있었다.[17]

고종의 개혁 정책은 곧 일본의 개혁을 모방함으로써 근대적 국가로 변모하기 위한 과정이었다. 일본은 명치유신을 통해 막부체제를 중단하고 명맥만 유지되었던 천황을 복귀시키면서 위로부터의 하향식 개혁을 통해 짧은 기간 동안 강력한 근대국가를 구성했다. '신민' 혹은 '백성'의 빈번한 사용은 일본의 근대화 과정을 전유하기 위한 노력의 표상이었다.

반면, '민족'이라는 어휘는 곧 '신민' 기획의 실패와 균열을 드러내는 동시에 근대화의 새로운 패러다임을 제공하는 것이었다. 군주와 신민이라는 수직적 체계가 아니라 민족이라는 수평적 체계를 통한 근대화 전략이었다. 일본처럼 막부에서 천황으로의 지배 계급의 이동이 아닌,

16 권보드래, 「근대 초기 '민족' 개념의 변화」, 『민족문학사연구』 33호, 2007, 197~200쪽 참고.

17 김현숙의 논의에 따르면 고종은 "경운궁이라는 서양식 건물에 거주하면서 서구 군국주의 복장을 본떠 만든 대원수복을 입고 근대문명의 이기인 전차를 타고 커피를 마시면서" 근대 군주로의 이미지를 강화해나갔다고 한다. 김현숙, 「한말 '민족'의 탄생과 민족주의 담론의 창출」, 『동양정치사상사』 5권 1호, 2006, 124쪽.

단순히 '왕'에서 '황제'로의 이름 바꾸기로는 개혁이 힘들다는 한계를 절감했던 것이다. '민족' 패러다임은 곧 '허명'으로서의 기획이 아니라 '실체'로서의 근대화 기획이었던 것이다.

이러한 '민족' 기획에 의해 새롭게 탄생하게 된 서사 장르가 바로 역사·전기소설이다. 애국계몽기 '민족' 개념은 동일한 조상, 동일한 지역, 동일한 역사, 동일한 종교, 동일한 언어를 사용하는 일군의 집단을 지칭하는 용어였다.[18] 여기서 역사는 시대적 필요성에 의해 재구성되는 개념이며 특히, 애국계몽기 근대적 국민 기획의 일환으로 국민의 정체성을 형성할 기제로 기능한다. '민족'이라는 상상력은 역사를 만들고, 그 역사에 의해 '민족'은 실체로서 존재하게 되는 것이다.

개화기 일군의 서사들에 대해 역사·전기소설이라는 명칭을 부여한 것은 이재선이다.[19] 이재선은 역사적 상상력과 근대 역사소설의 전사(前史) 개념으로서 역사·전기소설이라는 명칭을 부여하고 장르화했다. 이후 1978년에 아세아문화사에서 역사·전기소설 전집이 출판되면서, 이 명칭은 보편화되었다. 역사와 전기라는 공통된 특성으로 인해, 사후적으로 역사·전기소설이라는 명칭을 부여받은 일군의 소설들의 또 다른 특징은 민족이다. 특히, 신채호와 박은식에 의해 주도된 창작 역사·전기소설의 대부분은 과거의 영웅을 근대적 민족 영웅으로 탈영토화하는 데에 초점이 맞춰져 있다. 애국계몽기 시대의 개개인을 민족이라는 이름으로 호명하기 위해서는 개인과 민족을 연결하는 매개로서 근대적 민족 영웅이 필요했던 것이다. 그러므로 소설의 내용이 아니라 이념적 차원에

18 「민족과 국민의 구별」, 『대한매일신보』(국문판), 1908. 7. 30.

19 장지연의 『애국부인전』은 현재 역사·전기소설로 분류하고 있지만 당시에는 '신소설'이라는 명칭으로 광고되었으며, 신채호의 신문연재 소설들도 『대한매일신보』의 「쇼셜」란에 수록되었다.

서 역사·전기소설을 규정한다면 '민족주의 서사'라고 해도 무방하다. 왜냐하면 역사·전기소설은 '민족'을 형성하기 위한 기획으로 '역사'를 수단화하고 있으며, 더 나아가 '민족'이라는 개념망의 형성 과정 속에서 탄생했기 때문이다.

3. 근대적 민족 영웅의 형상화

역사·전기소설의 '민족'의 서사화 과정은 입전한 인물의 형상화 과정에서 뚜렷하게 드러난다. 신채호는 1910년에 해외로 망명하기 이전, 세 편의 창작 역사·전기소설을 발표했다. 을지문덕, 이순신, 최영을 각각 입전한 소설로서, 위기에 빠진 국가를 구원하는 '구국의 영웅', 한(韓)민족의 잃어버린 영토를 되찾고자 염원했던 '민족의 영웅'을 형상화하고 있다. 애국계몽기라는 당대의 인식이 투영된 역사적 인물의 형상화는 '민족'이라는 우연적 개념을 중심으로 구성된 역사를 통해, '민족역사'를 실체화하는 일환으로 기획된 것이다.[20]

입전된 인물 가운데, 을지문덕은 신채호의 역사 인식과 가장 밀접한 관련성을 내포하고 있다. 신채호는 기존의 역사를 민족을 주체로 한 역사로 탈영토화한 인물이다. 아(我)와 비아(非我)의 투쟁으로 역사를 인식했던 신채호에게 있어서 그 투쟁에 앞서 보다 중요한 것은 투쟁의 주체가 되는 아(我)의 확립이었다. 그는 "토지의 역사가 있는 줄은 알고 민족의 역사가 있는 줄은 모른다"라고 기존의 역사가들을 비판하면서

20 프라센지트 두아라, 문명기·손승회 역, 『민족으로부터 역사를 구출하기』, 삼인, 2004, 22~24쪽 참고.

아(我)의 확립을 위해 다음과 같이 언급했다.

> 혹자는 저 선비족 몽골족 등은 우리의 조상으로 인정하지 않는다 하더라도 최초 남북한 지역에 있었던 토족과 이후에 혼란스럽게 다수 이주해왔던 지나족은 어쩔 수 없이 우리의 조상으로 인정할 것이며, 저 위만, 최리 등은 우리의 역사에 포함시키지 않는다 할지라도 천년 동안 지속되었던 기씨 왕조는 어쩔 수 없이 우리의 역사에 포함시켜야 할 것이라고 말했다. 그러나 필자는 말했다. "아니다. 아니다. 그렇지 않다. 저 토족, 지나족 등을 우리의 조상으로 인정하다가는 곧 선비족, 몽골족도 우리의 조상으로 인정해야 할 것이며, 저 기씨 왕조를 우리의 역사에 포함시켰다가는 곧 위만, 최리 등도 우리의 역사에 포함시켜야 한다. 오호라, 모두 다른 인종, 다른 민족이거늘 누구는 올려주고 누구는 내쫓는단 말인가"[21]

개화기 교과서 중심의 역사를 비롯해, 기존의 역사는 대부분 이민족에 의해 세워졌던 기자조선과 위만조선을 한국 역사의 일부로 인정하고 있었다. 그러나 애국계몽기 시대의 화두였던 '민족'이라는 개념으로 볼 때, 이는 아(我)와 비아(非我)를 혼동하는 것이며, 따라서 진화의 원동력이 되어야 할 투쟁 개념 자체를 무의미하게 만드는 것이다. 그러므로 신채호는 이민족 출신이었던 기자와 위만을 배제하고 단군－부여－고구려로 이어지는 민족의 정통성을 새롭게 수립하게 된다.

---

21 원문은 다음과 같다. "或曰他鮮卑族蒙古族等은我祖先으로不認ᄒᆞᆯ지라도最初南北韓의土族과後來多數混雜의支那族은不得不我祖先으로認ᄒᆞᆯ지며他衛萬崔理等은我歷代에不入ᄒᆞᆯ지라도千年箕氏王朝ᄂᆞᆫ不得不我歷史에入ᄒᆞᆯ지니라ᄒᆞ니著者曰否否라不然ᄒᆞ다彼土族支那族等을我祖先으로認ᄒᆞ다가는駸駸然鮮卑族蒙古族도我祖先으로認ᄒᆞᆯ지며彼箕氏王朝를我歷代에入ᄒᆞ다가ᄂᆞᆫ駸駸然衛萬崔理等도我歷代에入ᄒᆞᆯ지니嗚呼ㅣ라同是異種異族이거니誰ᄂᆞᆫ陞ᄒᆞ며誰ᄂᆞᆫ黜ᄒᆞ리오" 신채호, 『독사신론』, 19쪽.

특히, 민족의 정통성 문제에서 신라를 부정하고 고구려를 내세운 측면은 애국계몽기 한국 민족주의의 입장을 대변하고 있는 것이다. 이 시기 민족주의는 근대성의 가치를 수용하는 것뿐만 아니라 제국주의의 틈바구니에서 생존의 문제를 위한 저항적 태도를 취해야만 했다.[22] 신채호의 역사는 바로 이러한 생존과 저항의 문제를 언어적으로 해결하려는 노력의 일환이었다. 즉, 이민족을 끌어들여 통일을 완수한 신라보다 항상 중국과 대치하면서 한민족의 울타리를 지켜왔던 고구려를 민족의 강인함을 구성하는 토대로 인식했던 것이다.[23]

베네딕트 앤더슨은 "민족주의자들의 주관적인 눈으로 볼 때 민족들은 고대성을 지녔다"[24]라고 논의했다. 역사는 문화적 구성물인 '민족'이라는 개념의 우연성과 허구성을 실체로 바꿀 수 있는 담론의 장이다. 이민족을 역사에서 배제함으로써 아(我)를 구성하고 고구려를 민족의 정통으로 내세움으로써 아(我)와 비아(非我)의 투쟁에서 이길 수 있다는 신념과

22 진덕규, 「단재 신채호의 민족 · 민족주의적 인식」, 강만길 편, 『신채호』, 고려대학교 출판부, 1990, 30쪽 참고.

23 기존 역사에서 신라는 먼저 건국되었다는 측면과 통일을 완성했다는 사실에서 삼국을 대표하는 국가로 인식되어왔다. 이에 대해 신채호는 당나라 사람 가충언(賈忠言)의 발언과 광개토대왕 비문을 근거로 고구려의 연대가 백 년가량 삭감되었으며 원래는 신라의 건국보다 백 년가량 앞선다고 주장한다(신채호, 「고구려와 신라의 건국 연대에 대하여」, 앞의 책, 511~512쪽). 또한 신라의 삼국 통일에 대해서는 그 주역인 김춘추에 대해 "혈기가 반 푼이라고 남아 있는 자라면 그에게 침을 뱉으며 욕을 해 줄 수도 있고, 그를 배척하거나 주벌할 수도 있거늘, 지금 본말을 따져보지도 않고 말하기를, 동국 통일의 서막을 연 인군이라고 하니, 그가 동국뿐 아니라 중국도 통일하고, 일본도 통일하고 기타 동서 여러 나라들을 하나도 남김없이 다 통일하였을지라도 그 공으로 그 죄를 덮지 못할 터인데, 하물며 이 동국을 통일한 공으로 그 죄를 덮을 수 있겠는가"(신채호, 『독사신론』, 281~282쪽)라고 비판함으로써 그 통일의 의의를 부정한다. 왜냐하면 역사를 아(我)와 비아(非我)의 투쟁으로 인식하고 있는 신채호에게 김춘추는 비아(非我)의 도움으로 아(我)를 정복한, 즉 아(我)의 관념의 부족한 인물이었기 때문이다.

24 베네딕트 앤더슨, 윤형숙 역, 『상상의 공동체』, 나남출판, 2002, 24쪽.

확신의 환상을 이끌어내는 일은 모두 애국계몽기 시대로 호출된 역사적 영웅들이 수행해야 할 역할이었다.

을지문덕은 단군-부여-고구려로 계승되는 아(我)의 정통성을 내재한 인물이며 동시에 수나라의 대대적인 침입으로부터 민족의 경계를 지켜낸 인물이었기 때문에 신채호에 의해 가장 먼저 애국계몽기 시대로 호출될 수 있었다. 그러나 호출된 영웅은 근대적 텍스트 형성을 위한 라캉적 의미의 실재(the Real)에 불과한 것이다. 『을지문덕』에 형상화된 을지문덕의 면모는 애국계몽기 민족의 형성과 소망이라는 두 가지 측면으로 상징화되어야만 했다.25

을지문덕은 개화기 교과서, 신문 등에 가장 빈번하게 회자되었던 역사적 인물 가운데 하나다. 개화기의 시대적 욕망에 의해 형상화된 이 시기의 을지문덕은 국가 개념에 기초한 민족 영웅이었다.

먼저 을지문덕은 독립 정신의 표상으로 제시된다.

나라의 크기가 뎌 보다 십비나 밋지 못ᄒᆞ며 인민의 만흠이 뎌보다 빅비나

25 프레드릭 제임슨은 역사를 라캉이 논의한 실재(the Real)로 인식했다. 즉, 역사는 결코 직접적으로 포착될 수 없으며, 단지 '텍스트의 형식'으로만 존재한다는 것이다(애덤 로보츠, 곽상순 역, 『트랜스 비평가 프레드릭 제임슨』, 앨피, 2007, 162쪽 참고). 그러므로 역사는 '텍스트의 형식'으로만 추측될 수 있을 뿐이다. 이때 '텍스트의 형식'은 당연히 텍스트가 생산된 시대의 욕망을 반영한다. 그러므로 '텍스트의 형식'으로서의 모든 역사는 실재(the Real)로서의 역사를 말하는 것이 아니라 텍스트가 생성된 시기의 시대적 무의식을 반영할 뿐이다.

밋지 못ᄒᆞᄂᆞᆫ 고구려로 써 뎌를 ᄃᆡ뎍코져ᄒᆞ니 그 긔운은 비록 장ᄒᆞ다 ᄒᆞᆯ지나 그 일은 심히 위틱ᄒᆞ니 ᄒᆞ로살이가 큰 나무를 흔들녀 ᄒᆞᆫ다ᄂᆞᆫ 국외 방관쟈의 평론을 면치 못ᄒᆞᆯ 것이어ᄂᆞᆯ 을지공은 ᄒᆞᆯ노 그 평론을 못 드른톄 ᄒᆞ고 능히 항거ᄒᆞ니 이ᄂᆞᆫ 무엇을 밋어 그러ᄒᆞ엿ᄂᆞ뇨 ᄀᆞᆯᄋᆞᄃᆡ 다만 독립졍신 ᄒᆞᆫ 가지니라[26]

독립 정신은 근대적 국가 개념을 토대로 형성된 것이다. 신채호는 「이십셰긔 신국민」[27]에서 당대의 세계를 '제국주의를 숭상하는 세계'라고 규정하고 "강ᄒᆞᆫ 쟈가 약ᄒᆞᆫ 쟈를 ᄉᆞᆷ키고 큰 쟈가 적은 쟈를 병탄ᄒᆞᆷ은 녯적브터 잇ᄂᆞᆫ 바ㅣ라"라는 약육강식의 진화론적 관념을 애국계몽기 국가 간의 관계를 지배하는 지배적인 원리로 인식했다. 한국은 이러한 국제관계 속에서 "지금은 한국이 뎨국쥬의ㅅ속에 ᄲᅡ지고 민족쥬의의 고통ᄒᆞᆫ 디경을 당ᄒᆞ여 쇠잔ᄒᆞᆫ 명이 급"[28]한 지경에 놓여 있었다.

신채호에게 있어서 국가를 잃는다는 사실은 그 '민족'이 멸종하는 것과 같다. 그는 「보죵보국론」에서 "인죵 보젼ᄒᆞ기를 ᄉᆡᆼ각지 아니ᄒᆞ고 나라 보젼ᄒᆞ기만 구ᄒᆞ면 그 나라를 능히 보젼ᄒᆞ고 그 인죵은 스ᄉᆞ로 보젼ᄒᆞ려니와 만일 나라 보젼ᄒᆞ기ᄂᆞᆫ ᄉᆡᆼ각지 아니ᄒᆞ고 인죵을 보젼ᄒᆞ기만 구ᄒᆞ려다가ᄂᆞᆫ 그 나라를 보젼치 못ᄒᆞ고 그 인죵이 ᄯᆞ라 망ᄒᆞᆯ 거시니"[29]라고 인식하고 있다. 그러므로 그에게 있어서 독립 정신은 국가를 보존하고 따라서 민족을 존속시킬 수 있는 수단이었던 것이다.

애국계몽기 독립 정신의 강조는 『을지문덕』의 중요한 창작 동기다.

---

26 신채호, 『을지문덕』, 117쪽.
27 신채호, 「이십셰긔 신국민」, 『대한매일신보』(국문판), 1910. 2. 23.
28 신채호, 「이십셰긔 신국민」, 『대한매일신보』(국문판), 1910. 2. 23.
29 신채호, 「보죵보국론」, 『대한매일신보』(국문판), 1907. 11. 19.

양진오가 지적한 것처럼 『을지문덕』의 을지문덕은 "왕에게 복종하는 봉건 영웅이 아니라 고구려라는 한 국가에 복종하는 근대 영웅으로 존재"[30]한다. 국가의 독립을 쟁취했던 워싱턴과 카부르를 영웅의 전형으로 제시하고 있는 「이십셰긔 새동국의 영웅」에서 신채호는 옛 영웅과 새로운 영웅의 차이를 논하면서 20세기 한국이 바라는 영웅은 "나라를 ᄉᆞ랑ᄒᆞ고 동포를 걱정ᄒᆞᄂᆞᆫ 거스로 그 직칙을 ᄉᆞᆷ으며 독립ᄌᆞ유 ᄒᆞᆫ 가지를 그 목숨으로 알"[31]고 있는 인물이라고 주장했다. 『을지문덕』에 형상화된 을지문덕은 바로 이러한 근대적 국가 개념을 토대로 한 독립 정신을 투영한 인물이다.

을지문덕의 근대성을 위해 『을지문덕』에서는 전근대적 지표들을 배제한 채 서사를 구성한다. 수나라와의 전쟁에서 승리할 수 있었던 중요 원인 가운데 하나는 영양왕의 뒤를 이어 영류왕에 오르게 되는 고건무의 활약이다. 고건무는 대동강 입구로 들어오는 수나라의 군량선을 격퇴시킴으로써 수나라의 식량 보급선을 끊어버렸다. 이는 수나라가 조기에 후퇴하게 되는 중요 원인이 된다. 실제로 신채호는 『조선상고사』에서 고건무의 전공(戰功)을 을지문덕보다 높게 평가했다.[32] 그러나 『을지문덕』에서는 고건무의 활약에 대해 전혀 언급하지 않는다. 그가 지니고 있었던 봉건 귀족의 측면을 내세울 경우, 을지문덕 또한 봉건적 요소와 연결되는 전근대적 인물이라는 아우라를 형성할 수 있기 때문이다. 이와 같은 과정을 통해 을지문덕은 드디어 "을지문덕은 실노 영양왕 때의 을지문덕

---

30 양진오, 「고구려 영웅과 역사의 발견」, 『어문학』 95집, 2007, 504쪽.

31 신채호, 「이십셰긔 새동국의 영웅」, 『대한매일신보』(국문판), 1909. 8. 17.

32 신채호는 『조선상고사』에서 "만일戰功을等次하면 王弟建武가 乙支文德보다 第一等이라할 것이다"라고 언급했다. 신채호, 『조선상고사』, 종로서원, 1948, 『단재신채호전집』 1권, 독립기념관 한국독립운동사연구소, 2007, 496쪽.

이 아니라 단군의 즈손 을지문덕이며 고구려의 을지문덕이 아니라 죠션 민족의 을지문덕이며 흔째의 을지문덕이 아니라 동국 만만셰의 을지문덕"[33]이 될 수 있었다.

한편, 『을지문덕』에서 형상화된 을지문덕은 정복영웅의 모습을 띠고 있다. 신채호가 서술한 역사들은 대부분 이민족들과의 투쟁의 역사라고 해도 과언이 아니다. 이는 민족의 기원을 밝힌 후, 이민족과의 관계 속에서 한민족의 정체성을 명확하게 하기 위한 전략이다. 타자 즉, 비아(非我)와의 끊임없는 상호관계 속에서 아(我)가 규정될 수 있기 때문이다. 애국계몽기에 편찬된 『독사신론』의 경우, 다른 역사서들과는 달리 이민족과의 전쟁과 정복의 역사가 더욱 두드러지게 서술되어 있다. 특히, 이전의 역사서에서 신화적 존재에 머물렀던 단군[34]은 『독사신론』에 이르러 여러 소국들을 통합하여 민족의 경계를 설정한 정복영웅의 모습으로 형상화되어 있다.

> 무릇 단군시대는 추장정치가 가장 성행했던 시대다. 왜냐하면 삼국시대 초기에 추장정치는 이미 막바지에 이르렀고 군현제도가 실시되기 시작했기 때문이다. 그러나 또한 한편으론 무수한 소국들이 열립하고 있었으니, 고구려가 거느렸던 나라가 17개국이었으며 신라가 거느렸던 나라가 32개국이었으며 백제가 거느렸던 나라가 45개국이었다(삼국이 통치했던 나라의 개수가 이에 그치지 않는다 할지라도 역사상에 전해오는 국명을 살펴본 즉 그 나라의 수가 이와 같음). 이로 단군시대를 미루어 생각하건대, 단군시대는 십 리에 열 개국,

33 신채호, 『을지문덕』, 145쪽.

34 이전의 역사서들은 단군의 신화적 색채로 인해 외기에 기록하거나(『동국통감』), 아예 그 존재를 인정하지 않았다(안정복의 『동사강목』에서는 단군이 신화적이라는 이유로 기자조선을 우리민족의 기원으로 논의하였다).

백 리에 백 개국이 존재했던 시대다. 허다한 추장들이 서로 자웅을 겨루고, 대등한 실력으로 서로 다투더니 이때에 성인이 나타나 신이한 공덕과 성스러운 덕으로 무수한 나라들을 통일하고 이들을 신하로 삼았으니, 그 처음 일어난 땅은 장백산이며 그 정치의 중심은 졸본부여였다.

……(중략)……

무공이 이미 장대하고 문덕이 이미 넉넉하니 이때 여러 오랑캐들이 연달아 찾아와 항복하였으며 멀리 있던 국가들 역시 가르침을 바라고 귀화하였다.[35]

이에 대해 이만열은 『조선상고문화사』와 『조선상고사』에서 각각 표현된 '자주문화의 상징', '합리성을 기반으로 한 종교적 존재'로서의 단군이 아니라, '정복영웅상'으로서의 단군이 『독사신론』에 형상화되어 있다고 논의했다.[36]

그러므로 『독사신론』과 거의 같은 시기에 창작된 『을지문덕』의 을지문덕이 정복영웅의 모습으로 형상화된 것은 결코 우연이 아니다.

토지가 큰 것으로 그 국가가 큰 것이 아니며 병사와 국민이 많다고 그 국가가 강한 것이 아니다. 오직 스스로 강하고 스스로 크다고 한다면 그 국가는

35 원문은 다음과 같다. "夫檀君時代ᄂᆞᆫ酋長政治最盛ᄒᆞᆫ時代라ᄒᆞ노니何也오三國初葉은酋長政治가末運에傾ᄒᆞ고郡縣制度가濫상을始ᄒᆞ얏스나尙且無數小國이列立ᄒᆞ야高句麗所統이十七國이며新羅所統이三十二國이며百濟所統이四五國이니(三國의所統ᄒᆞᆫ小邦이此數에不止ᄒᆞᆯ지나歷史上에遺傳ᄒᆞᆫ國名을擧ᄒᆞᆫ즉其數가此의如ᄒᆞᆷ)此로檀君時代ᄅᆞᆯ推想ᄒᆞᄆᆡ正是拾里拾國百里百國의時代라許多酋長들이彼雌此雄ᄒᆞ며地醜德齊ᄒᆞ야互相頡頏ᄒᆞ더니于時에聖人이作擧ᄒᆞ사神功盛德으로無數ᄀᆞ邦을統壹ᄒᆞ야此ᄅᆞᆯ臣服ᄒᆞ니其初起의地ᄂᆞᆫ長白山下가是며其政治의中心點은卒本扶餘가是니라 ……(중략)…… 武功이旣張ᄒᆞ고文德이旣洽ᄒᆞᄆᆡ於是乎九夷八蠻이繼踵納降ᄒᆞ며遠方異國이望風歸化ᄒᆞ니라" 신채호, 『독사신론』, 10~11쪽.

36 이만열, 「단재의 고대사인식」, 단재신채호선생기념사업회 편, 『신채호의 사상과 민족독립운동』, 형성출판사, 1986, 50~72쪽 참고.

강대한 것이다. 현명하구나 을지문덕주의여! 을지문덕주의는 무슨 주의인가? 이것은 곧 제국주의니라.[37]

이때에 을지문덕이 파직을 당ᄒᆞ엿는지 혹 참소를 맛낫난지 늙어셔 죽엇는지 도모지 샹고ᄒᆞᆯ 곳이 업스나 뎍국을 멸ᄒᆞ지 못ᄒᆞ고 조국을 영결ᄒᆞ야 이 두 사람과 ᄀᆞᆺ치 그 회포를 다 펴지 못ᄒᆞᆷ은 의심이 업스니 회포라 ᄒᆞᆷ은 무엇을 닐옴이뇨 강토를 ᄀᆡ쳑ᄒᆞ는 쥬의니 이 쥬의가 아니면 십여년을 군ᄉᆞ 기ᄅᆞ는ᄃᆡ 진력ᄒᆞᆯ 리가 업스며 이 쥬의가 아니면 뎍국을 격노ᄒᆞ야 ᄌᆡ물을 허비ᄒᆞ고 싸홈을 도들 리가 업슬지라[38]

신채호는 을지문덕을 제국주의자, 강토개척주의자로 인식했다. 신채호의 설명에 의하면 제국주의는 진화론의 산물이다. 제국주의 시대를 맞이하여, 신채호는 을지문덕을 통해 민족의 생존을 넘어서 동방대제국의 건설이라는 소망을 피력하고 있는 것이다. 애국계몽기 시대의 신채호는 제국주의라는 시대 진단과 더불어 민족주의를 통해 민족의 생존을 도모하려고 했다. 그러나 이러한 생각이 제국주의에 대한 부정적인 인식으로 연결되지는 않는다. 「오늘날 대한국민의 목덕디」에서 신채호는

37 신채호, 『乙支文德』, 『단재신채호전집』 4권, 독립기념관 한국독립운동사연구소, 2007, 53쪽. 이 인용문은 다른 인용문들과 달리 국한문판으로 출판된 『乙支文德』을 번역하여 수록한 것이다. 신채호가 저술한 『을지문덕』은 1908년에 광학서포에서 두 번 출판되었다. 5월에 『을지문덕』 국한문판이 출판된 이후, 김연창의 역술에 의해 6월에 『을지문덕』 국문판이 출판되었다. 그런데 국한문판에 언급되어 있는 "乙支文德主義ᄂᆞᆫ何主義오曰此卽帝國主義니라"라는 구절이 국문판에는 없다. 그래서 부득이하게 논의를 위해, 이 인용문만 국한문판에서 가져왔다. 원문은 다음과 같다. "土地의大로其國이大ᄒᆞᆷ이아니며兵民의衆으로其國이強ᄒᆞᆷ이아니라惟自强自大者가有ᄒᆞ면其國이强大ᄒᆞᄂᆞ니賢哉라乙支文德主義여乙支文德主義ᄂᆞᆫ何主義오曰此卽帝國主義니라"

38 신채호, 『을지문덕』, 138~139쪽.

"눈을 들어 세계를 ᄉᆞᆲ혀보라. 미국이니 법국이니 ᄒᆞᄂᆞᆫ 나라들은 그 안락ᄒᆞᆷ이 임의 죡ᄒᆞ며 힝복이 임의 극진ᄒᆞᆫ것마ᄂᆞᆫ 오히려 뎨국쥬의로 목뎍디를 도달ᄒᆞ려ᄒᆞ야 그 정신을 다ᄒᆞ고 그 ᄉᆡᆼ각을 깁히 ᄒᆞ야 슈족이 밧부게ᄒᆞ며"[39]라고 논의하면서 대한사람이 목표하는 바가 지극히 개인적인 수준에 머물러 있다고 비판한다. 이때 미국, 프랑스와 같은 제국주의 국가의 모습은 분명한 목표의식을 견지한다는 점에서 한국인이 지향해야 할 대상이 된다. 그래서 신채호는 『을지문덕』에서 을지문덕에 대해 제국주의자이며 영토확장주의자라고 규정할 수 있었던 것이다.

제국주의라는 철저한 시대 인식 속에서 애국계몽기 신채호가 추구한 것은 단순히 민족 혹은 국가의 보존에 머물지 않는다. 제국주의는 애국계몽기 한국에게 있어서 극복해야 할 현실인 동시에 제국주의 국가로 도약할 수 있는 계기라고 신채호는 생각했다. 그러므로 그가 애국계몽기 시대에 호출했던 영웅들은 단순히 민족의 구심점으로만 존재하는 것이 아니라 제국주의자이면서 동시에 강토개척주의자로서의 면모를 드러내야만 했다. 애국계몽기 마지막 창작 작품인 『최도통전』에서 최영이 "군ᄉᆞ를 기르며 군량을 져축ᄒᆞ여 나아가면 치고 취ᄒᆞᆯ 힘이 넉넉ᄒᆞ며 퇴ᄒᆞ직면희고 보젼ᄒᆞᆯ 힘이 넉넉ᄒᆞ거든 대병을 발ᄒᆞ여 첫ᄌᆡ 료동을 취ᄒᆞ고 둘ᄌᆡ 심양을 취ᄒᆞ여 고구려와 발ᄒᆡ의 구긔를 거두어 회복ᄒᆞ리니 ᄒᆞᆫ 가지 치하ᄒᆞᆯ 바ㅣ오 연후에 의무려산의 험ᄒᆞᆫ 곳을 웅거ᄒᆞ야 우리의 훈련ᄒᆞᆫ 군ᄉᆞ로 뎌희 오합지졸을 치며 우리의 량초가 넉넉ᄒᆞᆫ 것으로 뎌희 류리거산ᄒᆞᄂᆞᆫ 인민을 불너 도라오게 ᄒᆞ면 나라의 위엄을 가히 ᄯᅥᆯ칠 거시오 즁원을 가히 취ᄒᆞᆯ지니 두 가지 가히 치하ᄒᆞᆯ 바ㅣ오"[40]라고

39 신채호, 「오늘날 대한국민의 목뎍디」, 『대한매일신보』(국문판), 1908. 5. 26.
40 신채호, 『동국에뎨일영걸 최도통전』, 『대한매일신보』(국문판), 1910. 3. 18.

언급한 것 또한 신채호의 제국주의에 대한 신념이 애국계몽기 동안 지속적으로 유지되었음을 보여준다. 이에 대해 차승기는 "타자와의 차이 속에서 구성된 민족이 아닌 타자에 저항하기 위해 정립된 민족은 생존경쟁의 장에서 강자인 타자를 제압하고자 하는 와중에 바로 그 타자를 닮게 되는 것이다"라고 논의했다.[41]

4. 국가와 민족 그리고 소외된 개인 군상들

애국계몽기 시기에 창작과 번안의 형태를 통해 출판되었던 역사·전기소설은 1910년의 경술국치를 기점으로 쇠퇴하게 된다. 이후 박은식, 신채호 등에 의해서 몇몇 작품들이 더 창작되었지만 모두 출판되지 않은 미발표 원고 상태로만 존재했다. 역사·전기소설이 쇠퇴하게 된 가장 큰 이유는 일제의 탄압이다. 일제는 치안과 풍속교정이라는 명분 속에서 한민족과 관련된 대부분의 내용들을 검열하고 삭제했다.[42]

그러나 역사·전기소설의 쇠퇴는 가장 지배적 원인이었던 일제의 탄압 이외에도 소설 내적인 전반적 경향과도 밀접한 관련이 있음을 부인할 수 없다. 역사·전기소설은 근대적 민족국가 건설이라는 상상력을 피력했던 문학 담론이었다. 상상력이 현실에서 좌절될 때, 역사·전기소설의 담론으로서의 역할이 종결됨은 당연하다. 그러나 무엇보다 중요한 것은 근대적 민족국가 건설이라는 지배적 목표의식 속에 간과되었던 또 다른

41 차승기, 「근대 계몽기 민족주의의 성격에 관한 고찰」, 한국문학연구학회 편, 『현역중진작가 연구』 4권, 국학자료원, 1999, 372쪽.

42 고영수, 「일제하의 금서출판 소고」, 『출판학연구』 28호, 1986, 244~247쪽 참고.

근대적 가치의 상실이 역사·전기소설의 쇠퇴와 직접적인 관련성을 가진다.

제국주의 틈새 속에서 발현하게 된 근대 국가 건설의 희망은 당대 서구의 지배적인 가치 체계를 모방하는 것에서부터 시작했다. 신채호는 「이십셰긔 ᄉᆡᆫ국민」에서 제국주의, 민족주의, 자유주의, 평등주의 등, 당시 세계의 사상적 흐름에 대해 개괄하고 있다. 20세기에 걸맞은 '국민'을 창출하겠다는, 애국계몽기 현실로부터 다소 비약적인 의지의 표현은 「이십셰긔 ᄉᆡᆫ국민」에서 소개하고 있는 여러 사상의 다양성을 '국가'를 위한 '국민'이라는 획일성으로 귀결해버린다. 「이십셰긔 ᄉᆡᆫ국민」에 소개된 여러 사상 가운데 평등주의에 대한 설명은 이를 잘 보여준다.

> 국민과 도덕이니 대범 우리 인류ᄂᆞᆫ ᄒᆞᆫ편 말과 ᄀᆞᆺ치 샹뎨씌셔 창조ᄒᆞ신 바이든지 쏘 다른 말과 ᄀᆞᆺ치 ᄌᆞ연히 된 거시든지 인류가 된 연후에ᄂᆞᆫ 평등이니 그런즉 강ᄒᆞᆫ 쟈도 사ᄅᆞᆷ이오 약ᄒᆞᆫ 쟈도 사ᄅᆞᆷ이며 부쟈도 사ᄅᆞᆷ이오 간난ᄒᆞᆫ 쟈도 사ᄅᆞᆷ이며 왕후쟝샹과 셩인영웅도 사ᄅᆞᆷ이오 쵸동목슈와 우부우ᄆᆡᆼ도 사ᄅᆞᆷ이라 이러케 인류가 된 쟈ᄂᆞᆫ 그 ᄌᆞ격이 평등이오 그 권리가 평등이어ᄂᆞᆯ 오호ㅣ라 평등이 아니라고 쥬쟝ᄒᆞᄂᆞᆫ 쟈ᄂᆞᆫ 인류계에 악ᄒᆞᆫ 마귀이오 ᄉᆡᆼ물계에 죄인이니라
>
> ……(중략)……
>
> 그런고로 평등쥬의를 ᄒᆡᆼᄒᆞᆫ 나라ᄂᆞᆫ 반ᄃᆞ시 흥ᄒᆞ엿스니 구라파와 아메리카에 각 문명ᄒᆞᆫ 나라이 즉 이거시오 평등쥬의를 쓰지 아니ᄒᆞᆫ 나라ᄂᆞᆫ 반ᄃᆞ시 망ᄒᆞ엿스니 파란과 인도 ᄀᆞᆺᄒᆞᆫ 나라이 즉 이거시라 오호ㅣ라 평등을 쓰지 아니ᄒᆞᄂᆞᆫ 거슨 나라를 망ᄒᆞᄂᆞᆫ 마귀오 인민을 멸ᄒᆞᄂᆞᆫ 악ᄒᆞᆫ 즘승이로다[43]

---

43 신채호, 「이십셰긔 ᄉᆡᆫ국민」, 『대한매일신보』(국문판), 1910. 2. 24.

평등은 자유와 더불어 개인에 대한 관념을 드러낼 수 있는 가치다. 그러나 위에서 설명하고 있는 평등의 개념은 '개인'에서 출발하여 결국에는 국가의 존망 문제로 연결된다. 자유주의를 설명할 때, 서구의 강한 국가, 즉 영국, 프랑스, 미국, 독일 등의 번영과 독립을 강조함으로써 자유주의가 잉태할 수 있는 다양한 가능성들을 배제했던 것과 같은 논리다. 이를 토대로 신채호는 "동포ᄂᆞᆫ 공공ᄒᆞᆫ ᄆᆞᄋᆞᆷ을 흥긔ᄒᆞ여 단톄를 잘 조직ᄒᆞ며 공익을 힘써셔 동포를 ᄌᆞ긔 몸과 ᄀᆞᆺ치 보며 국가를 ᄌᆞ긔 집과 ᄀᆞᆺ치 볼지어다"[44]라고 주장한다. 신채호의 눈에 서구의 모든 사상은 '국민'을 위해 존재할지언정 개인을 위해 존재하지는 않는다. 이에 대해 민족주의를 '근대성 안의 전근대성'으로 파악하고 있는 류보선은 "서구의 경우 자유로운 개인들의 고안물이었던 민족, 그리고 그것을 실현하는 기구로서의 민족=국가를 향한 지향이 우리의 경우에는 개인의 고유한 욕망이나 개인의 자율성을 억압하는 기제로 작동하게 되는 것이다. 그 결과 근대 형성기 우리 문학의 경우 민족=국가를 건설하고자 하는 기획들은 하나같이 개인의 권리나 자유롭고자 하는 개인들의 욕망을 볼온시하고 죄악시한다"[45]라고 평가했다.

신채호의 개인을 간과한 '국민'의 기획은 『을지문덕』에서도 동일하게 반복된다. 신채호는 『을지문덕』의 서론에서 을지문덕을 입전한 이유에 대해 "지나간 영웅을 긔록ᄒᆞ야 쟝ᄅᆡ의 영웅을 부르노라"[46]라고 언급했다. 신채호가 인식하기에 영웅은 국가의 강하고 약함을 가르는 존재다. 왜냐하면 "그 나라 인민의 용밍ᄒᆞ고 라약홈과 넉넉ᄒᆞ고 용렬홈은 전혀 그

44 신채호, 「이십셰긔 신국민」, 『대한매일신보』(국문판), 1910. 2. 26.

45 류보선, 「민족≠국가라는 상황과 한국문학의 민족 로망스들」, 『문학과사회』 82호, 2008년 여름, 332쪽.

46 신채호, 『을지문덕』, 110쪽.

나라에 몬져 씌다른 흔 두 영웅이 고동ᄒᆞ고 권쟝홈을 ᄯᅡ라셔 진퇴ᄒᆞᄂᆞᆫ 바ㅣ로다"[47]이기 때문이다. 그렇다면 영웅이라는 존재는 개인의 안위보다는 국가의 안위를 먼저 생각하는 인물로 개인성이 소거된 존재라고 볼 수 있다. 소아(小我)가 아닌 대아(大我)만이 국가를 위한 국민의 자격을 얻을 수 있는 것이다.

개화기 소설의 또 다른 축이었던 신소설은 소설의 결말에서 인과성이 결여된 여성 교육 강조, 부국강병 등을 계몽적 어조로 강조하고 있지만 서사의 주된 흐름은 개인의 일상에 초점을 맞추고 있다. 임화는 이해조가 『화의 혈』 서문에서 이야기했던 "현금에 있는 실지 사적"이라는 부분을 강조하면서, 신소설이 소재와 제재의 현대성, 인물과 사건의 실재성을 통해 구소설과 결별하면서 한국소설사에서 최초로 리얼리즘의 형식을 취했다고 논의했다.[48] 역사·전기소설이 시대적 상황에 의해 역사에 초점을 맞추는 동안 신소설은 '일상'에 대한 관심을 소설적으로 형상화하는 데에 초점을 맞췄다. 하르투니언은 총체성의 형식을 통해 근대를 탐구하려했던 마르크스, 뒤르켐, 베버와 같은 이전의 사회이론가들을 비판하면서 일상이 갖고 있는 의미에 대해 주목한다. 그에게 있어서 일상성이란 산업도시에서 사람들이 살아가고 표상했던 어떤 경험의 형성을 보여주는 당대적 범주였으며, 자본주의적 근대성의 모순을 탐사할 시야를 넓혀주는 역사적 설명 범주였다.[49]

역사·전기소설이 '역사'에 관심을 가진 것은 애국계몽기 현실이 낳은 필연적 결과였다. 소설이란 항상 당대의 문제의식을 서사적으로 해결하

47 신채호, 『을지문덕』, 149쪽.

48 임화, 임규찬·한진일 편, 『신문학사』, 한길사, 1993, 162쪽.

49 해리 하르투니언, 윤영실·서정은 역, 『역사의 요동: 근대성, 문화 그리고 일상생활』, 휴머니스트, 2006, 48~50쪽.

려는 노력의 산물이다. 신소설이 이제 막 인식되기 시작한 근대적 일상에 초점을 맞추었듯이, 역사·전기소설은 민족의 기획에 의해 역사를 민족이라는 관점으로 재정립하고 과거의 영웅을 근대적인 민족 영웅으로 호출했다. 서구에서 전파된 근대성의 지평이 균질적이지 않았기 때문에, 이러한 비균질성을 서사화하려는 서사의 갈래는 다양할 수밖에 없었다. 그러나 이러한 다양성이 오히려 역사·전기소설의 운명에는 결코 도움이 되지 않았다. 왜냐하면 경술국치로 인한 국가의 소멸은 역사·전기소설의 유효성을 외적으로 제한했기 때문이다. 만약 역사·전기소설이 근대성의 범주를 좀 더 다양하게 수용하였다면 쇠퇴의 길은 없었겠지만 이는 애국계몽기 현실에서는 불가능한 것이었다.

5. 역사·전기소설의 가능성과 한계

이상의 논의는 서구의 민족 개념이 애국계몽기 한국의 맥락에서 담론화되는 양상을 고찰하고 이를 토대로 역사·전기소설의 형성 과정과 쇠퇴의 원인들을 고찰하고자 했다.

역사·전기소설은 애국계몽기 '민족' 기획에 의해 새롭게 탄생하게 된 서사 장르였다. 서구에서 전파된 '민족'이라는 개념의 우연성과 허구성을 실체로 바꾸기 위해, 역사·전기소설은 역사적 인물들을 애국계몽기의 근대적 영웅으로 호출하였다. 특히, 신채호가 형상화한 을지문덕은 근대적 국가 개념을 토대로 한 독립 영웅으로서의 면모를 보여준다. 그러므로 사후적으로 명명된 역사·전기소설의 이념적 특성을 고려하면 역사·전기소설은 곧 민족주의 서사라고 불러도 무방하다.

그러나 역사·전기소설에 투영된 '민족' 개념은 제국주의 속에서 단순한 저항적 의미로만 축소되지 않는다. 신채호가 을지문덕을 '제국주의자', '강토개척주의자' 등으로 호명했던 것은 저항적 민족주의를 넘어 강력한 국가를 희망했기 때문이다. 애국계몽기라는 시대적 한계일 수도 있지만, 역사·전기소설의 이러한 특징은 궁극적으로 근대성의 또 다른 축인 개인을 간과하는 결과를 초래했다. 이는 1910년의 경술국치라는 텍스트 외적인 원인과 더불어, 역사·전기소설이 쇠퇴하게 된 텍스트 내적인 원인으로 지적할 수 있다.

제3장
끝나지 않은 민족 서사, 이산(離散)문학과 역사·전기소설

1. 지리적 경계 일탈과 이산(離散) 문학

헉슬리의 『진화와 윤리』를 『천연론』으로 번역했던 엄복(嚴復)은 헉슬리의 사상을 소개하면서 말미에 '복안'(復案)을 두어 진화론에 대한 자신의 견해를 피력했다. 엄복은 냉엄한 진화론적 세계 인식에 동의하면서도 새로운 세계 질서 속에서 패자의 위치로 전락한 중국에 대한 걱정을 숨기지 않았다. "생존경쟁이 치열해지면 패배한 자는 수가 날로 줄어들 것이니, 인구가 많다고 어찌 안심할 수 있겠는가! 어찌 안심할 수 있겠는가!"[1]

중국에 진화론을 전파한 것은 엄복의 『천연론』이 최초는 아니었다. 그럼에도 불구하고 엄복의 논의가 획기적일 수 있었던 이유에 대해

1 엄복, 양일모·이종민·강중기 역, 『천연론』, 소명출판, 2008, 72쪽.

요시자와 세이치로는 진화론을 개체와 개체의 대결이 아니라 종(種)·군(群)의 대결로 인식했다는, 즉 "'중국', '한종', '민족'" 등으로 표현되는 집단의 문제로 진화론을 제시했기 때문이라고 논의했다.[2] 내부적으로는 단결을, 외부적으로는 대결을 강조하는 집단의 속성이 진화론적 세계 인식을 계기로 생존을 위한 기본 원리로 등장한 것이다.

일제에 의한 식민화의 위험이 가시화되면서, 한국에서는 '민족'이라는 어휘가 생존을 위해 단결해야만 하는 집단의 표상으로 강조되었다. '백성', '국민' 등의 어휘와 뒤섞여 사용되던 '민족'이 제국주의에 저항하는 지배적인 구심점으로 기능하기 시작했던 것이다. 『대한매일신보』의 한 논설에서 "이 뎨국쥬의를 져항ᄒᆞᄂᆞᆫ 방법은 무엇인가 ᄀᆞᆯᄋᆞ되 민족쥬의 다른 민족의 간셥을 밧지 아니ᄒᆞᄂᆞᆫ 쥬의 ……(중략)…… 이 민족쥬의ᄂᆞᆫ 실노 민족을 보젼ᄒᆞᄂᆞᆫ 방법이라"[3]라는 언급은 '민족'이라는 어휘가 사용되던 당대의 맥락을 보여주는 것이었다.

애국계몽기 역사·전기소설은 집단의 논리 속에서 새롭게 강조된 '민족'이라는 어휘를 서사화의 논리를 통해 자연스럽고 본질적인 것으로 만드는 데에 기여했다. 을지문덕, 이순신 등과 같은 전쟁 영웅을 민족 영웅으로 서사화함으로써, 역사·전기소설은 민족을 중심으로 한 아(我)와 비아(非我)의 경계를 구체화했다. 또한 『파란말년사』, 『월남망국사』 등과 같은 망국에 대한 선험적 체험을 통해, 역사·전기소설은 민족을 생존을 위해 단결해야만 하는 집단의 표상으로 서사화했다. 역사·전기소설은 '민족'을 전경화함으로써 개화기 서사문학의 한 갈래를 구성할 수 있었던 것이다.

2 요시자와 세이치로, 정지호 역, 『애국주의의 형성』, 논형, 2006, 59~60쪽.

3 「뎨국쥬의와 민족쥬의」, 『대한매일신보』, 1909. 5. 28.

그러나 망국의 상황은 민족을 표상으로 하는 새로운 역사·전기소설의 출판을 어렵게 만들었다. 기존에 출판되었던 『월남망국사』, 『을지문덕』 등이 일제에 의해 발매 금지 및 압수 처분되는 상황에서 민족을 표상하는 새로운 역사·전기소설의 출현은 있을 수 없는 일이었다. 따라서 1979년에 '한국학문헌연구소'에서 10권으로 편찬한 '역사·전기소설'의 목록이 모두 경술국치 이전의 작품으로 한정된 것은 당연한 결과다.

그러나 역사·전기소설은 경술국치 이후에도 지속적으로 저술되었다. 왜냐하면 대부분의 한인(韓人)들은 국가의 멸망을 일시적인 것으로 인식했기 때문이다. 국가의 존재 이유가 되었던 민족이 존재하는 한, 국가의 부활은 당연한 것으로 믿었던 것이다. 그래서 박은식은 민족혼의 절멸을 막기 위해 『한국통사』를 집필했다고 밝히고 있다. 민족혼의 지속은 궁극적으로 민족의 신체인 국가의 부활을 가능하게 한다고 믿었기 때문이다.[4] 민족의 보존을 통해 국가의 부활을 가능하게 한다는 믿음이 존재하는 한, 역사·전기소설과 같은 서사의 존재는 필연적으로 요구될 수밖에 없다. 하지만 경술국치 이전부터 진행되었던 일제에 의한 출판물 검열은 더 이상 민족을 전경화한 역사·전기소설의 출판이 국내에서는 사실상 어렵다는 것을 보여준다. 그러므로 경술국치 이후, 역사·전기소설에 의한 민족의 서사화는 해외에서나 가능한 현실이었다.

국가가 멸망한 후, 많은 한인들은 해외로 본격적인 이주를 시작했다. 정치적 억압 상태였던 한국이라는 지리적 경계를 넘어선 이들은 자유로운 상태에서 '민족', '독립' 등과 같은 담론들을 생산할 수 있었다. 공간적 불연속을 통해 민족과 독립에 관한 금기된 담론들이 생성될 수 있었던 것이다. 해외 한인들은 그들을 대표할 수 있는 협회를 조직했으며 더

4 앙드레 슈미드, 정여울 역, 『제국 그 사이의 한국』, 휴머니스트, 2007, 330쪽 참고.

나아가 회보, 신문 등과 같은 출판물을 통해 한(韓)민족의 정체성과 유대감을 지속시키고자 노력했다.

해외 한인 지역에서 신문 매체는 단순히 언론의 역할만 했던 것은 아니다. 국문 보급, 민족의식 고취, 생활의 지도 등과 같은 다양한 역할을 수행함으로써 한인 사회의 구심점 노릇을 했다.

『권업신문』, 『신한민보』 등은 해외 거주 한인들에 의해 발간된 대표적인 신문들이다. 『권업신문』은 러시아 한인들로 구성된 권업회에서 1912년 4월 22일에 창간한 신문이며[5] 『신한민보』는 국민회 북미지방총회에서 『공립신보』를 개제(改題)하여 1909년 2월부터 샌프란시스코에서 발간한 신문이다.[6] 이들 신문은 주로 해외 한인들의 삶을 알리고 민족의식을

5 박환, 『러시아한인민족운동사』, 탐구당, 1995, 145~148쪽 참고.

6 최기영, 「구한말 '공립신보'·'신한민보'에 관한 일고찰」, 『동아연구』 17집, 서강대학교 동아연구소, 1989, 575~576쪽.

고취하는 데에 초점을 맞췄다. 민족의식 고취의 일환으로 『권업신문』에서는 「중국혁명략ᄉᆞ 쇽」, 「만고의ᄉᆞ 안즁근젼」과 같은 역사·전기소설을 연재했으며, 『신한민보』에서는 「동국명쟝곽직우」, 「임진왜란ᄉᆞ」 등과 같은 역사·전기소설뿐만 아니라 신채호가 『대한매일신보』에 연재했던 「텬하슈군뎨一위인리슌신」을 량화츄션에 의해 국문으로 번역하여 연재하기도 하였다. 이들 서사는 근대 소설의 미적 의식보다는 민족이라는 개념을 서사화했던 애국계몽기 역사·전기소설의 형태를 계승하고 있다.

경술국치 이후, 해외 한인 지역 중에서 강한 민족의식을 견지했던 지역 가운데 하나는 연해주였다. 망국(亡國)으로 인해 더 이상 국내에서 활동할 수 없었던 많은 민족적 인사들이 지리적으로 가까운 연해주로 이주했기 때문이다. 1895년부터 의병활동을 전개했던 유인석은 경술국치 이후 주로 연해주에 근거지를 두고 무장독립운동을 전개했으며 이토 히로부미(伊藤博文)를 저격했던 안중근 역시 연해주를 주 무대로 하여 의병활동을 전개했던 인물이다. 이러한 지리적 인접성에 의해 러시아의 한인들은 경술국치 이후 적극적인 민족의식을 견지했던 한인 공동체였다. 따라서 이곳에서 발행되었던 『권업신문』 역시 항일의식을 적극적으로 드러냈으며 그러한 항일의식의 중심에는 역사·전기소설이 자리하고 있었다.

이 장에서는 러시아 한인 사회의 특징을 고찰하고 이를 토대로 『권업신문』에 게재되었던 역사·전기소설의 서사적 특징에 대해 살펴볼 것이다. 이는 그동안 애국계몽기로 한정되어 연구되던 역사·전기소설의 지평을 확대하는 동시에, 1910년대 연해주를 중심으로 전개되었던 이산(離散) 문학에 대한 조망이라는 측면에서 의의를 가진다.

2. 러시아 한인 사회의 민족주의

한인의 러시아 이주는 대략 1860년대부터 시작되었다. 『해조신문』 창간호에서 최봉준은 "셔력 일쳔팔빅륙십삼년은 곳 음력 갑자지년이라 우리 동포 십여 가구가 처음으로 이 아국디방 디신허에 건너와셔 황무지디를 ᄀ척ᄒ고 인ᄒ야 살음이"[7]라고 기술하면서 1863년부터 한인이 러시아에 이주했다고 밝히고 있다. 또한 러시아 이주 상황을 상세히 밝히고 있는 『독립신문』의 「아령실기」(1920. 2. 26~1920. 4. 8. 총 12회 연재) 역시 "지신허의 개척, 단기 4197년 갑자년 봄에 무산 최운보와 경흥 양응범 2인이 두만강을 건너 혼춘을 경유하여 지신허로 이주하여 신개간 착수하니"[8]라고 서술하면서 최운보·양응범 양인에 의해 러시아 이주가 시작되었다고 밝히고 있다. 연도는 각각 1863년과 1864년으로 상이하지만 '갑자'년이라는 점에서는 동일한 연도로서, 이를 토대로 추정할 때 한인의 러시아 이주는 대략 1860년대부터 시작되었다고 할 수 있다.

한인의 러시아 이주는 대략 2단계로 구분할 수 있다. 1860년대부터 시작된 이주는 대부분 조선후기 정치·사회적 혼란으로 인한 경제적 이주가 대부분이었다.[9] 이들은 아직 제정러시아의 세력이 미치지 않는 연해주 부근의 토지를 경작하면서 생활하였다. 그러다가 1910년을 전후하여 망국의 상황 속에서 이루어진 정치적 이주가 본격화되었다. 이때부터 러시아의 한인은 그 수가 급격하게 증가하게 되었다. 김게르만이

---

7 「발간ᄒᆞ는말」, 『해조신문』, 1908. 2. 26.

8 원문은 다음과 같다. "地新墟의開拓 紀元四一九七年甲子春에 茂山崔運寶, 慶興梁應範二人이가만히豆滿江을건너琿春을經由하야地新墟(此는烟秋等地)에來住하야新開墾에着手하니" 「아령실기(1)」, 『독립신문』, 1920. 3. 1.

9 이상근, 『러시아·중앙아시아 이주한인의 역사』, 국학자료원, 2010, 44~47쪽 참고.

입수한 자료에 따르면, 연해주 지역 한인은 1906년에 34,399명에서 1910년에는 50,965명으로 급격하게 증가했다.[10]

망국의 상황은 한인들의 해외 거주지를 민족주의에 근거한 항일을 위한 거점으로 재구축하는 계기가 되었다. 그러나 해외 한인 거주지를 중심으로 강조된 민족주의는 비단 항일이라는 정치적 문제로만 한정되지 않았다. 망국이라는 현실에서, 자국이 아닌 타국에서 강조되는 민족주의란 정치적 문제를 넘어선 삶의 문제였기 대문이다.

러시아 한인들에게 민족주의는 먼저 내부적인 갈등을 봉합하는 계기로 기능했다. 러시아 한인의 배일사상에 주목하고 있었던 일본은 러시아 한인을 크게 두 부류로 구분했다. 첫째는 한일합방에 대해 크게 신경을 쓰지 않는 한인들로 1880년 즈음부터 러시아로 귀화하여 종교뿐 아니라 사상, 습관까지 러시아화된 한인들이다. 둘째는 이 부류에 속하지 않는 한인으로 조국의 독립을 위해 노력하는 인물들이다.[11] 러시아로의 귀화 여부는 러시아 내에서 한인의 지위를 결정하는 중요한 변수였다. 이상근의 논의에 따르면, 러시아로 귀화한 한인들은 러시아 정부로부터 일정한

---

10 김게르만, 『한인 이주의 역사』, 박영사, 2005, 167쪽.

11 『권업신문』 1913년 8월 31일자 논설에는 일본의 '외교시보'가 '루령거류죠션인문뎨'라는 제목으로 번역 게재되어 있다. 러시아에 거주하고 있는 항일 세력에 대한 관찰과 대책을 강구하기 위해 서술된 이 논설에서 일본은 러시아 한인을 다음과 같이 구분하고 있다. "류령 죠션인 즁에 믠처음에는 즉 셔력 一千八百八十년 쯔음에 루시아에 귀화ᄒᆞ야 종교도 곳히고 우수리 디방과 또뽀시에트 방면에 농업ᄒᆞ기로 이쥬ᄒᆞᆫ 것이 수천인이 잇엇으나 이러ᄒᆞᆫ 죠션인은 다만 국젹뿐 안이라 사샹 습관도 일즉이 루시아에 동화된 까닭에 한국의 합병은 그 무리에게ᄂᆞᆫ 자못 샹관이 업게 되엿더라 그럼으로 우리의 연구ᄒᆞᆯ 것은 그 무리 밧게 잇으니 미국에도 의지ᄒᆞ지 안코 루시아에도 의지ᄒᆞ지 안코 다만 고국의 독립을 도모치 안님이 불가ᄒᆞ다고 쥬챵ᄒᆞᄂᆞᆫ 극동 루령디방에 널려 칩복ᄒᆞᆫ 죠션인에 ᄃᆡᄒᆞ야 이것을 국졔덕으로 관찰코져 홈에 잇음"이라고 러시아 한인을 분석하고 있는 일본은 이들에 대한 대책으로 '일·루 범죄인 인도조약' 실행을 주장하고 있다.

토지를 분양받은 원호(元戶)가 되었으며, 러시아로 귀화하지 않은 한인들은 여호(餘戶)라고 하여, 러시아 지주 혹은 원호의 토지를 소작하며 생활을 영위했다.[12] 토지의 불하에 따른 경제적 지위의 차이와 지주와 소작의 관계 등은 러시아 귀화 여부에 따른 한인 사회의 갈등을 짐작케 한다.

그런데 러시아 한인 사회의 갈등은 비단 이것으로 끝나지 않았다. 1911년 6월 1일에 '권업회'가 조직되기 이전부터 러시아 내의 민족주의를 실천했던 인사들 내에서도 분열이 존재했다. 이상설, 윤일병 등으로 구성된 '서울파'와 정재관, 이강, 김성무 등으로 구성된 '평양파'가 서로 대립하고 있었다. 이러한 상호 대립을 극복하고 재러 한인의 이익을 대변해줄 단체의 필요성에 의해 권업회는 조직되었던 것이다. 따라서 이들 양 파벌의 대립을 견제하기 위해 최재형, 홍범도 등과 같은 러일전쟁 이전부터 러시아로 이주했던 한인들로 구성된 '북한파'에 권업회의 조직 운영을 맡겼던 것이다.[13] 그러나 권업회가 조직된 이후에도, 러시아라는 특수한 지역적 한계에 의해 한인 사회의 갈등은 두드러지지는 않았지만 내부적으로는 지속되었다. 그래서 이동휘는 러시아 한인들에 대한 국내 동포들의 기대를 언급하면서 "우리가 이 칙임을 다ᄒᆞ고져 ᄒᆞᆯ 때에 ᄉᆞ업샹 경징은 맛당히 잇을지나 권리 경징을 위ᄒᆞ야 남을 음히ᄒᆞ고 질시ᄒᆞ지 말 것이며 ……(중략)…… ᄀᆡ인의 명예를 위ᄒᆞ야 남을 싀긔ᄒᆞ고 업수히 녁이지 말지니라"[14]라며 러시아 한인들의 단결을 강조했던 것이다.

그러므로 러시아 한인 사회를 민족주의라는 이름으로 재구축하는 과정은 항일이라는 민족적 문제이기도 했지만 러시아 한인 사회 내의

12 이상근, 앞의 책, 52~53쪽.

13 박환, 앞의 책, 114~132쪽 참고.

14 「아령동포에게고ᄒᆞ노라」, 『권업신문』, 1913. 7. 27.

다양한 갈등, 즉 러시아 귀화 여부에 따른 갈등, 국내 출신 지역에 따른 갈등 등을 봉합하기 위한 하나의 이데올로기로 작용했다고 할 수 있다.

한편, 민족주의는 러시아 한인들의 정체성 형성과도 긴밀한 관련성을 내포하고 있었다. 러시아에 거주하면서도 러시아에 귀화하지 않은 한인은 러시아와 일본의 외교문제로 비화할 가능성을 내포한 존재들이었다. 러시아로 귀화했다면 러시아 국민이기 때문에 상관없지만 러시아로 귀화하지 않은 한인은 민족으로는 한인(韓人)이지만 국적으로는 일본인이기 때문이다. 이러한 상황에서 러시아로의 귀화는 급증했다.[15] 특히, 이전 총독 운테르베르게르와는 달리 한인들에게 우호적이었던 곤다티는 "이주 한인들에게 러시아는 제2의 조국이며, 러시아 땅에 정착한 한인들에게 러시아 국적을 부여하는 것은 향후 한인들에 관한 문제에서 일본 정부의 개입 가능성을 줄일 수 있는 방법"[16]이라면서 조선인을 포용하는 정책을 시행했으며, 한인 가운데에서도 "저 원슈의 노예 굴례를 쓰기보다 차리라 제 마음대로 타국에 귀화 국민되는 것이 마지못ᄒᆞᆫ 일이라"[17]라면서 귀화를 결심하는 사람이 늘었기 때문이다. 타국이라는 지리적 한계, 귀화라는 정치적 현실 속에서 민족주의는 러시아 한인의 정체성을 형성하는 데에 중요한 역할을 수행했다. 『권업신문』은 국어와 역사에 대한 강조를 통해, 러시아 한인들에게 민족적 정체성을 심어주고자 노력했다.

'국어'(國語)라는 명칭은 해외의 한인들에게만 유효한 용어였다. 왜냐하면 일제강점기에 '국어'란 곧 일본어를 의미하는 것이기 때문이다. 실제로 훈민정음을 지칭하던 '국문'(國文)이라는 용어가 일제강점기에

---

15 윤인진・박상수・최원오 (편), 『동북아의 이주와 초국가적 공간』, 아연출판부, 2010, 122~123쪽 참고.

16 이항준 외, 『러시아・중앙아시아 한인의 역사』(상), 국사편찬위원회, 2008, 33쪽에서 재인용.

17 「고향 생각을 故鄕戀」, 『권업신문』, 1914. 3. 15.

'한글'이라는 용어로 바뀐 사실은 이를 대변한다.[18] 그런데 러시아 한인들에게도 '국어'의 명칭은 자연스러운 것이라기보다는 의식적 노력에 의해서만 성취될 수 있는 것이었다. "제 나라 말을 잘 모르고는 제 나라 싱각이 날 수 엄스며"라고 주장하는 『권업신문』의 한 논설은 생활상의 이유로 러시아어를 배우지 않을 수 없는 현실을 인정하면서도 국어의 필요성을 부정하여 가르치지 않는 부형들에 대해 비판하고 있다. 특히, 러시아 학교의 이민족 방침(이민족에게 자기 나라 국어를 배울 시간을 줌), 종교의 상황(러시아정교회 등이 국어로 전도함), 국어를 먼저 배운 학생의 높은 학업 성취도 등을 언급하면서까지 국어의 효용성을 강조하고 있는 사실은 이국에서 국어를 보존하는 문제가 쉽지 않았음을 보여주고 있다. 이러한 상황에서 『권업신문』은 조국 혹은 민족이라는 정체성을 앞세워 러시아 한인들에게 국어를 배울 것을 강조하고 있다.[19]

한편, 역사에 대한 강조는 국가의 역사에서 민족의 역사로 그 강조점이 바뀌었다. 경술국치 이전에 주로 강조되었던 망국사(『월남망국사』, 『파란말년사』 등)는 이제 망국 이후에도 민족의 보존을 지속시킨 역사로 대체되었다. 특히, 오랜 시간 동안 국가 없이 민족이라는 이름만으로 유지되어왔던 유대민족은 국가의 소멸로 그 정체성을 위협받고 있는 러시아 한인들에게 좋은 모범이 되었다. "나라이 망흔지 임의 二천년이나 갓가왓으되 오늘날ᄭᅡ지 유ᄃᆡ국민뎍 싱익를 ᄒᆞ여왓음으로 유ᄃᆡ국 말을 보젼ᄒᆞ야 왓으며 유ᄃᆡ국 글을 보젼ᄒᆞ여왓으며 ……(중략)…… 나라가 망흔지 근량천년이나 오릐도록 유ᄃᆡ국의 국슈를 능히 보젼ᄒᆞ엿으며 유ᄃᆡ국민의

18 이혜령, 「한글운동과 근대 미디어」, 『대동문화연구』 27집, 대동문화연구원, 2004, 251쪽 참고.

19 「하긔방학에국어강습」, 『권업신문』, 1914. 5. 31.

일홈으로 능히 싱존을 유지ᄒᆞ얏을 뿐더러 오늘날 셰계에 돈만은 민족을 셰쟈면 유ᄃᆡ민족이 몃지안가게 되엿으니 누가 오늘날 졍신샹 유ᄃᆡ국이 업다ᄒᆞ리오"[20]라는 『권업신문』의 한 논설은 민족으로 대변되는 '정신적 국가'를 통해 러시아 한인들의 정체성 형성과 단결을 촉구했다.

『권업신문』의 화두는 여러 논자들이 강조했듯이 '민족주의'였다. 망국의 상황에서는 전개될 수 없었던 민족주의가 공간적 불연속에 의해 해외 한인을 중심으로 전개되었다. 그러나 러시아 한인 사회의 민족주의는 반드시 항일이라는 정치적 이유에서만 강조된 것은 아니었다. 러시아 귀화 여부에 따른 갈등, 민족 내부의 갈등 등과 같은 내적 분열을 봉합하기 위한 방편으로도 민족주의는 활용되었다. 한편, 망국에 의한 타국에서의 삶은 개인의 정체성 문제를 이슈화했다. 곤다티 총독의 우호 정책에 따른 러시아로의 귀화라는 매력적인 현실의 조건들은 러시아 한인들의 정체성을 혼란에 빠뜨리기에 충분했다. 이런 상황에서 민족주의는 국어와 역사를 통해, 한인들에게 정신적 국가로서의 민족의식을 심어주기 위한 방편으로 활용되었다.

3. 동시대 인물의 민족 영웅화

망국의 상황에서도 여전히 지속되었던 러시아 한인의 민족의식은 『권업신문』에 게재된 역사·전기소설을 통해 보다 자연스러운 것으로 인식되었다. 러시아라는 이국의 지리적 조건에도 불구하고, 역사·전기

20 「국민덕싱의」, 『권업신문』, 1913. 4. 20.

소설을 통해 서사화된 한민족의 인물과 역사는 한인으로서의 민족의식을 갖게 하는 데에 기여했으며 이는 또한 궁극적으로 러시아 한인이라는 정체성 위에 설립된 '권업회'의 지속을 가능하게 했다. 망국과 디아스포라 그리고 권업회의 지속이라는 현실적 상황 속에서 『권업신문』에 게재되었던 역사·전기 관련 서사 양식은 다음과 같다.

「즁국혁명략ᄉ 쇽」, 1912. 5. 26~1912. 10. 27.
「만고의ᄉ 안즁근젼」, 1914. 6. 28~1914. 8. 29.
「빨칸반도에싀로흥ᄒᆞ는세나라」(상)(하), 1912. 11. 24~12. 1.
「몬데네크로대왕니꼴라쓰의니야기」, 1913. 1. 26.
「모범홀만ᄒᆞᆫ인물의모범홀만ᄒᆞᆫ일로퇴계션싱의힝젹을드노라」, 1913. 2. 9.
「빨칸젼징과용감ᄒᆞᆫ녀쟝군」, 1913. 2. 9.
「졍문부쇼젼」, 1913. 12. 27.
「셔산대ᄉ의쇼젼」, 1914. 1. 11.
「황진쇼젼」, 1914. 1. 18.
「림즁량쇼젼」, 1914. 1. 25.

이 가운데 「즁국혁명략ᄉ 쇽」과 「만고의ᄉ 안즁근젼」은 일정 기간 동안 연재된 중·장편 형식을 띠고 있는 반면, 주로 인물을 대상으로 한 전(傳) 형식은 하루 혹은 이틀 정도 사이에 게재된 '소전'(小傳)의 형식을 띠고 있다. 몬테네그로의 니콜라스 왕, 발칸전쟁의 여성 영웅 소피아 등과 같은 외국 인물에서부터 자린고비로 불리는 한척(韓滌)까지 비교적 다양한 인물의 스펙트럼을 보이지만 이 가운데에서도 압도적으로 많은 비중을 차지하는 인물군, 즉 정문부, 서산대사, 황진, 임중량 등은 모두 임진왜란 때 활약했던 장수들이다.

경술국치 이전의 역사·전기소설에서 주로 입전되었던 인물들은 민족의 강인한 유전자를 구성할 수 있는 인물이라면 시기를 불문하고 민족의 영웅으로 호출되었다. 을지문덕, 연개소문 등과 같은 인물이 민족 영웅으로 변모할 수 있었던 이유는 중국이라는 강한 적과 맞서 싸웠던 고구려의 전쟁 영웅이었기 때문이다. 따라서 경술국치 이전의 역사·전기소설에서 입전된 인물들을 통해 형상화하고자 했던 것은 자강(自强)에 기초한 위대한 민족의 후손이라는 신화였다고 할 수 있다.

그러나 경술국치 이후, 『권업신문』의 '소전' 형식을 통해 입전된 인물들은 대부분 임진왜란 시기의 전쟁 영웅들이다. 일본 제국주의 침략에 의해 식민지로 전락한 당시의 상상력이 강인한 민족사 구성보다는 일본에 대한 투쟁심을 강조한 결과다. 황진이 진주에서 왜군들에서 포위되었을 때, 굴하지 않고 "곳 말을 타고 뛰어나가 쟝검을 좌우로 둘너 왜놈의 머리가 추풍락엽갓치 떨어지며 왜놈의 피가 뿌리워셔 공의 수염에 엉킨 것이 맛치 얼음 고드름이 달인 듯"21한 풍경을 연출한 것은 경술국치의 치욕을 서사적 상상력으로 갈음하고자 한 것이었으며, 대동강에서 임중량이 왜군들에게 소리친 "이 ㄱ도야지 무리덜아 너히는 너의 인군을 죽이고 우리나라의 방비엄슴을 틈타셔 한떠를 자랑ㅎ나 오늘은 너의 대역무도흔 왜적의 무리를 다 츄살ㅎ리라"22라는 외침은 러시아 한인들이 일본 제국주의를 향해 하고자 했던 언사를 대신하는 것이었다.

임진왜란 때 활약했던 전쟁 영웅을 형상화함으로써, 일본에 대한 분노를 통해 민족의식을 서사화했던 『권업신문』의 '소전'은 「만고의ㅅ 안즁근젼」을 통해 동시대의 인물을 입전하기에 이른다. 소전들이 과거에 대한 상상력

21 「황진쇼젼」, 『권업신문』, 1914. 1. 18.

22 「림즁량쇼젼」, 『권업신문』, 1914. 1. 25.

을 통해 현재를 대체하고자 했다면, 「만고의ᄉᆞ 안즁근젼」은 치열한 동시대성을 서사화함으로써, 일본 제국주의에 대한 분노를 민족의식으로 재구성하고자 했던, 역사·전기소설의 새로운 지평을 열어 보인 작품이다.

『권업신문』에 「안즁근젼」 9회(1914. 8. 23)가 연재될 때 함께 실린 그림이다. “안공의 손가락으로 친히 쓴 글씨”라는 안내문이 붙어 있는 이 그림은 안중근이라는 동시대성을 통해 민족의식을 고취시키는 데에 기여했다.

『권업신문』에 연재되었던 「만고의ᄉᆞ 안즁근젼」은 재외 한국학 연구자인 계봉우의 작품이다. 1880년에 함경도 영흥에서 출생한 계봉우는 망국과 함께 망명길에 올라 북간도와 연해주에서 조국독립운동을 벌였으며 그리고 중앙아시아 카자흐스탄 크즐오르다에서 마지막까지 국어, 국문학, 한국역사를 비롯한 한국학 연구에 매진하다가 1959년에 생을 마감하였다. 그의 독립운동이 공산주의와 관련되었다는 사실 때문에 비교적 최근에 와서야 그 존재가 알려지기 시작한 인물이다.[23] 계봉우의 생애와 업적에 관한 다각적 연구를 시도했던 윤병석은 계봉우의 업적에 대해 “제국주의에 의한 한민족 수난기에 기구한 역사를 전개시킨 러시아 지역 고려인(한인) 사회를 상징하는 ‘한국학’”[24]이라고 명명하기도 했다.

「만고의ᄉᆞ 안즁근젼」은 경술국치 이전부터 역사·전기소설을 형성하

---

23 윤병석, 「계봉우의 민족운동과 한국학」, 『한국학연구』 22집, 인하대학교 한국학연구소, 2010, 421~422쪽 참고.

24 윤병석, 앞의 글, 433쪽.

는 지배적 사상이었던 자국 중심의 역사관과 영웅 숭배 사상을 계승하고 있다. '서론'에서 "신하 됭오는 아는 쟈가 만흐되 단군 떡에 오랑캐를 물니치고 빅성을 잘 살게 ᄒᆞ시든 장군 됭오는 아는 쟈 엄스며 죠왕의 맛아들 무휼을 아는쟈 만흐되 단군강토를 다시 회복ᄒᆞ든 고구려의 대무신왕 무휼을 아는 쟈 엄스며 당태죵의 신하 을지경덕은 아는 쟈 만흐되 청천강에 슈병 빅 만을 고기빅에 쟝ᄉᆞᄒᆞ던 을지문덕은 아는쟈 엄스며"[25] 등과 같은 논의는 경술국치 이전부터 강조되었던 자국 중심의 역사관에 대한 강조다. 또한 "우리 민족의 영웅 슝비ᄒᆞ는 마음이 엇지 이렷틋 느졋든가"[26]와 같은 구절은 신채호와 박은식을 통해 지속적으로 강조되었던 영웅 숭배와 관련된 논의다. 그러므로 『권업신문』의 「만고의ᄉᆞ 안즁근젼」은 경술국치 이전의 역사·전기소설의 기본적 특징을 공유하고 있다고 할 수 있다.

하지만 과거의 인물이 아닌 동시대의 인물을 입전한다는 점에서 「만고의ᄉᆞ 안즁근젼」은 이전의 역사·전기소설과 변별적 차이를 지니게 된다. 픽션과 논픽션의 관계는 지시대상의 유무와 관련지어 논의될 수 있다. 즉, 픽션은 스토리와 담화의 상호관계로 한정되는 데 반해, 논픽션은 스토리와 담화의 관계가 항상 이것이 지시하는 지시대상과의 관련성 속에서 논의된다는 것이다. 이를 토대로 포터 애벗은 지시대상을 염두에 두는 서사 양식은 허구가 줄 수 없는 특별한 매력을 전달한다고 주장했다.[27] 실제로 을사조약 체결에 치욕을 느꼈던 민영환의 자결은 다른 어떤 역사·전기소설들보다 큰 반향을 불러일으켰다. 뿐만 아니라 민영환

25 「만고의ᄉᆞ 안즁근젼」, 『권업신문』, 1914. 6. 28.

26 「만고의ᄉᆞ 안즁근젼」, 『권업신문』, 1914. 6. 28.

27 H. 포터 애벗, 우찬제 외 역, 『서사학 강의』, 문학과지성사, 2010, 275~280쪽 참고.

이 쓰러진 자리에 피 묻은 대나무가 자라기 시작했다는 소위 '혈죽' 사건은 그 자체로는 과학적으로 설명되지 않는 비현실적 내용임에도 불구하고 민영환이라는 현실 속의 지시대상과 접속되면서 많은 사람들을 애국심으로 들끓게 했다.[28]

과거 인물이 아닌 동시대 인물인 안중근을 입전했다는 점에서 「만고의ᄉ 안즁근젼」 또한 독자들에게 사실(fact)이 전달하는 감동을 선사했다고 할 수 있다. 물론 과거 인물을 입전한 역사·전기소설 역시 사실에 기초하지 않았다고 할 수는 없지만 동시대성을 상실한 과거의 사실이 주는 감동이란 한계를 지닐 수밖에 없다. 뿐만 아니라 「만고의ᄉ 안즁근젼」이 형상화하고 있는 맥락이 독자들에게 여전히 지속되고 있는 상황이라고 했을 때, 「만고의ᄉ 안즁근젼」의 핍진성(verisimilitude)은 높아진다. 「만고의ᄉ 안즁근젼」이 형상화하고 있는 서사 세계는 단순히 서사 세계로 끝나는 것이 아니라, 안중근이라는 동시대적 인물을 통해 현실 세계와 접속하기 때문이다. 안중근이 평안남도에 설립한 학교의 개학식을 치를 때, 술을 권하는 여러 사람들에게 안중근이 "나는 쟝ᄎ 독립연ᄒᆞ는 날에 술을 먹을지언졍 졍신업ᄂᆞᆫ 술ᄉ군이 한갓 되고자 안이ᄒᆞ노라"[29]라고 일갈하는 것은 비단 서사 내의 사람들에게만 향하는 것이 아니라 망국의 현실을 살고 있는 모든 한인들에게 향한 것이 되며, 안중근이 죽기 직전 외쳤던 '대한독립만세' 역시 곧 망국의 절망에 놓인 한인들의 염원이었다.

『권업신문』에 게재된 「만고의ᄉ 안즁근젼」은 동시대적 인물을 입전했다는 점에서 많은 사람들에게 감동을 뛰어넘는 깨달음을 전달하기에 충분했다. 뿐만 아니라 경술국치 이전까지 지배적이었던 과거 인물의

28 앙드레 슈미드, 앞의 책, 334~337쪽 참고.

29 「만고의ᄉ 안즁근젼」, 『권업신문』, 1914. 7. 19.

민족 영웅화 경향을 염두에 두었을 때, 「만고의ᄉ 안즁근젼」은 동시대 인물의 민족 영웅화라는 점에서 역사·전기소설의 지평을 확대했다고 할 수 있다. 즉, 서사 세계의 민족 영웅 안중근은 안중근이라는 동시대적인 지시 대상을 통해 러시아 한인을 한민족의 일원으로 구성하는 데에 기여했다는 것이다.

4. 민족의 역사로 대체된 국가의 역사

국가와 민족 가운데, 강조점을 어디에 두느냐의 문제는 경술국치를 전후로 한 논설에서 보다 분명하게 드러난다. 1907년 11월 19일자 『대한매일신보』 논설 「보죵보국론」은 "인죵 보젼ᄒ기를 ᄉᆡᆼ각지 아니 ᄒ고 나라 보젼ᄒ기만 구ᄒ면 그 나라를 능히 보젼ᄒ고 그 인죵은 스ᄉ로 보젼ᄒ려니와 만일 나라 보젼ᄒ기는 ᄉᆡᆼ각지 아니ᄒ고 인죵을 보젼ᄒ기만 구ᄒ려다가는 그 나라를 보젼치 못ᄒ고 그 인죵이 ᄯᅡ라 망홀거시니"라면서 민족을 보존하기 위해서는 우선적으로 국가를 보호해야 한다고 주장했다. 그러나 이러한 국가에 대한 강조는 경술국치 이후, 민족에 대한 강조로 변화했다. 1912년 6월 23일자 『권업신문』 논설 「국슈쥬의와 히외동포」에서는 "나라 잇는 민족이라도 국슈쥬의가 업스면 망ᄒᄂ 나라 업는 민족이라도 국슈쥬의가 잇으면 흥ᄒᄂ니 이는 동셔 양 력ᄉ에 상고홈이 털끗만치도 틀리지 안는 ᄉ실이로다"라고 강조했다.

망국의 상황에서 보다 강조된 '민족'은 『권업신문』에 게재된 역사·전기소설에도 그대로 반영되어 있다. 『권업신문』에 게재된 역사·전기소설 가운데 전(傳)의 형식보다 사(史)의 형식을 띠고 있는 것은 「즁국혁명략ᄉ

쇽」이 유일하다. 비록 자국의 역사가 아닌 타국의 역사지만 그럼에도 불구하고 과거가 아닌 현재의 역사를 다루고 있다는 점이 「즁국혁명략ᄉᆞ 쇽」의 특징이다. 「즁국혁명략ᄉᆞ 쇽」은 1911년에 중국에서 일어난 신해혁명을 서사화하고 있다.

신해혁명의 의의에 대해서는 대체로 "왕조체제를 붕괴시켰고, 중국역사상 최초의 공화국체제를 출현시켰다"[30]라는 견해가 지배적이다. 그러나 『권업신문』에 게재된 「즁국혁명략ᄉᆞ 쇽」은 신해혁명을 만주족과 한족(漢族)의 대립으로 인식하고 있다. 즉, 만주족의 오랜 지배를 받아왔던 한족(漢族)이 자신의 민족을 지속적으로 유지할 수 있었기 때문에 결국에는 만주족의 지배로부터 벗어날 수 있었다는 관점이 「즁국혁명략ᄉᆞ 쇽」의 기본적 입장이다.

「중국혁명약사 속」은 중국의 신해혁명을 다루고 있다. 신해혁명은 다양한 속성을 지니고 있는 중국의 근대혁명이지만, 『권업신문』에 형상화된 신해혁명은 만주족의 오랜 지배에서 벗어난 한족(漢族)의 민족주의 혁명이라는 관점이 두드러지게 강조되어 있다.

30 신승하 · 임상범 · 김태승, 『20세기의 중국』, 서울대학교 출판부, 1998, 17쪽.

「즁국혁명략ᄉ 쇽」은 청(淸)을 세운 누르하치와 관련된 논의로 시작된다. 명나라 황제가 이성량으로 하여금 여진족의 한 지역인 건주(建州)를 치게 했는데, 그때 포로로 사로잡혔던 누르하치를 이성량이 사사로운 감정에 의해 놓아준 일화에 대해 서술자는 "일시에 눈이 어두어 함뎡을 열고 범을 노왓도다"[31]라고 평가한다. 동시대에 일어났던 신해혁명을 청(淸)을 건국한 누르하치와 관련지어 논의하는 것은 신해혁명을 민족적 관점에서 조망하고 있다는 사실을 보여준다. "대뎌 ᄉ빅쥬의 토디가 조고마ᄒᆞᆫ 부락 추쟝 놀하치 조손의 호령 아릭에 굴복ᄒᆞ여 이빅륙십여 년이나 종이 되며 신하가 되여 스름을 밧고 겨우 오늘에 와셔야 혁명 소릭가 잇엿으니 또ᄒᆞᆫ 이샹ᄒᆞ지 안ᄒᆞᆫ가"[32]라는 서술자의 의문 속에서 신해혁명은 만주족과 한족(漢族)의 민족 경쟁으로 새롭게 변모한다.

「즁국혁명략ᄉ 쇽」의 민족적 성격은 내용 구성에서도 명확하게 드러난다. 신해혁명을 '공화정을 세운 근대적 혁명'으로 이해하는 것이 아니라 만주족과 한족(漢族)의 경쟁으로 파악하고 있는 「즁국혁명략ᄉ 쇽」은 '뎨ᄉ쟝 손일션의출현'에서부터 신해혁명에 관한 서술을 본격적으로 시작한다. 그리고 '뎨二쟝 력딕졍칙의무효와혁명즁ᄌ의젼파'와 '뎨삼쟝 홍슈젼과청국'은 신해혁명이 일어날 수밖에 없었던 역사적 배경에 대해 서술하고 있는데, 역사적 배경의 주된 내용은 만주족과 한족(漢族)의 갈등이다.

'제2장'에서는 청(淸)이 한족(漢族)과의 융화정책을 실시함에도 불구하고 한족들이 끊임없이 "만주 배척"의 거동을 쉬지 않았다는 내용[33]이며,

---

31 「즁국혁명략ᄉ 쇽」, 『권업신문』, 1912. 5. 26.

32 「즁국혁명략ᄉ 쇽」, 『권업신문』, 1912. 6. 2.

이러한 오랜 민족적 투쟁의 결과가 마침내 홍수전에 의한 '태평천국운동'으로 나타나게 되었다는 것이다. 임태홍은 홍수전이 제시한 '중국'의 개념을 분석했면서 '태평천국운동'을 크게 세 가지 성격으로 규정하고 있다. 첫째는 '하느님'을 모시는 문명국으로 묘사된 '번국'(蕃國)과 대응되는 개념으로서의 중국이며, 둘째는 이러한 중국에서 탈피하여 천부(天夫)가 직접 통치하는 태평천국으로서의 중국이다. 이러한 내용은 신비한 종교적 체험을 계기로 태평천국운동을 일으켰다는 홍수전의 개인 이력에 기반한 분석이다. 셋째는 만주족에 침략을 당한 중국으로서, 태평천국운동의 민족주의 성격을 강조한 것이다.[34] 이처럼 태평천국운동에 민족주의 성격이 없는 것은 아니지만, 문제는 「즁국혁명략ᄉ 쇽」에 형성된 태평천국운동에는 오직 민족적 측면만이 존재한다는 사실이다. 태평천국운동의 발생 원인을 "명죠가 망ᄒᆞᆫ 후로 뜻 잇는 사ᄅᆞᆷ들이 슯흠과 분을 먹음고 만쥬 빅쳑ᄒᆞᆯ ᄉᆡᆼ각으로 민간에 젼파ᄒᆞ기를 쉬지 안은 까닭"[35]으로 규정하면서 19세기 말에 발생한 태평천국운동을 1636년에 멸망한 명나라와 연결시키고 있는 것은 태평천국운동을 만주족과 한족(漢族)의 오랜 투쟁으로 인식했기 때문에 가능한 것이었다.

누르하치에 관한 서술에서부터 비롯된 만주족과 한족(漢族)의 민족 대결 양상은 신해혁명의 의의를 보다 분명하게 구체화했다. "대뎌 즁국이 인구가 ᄉ 억만이며 토디가 루 빅만 방리며 또 영웅호걸이 ᄃᆡ불 핍졀ᄒᆞ고 경졔샹, 졍치샹 지식이 남에게 나리지 안는 빅셩으로 엇지 오릐 외족의 압졔 졍부 밋헤셔 굴복ᄒᆞ야 잇으리오 불힝 수 빅 년을 이 비참ᄒᆞᆫ 디위에

---

33 「즁국혁명략ᄉ 쇽」, 『권업신문』, 1912. 6. 16.

34 임태홍, 「태평천국의 민족주의 사상」, 『정치사상연구』 14집 2호, 한국정치사상학회, 2008, 56쪽 참고.

35 「즁국혁명략ᄉ 쇽」, 『권업신문』, 1912. 6. 23.

쳐ᄒᆞ야 잇어슴은 뎌 한당 이후의 군신유의를 쥬쟝ᄒᆞᄂᆞᆫ 썩온 션ᄇᆡ의 말이 인심을 속박ᄒᆞᄂᆞᆫ 그물이 되엿던 까닭이라 ……(중략)…… 고로 오늘날 혁명은 민족의 특셩과 시ᄃᆡ의 풍죠와 또 만쥬졍부의 부픿ᄒᆞᆫ 것이 이를 ᄌᆡ촉ᄒᆞ야 셩공게ᄒᆞ여 주엇도다"[36]라는 「즁국혁명략ᄉᆞ 쇽」에서 주장하고 있는 신해혁명의 의의는 오랜 기간 동안 한족(漢族)이 자신들의 민족 정체성을 잃지 않았기 때문에 가능한 현실이었다는 것을 암묵적으로 강조하고 있는 것이었다.

그러므로 신해혁명을 주된 내용으로 다루고 있음에도 불구하고 「즁국혁명략ᄉᆞ 쇽」의 제목이 '신해혁명'이 아니라 '중국혁명'을 전경화한 이유는 오랫동안 한족(漢族)으로서의 정체성을 잃지 않고 마침내 만주족의 지배로부터 벗어난 민족의 역사를 강조하기 위한 것이라고 생각할 수 있다. 전제정치에서 벗어나 공화정을 토대로 한 근대적 국가의 출현을 가능하게 했던 신해혁명을 만주족과 한족(漢族)의 민족 투쟁으로 변모시킨 「즁국혁명략ᄉᆞ 쇽」의 서술 의도는 명확하다. 망국의 상황에서 '민족'을 화두로 생활하고 있는 러시아 한인들에게 『권업신문』은 한족(漢族)의 역사를 통해 한(韓)민족의 미래에 대한 확신을 심어주고자 했던 것이다.

5. 러시아 한인과 역사·전기소설

서구로부터 전파된 '네이션'의 개념으로 망국의 상황을 막고자 했던 애국계몽기의 노력은 결국 물거품이 되고 말았다. 특히, 낯선 용어인

36 「즁국혁명략ᄉᆞ 쇽」, 『권업신문』, 1912. 10. 27.

'민족'을 개념화하고 자연스럽게 만드는 데에 기여했던 역사·전기소설 또한 망국의 현실과 더불어 대부분 소멸되고 말았다. 애국계몽기에 활발히 창작 및 번역되었다는 사실을 염두에 둘 때, 역사·전기소설의 갑작스런 소멸은 망국이라는 정치적 상황이 아니면 설명될 수 없다.

그러나 망국의 상황이 민족의 소멸까지 초래한 것은 아니었다. 특히, 한반도를 벗어난 타국의 디아스포라들에게 민족은 그들 삶의 시작이자 끝이었다. 여전히 민족이 절대적 화두가 되고 있는 상황에서 민족을 서사화했던 역사·전기소설의 존재는 필연적이었다. 실제로 해외 한인들을 중심으로 발간된 신문에서는 민족의식 고취를 위해 많은 역사·전기소설을 게재했다. 이 장에서는 항일의식이 높았던 러시아 한인 사회의 특징을 살펴보고 이를 토대로 이 지역에서 발간된 『권업신문』 소재 역사·전기소설의 서사적 특징을 다음과 같이 고찰했다.

먼저, 러시아 한인 사회에서 강조되었던 민족주의의 특징이다. 러시아 한인 사회에서 '민족'은 단순히 저항의식의 표출만을 의미하는 것은 아니었다. 러시아 귀화 여부에 따른 갈등, 항일과 관련된 민족 인사들의 갈등 등과 같은 내부적 분열을 봉합하기 위한 수단으로 '민족'은 활용되었다. 또한 새롭게 부임한 곤다티 총독의 한인 우호 정책에 따른 러시아로의 귀화 문제는 러시아 한인 사회에 정체성 혼란을 초래하는 계기가 되었다. 이러한 상황에서 민족주의는 국어와 역사를 통해, 러시아 한인들에게 한(韓)민족으로서의 정체성을 심어주기 위해 노력했다.

둘째, 러시아 한인 사회에서 발간된 『권업신문』에 게재되었던 역사·전기소설 가운데 인물을 입전했던 서사의 특징을 고찰했다. 『권업신문』에 게재된 역사·전기소설에 입전된 인물은 임진왜란 당시 활약했던 장수와 안중근으로 구분되었다. 애국계몽기 역사·전기소설이 과거 전쟁 영웅을 민족 영웅으로 호출하여 민족의 유전자를 강인한 것으로 구성하는 데에 초점을 두었다면, 『권업신문』 소재 역사·전기소설의 인물들은 일본 제국주의와 친연성을 가졌다. 임진왜란 때 활약했던 정문부, 황진, 임중량 등은 당대 일본 제국주의와 같은 일본에 대항하여 전쟁을 수행한 인물이며, 안중근은 일본 제국주의를 상징하는 이토 히로부미(伊藤博文)를 저격한 인물이다. 특히, 「만고의ᄉ 안즁근젼」은 동시대적 인물을 입전했다는 점에서 많은 사람들에게 사실(fact)에 기초한 감동을 전달했으며 동시대 인물의 민족 영웅화라는 점에서 역사·전기소설의 새로운 지평을 확대했다고 할 수 있다. 따라서 『권업신문』 소재 역사·전기소설은 '강인한 민족'을 구성하는 데에 초점을 맞췄던 애국계몽기 역사·전기소설과는 달리, 일본이라는 제국주의를 환기하고 이를 통해 민족의식을 고취하는 데에 초점을 두었던 서사라고 할 수 있다.

셋째, 『권업신문』에 게재되었던 역사·전기소설 가운데 사(史)와 관련된 서사의 특징을 고찰했다. 「즁국혁명략ᄉ 쇽」은 『권업신문』의 역사·전기소설 가운데 유일하게 사(史)의 형식을 띠고 있었다. 신해혁명은 중국에서 최초로 공화정을 세운 근대적 혁명이지만, 「즁국혁명략ᄉ 쇽」에서 신해혁명은 만주족의 오랜 지배로부터 벗어나게 된 한족(漢族)의 민족혁명으로 형상화되어 있었다. 신해혁명을 만주족과 한족(漢族)의 민족 투쟁으로 변모시킨 「즁국혁명략ᄉ 쇽」의 서술 의도는 명확하다. 망국의 상황에서 '민족'을 화두로 생활하고 있는 러시아 한인들에게 『권업신문』은 한족(漢族)의 역사를 통해 한(韓)민족의 미래에 대한 확신을 심어주고자 했던 것이다.

민족을 화두로 한 역사·전기소설이 경술국치 이후에도 지속될 수 있었던 가장 큰 이유는 해외라는 지리적 이점(利點)이 있었기 때문에 가능했다. 그러므로 역사·전기소설을 애국계몽기만의 대표적 서사 갈래라고 논할 수 없다. 왜냐하면 역사·전기소설은 공간적 경계를 달리하면서 지속적으로 전개되어왔기 때문이다. 그러므로 러시아 한인 사회에서 발간된 『권업신문』의 역사·전기소설에 대한 본 논의는 그동안 애국계몽기로 한정되어 연구되었던 역사·전기소설 연구의 지평을 확대했다는 의의와 더불어 1910년대 러시아 한인 사회를 중심으로 전개되었던 이산(離散) 문학에 대한 조망이라는 측면에서 의의를 가진다.

제2부
역사·전기소설과 서술 양상

제4장
고대사의 재정립과 개화기 전(傳)의 서술 양상

1. 역사관의 충돌

19세기 후반까지 동아시아 국가들은 중국을 중심으로 사대교린(事大交隣) 관계를 구축하고 있었다. 국가들 사이에 사대와 종속이라는 불평등이 존재했지만, 예(禮)를 토대로 성립된 관계였기 때문에 하나의 거대 문화권으로 존재할 수 있었다. 또한 동아시아 국가들이 공유했던 유학의 가치는 이들 문화를 동질적인 것으로 지탱해주는 버팀목이 되었다. 따라서 서구와 대면하기 이전까지 동아시아 국가들은 중국을 중심으로 천하(天下)라는 개념을 공유했다.

반면, 서구는 국가를 단위로 한 국제 질서를 형성하고 있었다. 비록 힘의 우열에 따른 강국과 약소국의 구별이 있었지만, 표면적으로는 엄연한 평등 관계를 맺고 있었다.[1] 따라서 19세기 후반, 서구의 동양에 대한

1 신연재, 「동아시아 3국의 사회진화론 수용에 관한 연구」, 서울대학교 박사학위논문, 1991,

통상 압박은 경제적, 정치적 충돌뿐만 아니라 '국가 관계'에 대한 상이한 이해를 가진 두 문명권의 충돌이었다.

상이한 문명의 충돌이 야기한 혼란 속에서, 서구의 국가 모델을 통해 내부적인 혼란을 가장 빠르게 수습하고 근대화에 착수한 나라는 일본이다. 일본은 삼백여 년 간 지속되던 막부체제를 청산하고 천황을 중심에 둔 국가주의를 천명한다. 이러한 일본의 국가주의가 동아시아에 미친 영향은 크다. 한반도 주도권을 장악하기 위해 벌였던 청일전쟁에서의 일본의 승리는 동아시아에서 공유하고 있던 천하라는 개념을 깨뜨리는 데에 결정적인 기여를 했다. 중국이 그동안 오랑캐로 천대하던 일본에게 패전했다는 사실은 '국가'를 단위로 한 새로운 동아시아 국제 질서의 구축을 알리는 서막이었다. 그러므로 일본의 한국 침략은 이전부터 전해져오던 예(禮)를 토대로 한 천하의 개념 속에서 이루어진 것이 아니라, '국가 대 국가'라는 새로운 국제질서의 재편 속에서 이루어진 것이다.

하나의 국가를 식민화하는 과정은 단순히 무력에 기초한 힘의 논리만으로 설명될 수 없다. 일본의 한국 식민화 전략은 표면적으로 드러나는 힘의 우위를 바탕으로 정치, 경제, 사회, 문화 등의 다양한 분야에서 보다 복합적으로 진행되었다. 강화도 조약 이후, 경제적인 측면에서 일본은 자국의 공장제 생산에 의한 염가 상품을 조선 시장에 대량 유통시킴으로써 조선 경제의 붕괴를 촉진하였으며, 정치·군사적인 측면에서도 종래의 청국식 군제를 개혁하고 일본인 장교에 의한, 일본 병기로 무장한 일본 군대를 양성했다.[2] 사회·문화적인 측면에서도 일본의 조선 병합을 옹호하는 일진회 조직은 물론, 친일 성향의 『국민신보』 등을 창간함으로

20쪽.

2 신규수, 「근대 일본의 한국지배인식에 관한 연구」, 『역사와 사회』 25호, 2000, 60쪽.

써 자신들에게 유리한 여론을 조성했다. 특히, 역사 부분에서 임태보(林泰輔)의 『조선사』에 의한 한국 고대사 왜곡 문제는 일본의 조선 침략에 대해 정당성을 부여하는 계기가 되었다.

'역사'는 두 가지 현실이 맺는 긴장관계 속에서 이루어진다. 사건이 실제로 일어난 '현실'과 그것을 텍스트적 '현실'로 전이시키는 일련의 과정에는 서술 주체의 다양한 욕망들이 투여된다. 실제 '현실'이라는 제한과 우연적인 비연속적 흐름에 일정한 의도를 부여하려는 텍스트적 '현실' 사이의 갈등은 역사라는 텍스트를 역동적인 의미망으로 구성한다.[3] 그러므로 텍스트로 구성된 역사는 두 '현실' 사이에서 갈등하는 서술 주체의 흔적이며 또한 역사에 대한 서술 주체의 의도와 욕망을 그 동력으로 삼는 일종의 서사다.

특히, 동아시아 고대사 부문은 두 가지 측면에서 문제의 소지가 많다. 첫째, 역사를 기록하는 현재의 시점과 실제로 일어난 '현실' 사이의 시간적 간격이 크다는 것이다. 실제로 일어난 고대의 '현실'을 있는 그대로 복원하기가 어렵기 때문에, 역사 서술 주체의 상상력이 크게 개입될 수밖에 없다. 둘째, 고대사를 기술하는 현재의 시점에서 대상으로 삼는 역사적 '현실'은 이미 텍스트적 '현실'로 전이된 텍스트라는 점이다. 따라서 고대사를 기술하기 위해서는 자료의 빈곤과 합리적으로 설명되지 않는 신화적 서술 태도와 맞닥뜨릴 수밖에 없다. 그러므로 고대사는 실제로 일어난 '현실'의 복원보다는 고대사를 기술하는 시점(時點)의 서술 의도가 극대화된 영역이다.

실제의 역사적 사실을 복원하기보다는 침략이라는 '의도'와 '필요'에 의해 서술된 일본의 조선사 서술 문제는 개화기 역사를 서술하는 데에

3 공임순, 『우리 역사소설에는 이론과 논쟁이 필요하다』, 책세상, 2000, 17쪽.

있어서 중요한 문제의식으로 부각되었다. 유학적 관점에서 사(史)는 과거를 감계(鑑戒)함으로써, 현재를 올바르게 영위하자는 정신을 내포한 것이기 때문에, '문이재도'(文以載道)의 모범으로 인식되었다. 따라서 사실과 황탄무계한 것을 구분하고 현세에 교훈이 될 만한 내용으로 채워진 것이 역사다.

그러나 개화기 일본인에 의해 쓰인 사(史)는 과거를 감계하기 위해, '사실'에 기초하기보다는 '의도'를 극대화한 것이었다. '의도'를 극대화한 사(史)라는 새로운 체제의 역사와 대면하면서 한국의 역사에 대한 기본적 입장은 변화할 수밖에 없었다.

한편, 개화기에 이르러 구국의 영웅을 입전한 전(傳) 양식이 널리 보편화되었다. 신문과 잡지는 물론 학생들을 가르치는 데 사용되던 교과서에서도 을지문덕이나 이순신에 관한 전기물을 접하는 것은 어렵지 않은 일이었다. 전(傳)은 태생적으로 역사에서 비롯되었다. 사마천의 『사기』 「열전」 이후, 많은 문인들이 자신의 사적·공적 의견을 피력하기 위해 전(傳) 양식을 즐겨 사용해왔다. 그러므로 개화기에 창작된 전(傳) 양식 또한 개화기의 변화된 사관과 긴밀한 관련성을 내포한다.

따라서 이하에서는 개화기 사(史)와 전(傳)의 긴밀한 관계를 염두에 두면서 첫째, 개화기에 이르러 변화하게 된 역사 서술 태도를 고찰하고, 둘째, 이를 토대로 개화기 사(史)의 변화가 구국의 영웅을 입전한 전(傳) 양식에 미친 영향을 신채호의 『슈군의 뎨일 거룩흔 인물 리슌신젼』을 대상으로 살펴보도록 하겠다.

2. 유학적 사관과 배제된 고대사

문이재도의 전통에서 사(史)는 훌륭한 모델이다. 유학적 전통에서 사(史) 서술의 전범인 『춘추』는 공자에 의해서 편찬되었다. 공자는 옛 질서를 보호하고 예악의 대의를 선양하며 천하의 난신적자를 경계하기 위해 역사를 편찬하였다.[4] 이후, 사(史)의 주된 기능은 감계와 교화라는 도덕적 기능을 수행하는 문(文)으로 인식되었다.

한국에서도 이러한 공자의 역사관은 고려시대를 거쳐 조선시대에 이르기까지 사(史)를 편찬하는 데에 있어서 기본적인 입장이 되었다. 김부식은 『삼국사기』의 「진삼국사표」에서 "고기(古記)는 문장이 거칠어 뜻이 통하지 않고 사적이 빠져 없어졌으므로 이로써 임금의 착함과 악함이라든지, 신하의 충직함과 간사함이든지, 국가의 편안함과 위태함이든지, 인민의 다스려짐과 어지러워짐을 모두 드러내어 뒷사람들에게 권장하고 경계를 할 수 없게 되었다"[5]라고 논의함으로써 사(史)의 편찬이 과거를 통해 현재를 교화하는 데 있음을 분명히 밝히고 있다. 또한 조선후기 대표적 사서인 『동사강목』의 저자 안정복 또한 "대저 역사가의 대법은 통계를 밝히고, 찬역을 엄히 하고, 시비를 바로잡고, 충절을 포양하고, 전장을 자세히 해야"[6] 한다고 주장함으로써 공자에게서 비롯된 감계의 사관이 조선후기까지 지속되고 있음을 보여주고 있다.

감계주의를 역사의 기본 태도로 인식하고 있을 때, 역사란 철저하게 사실에 근거한 것이어야 한다. 인간의 행동을 경계하는 모범을 역사에서

---

4 남상호, 「공자와 춘추」, 『공자학』 7호, 2000, 194~195쪽 참고.

5 김부식, 이재호 역, 『삼국사기』, 솔출판사, 1997, 18쪽.

6 안정복, 『동사강목』, 민족문화추진회, 『국역동사강목』, 1977, 47쪽.

찾을 때, 그 역사가 사실이 아닌 허구라면 그 도덕적 기능을 올바르게 수행할 수 없기 때문이다. 공자는 평소에도 현실에서 벗어난 초월성과 비합리성에 대해 이야기하지 않았을 뿐만 아니라, 선왕의 도를 서술하여 전하되, 사실에 근거 없는 것을 창작하지 않는다는 술이부작(述而不作)의 태도를 지향했다.[7] 역사를 서술하는 데에 있어서, 사람을 현혹하여 도덕적 원칙에서 벗어나게 할 수 있는 작(作)의 태도에 대해 주의를 기울인 것이다. 이러한 공자의 역사 서술 태도에 대해 오석원은 "역사적 사실과 문헌의 증거를 근거로 하여 기술된 합리적 역사관"이라고 평가한다.[8]

역사가 기본적으로 사실의 서술에 있다고 할 때, 이실직서(以實直書)를 통한 감계주의의 실현이라는 유학적 사관은 시공을 초월한 보편적 원리일 수 있다. 그러나 신화적 요소와 뒤섞여 있는 고대사를 다룰 경우, 사실에 근거한 역사 서술 태도는 문제적이다.

> 지난 계축년 4월에 『구삼국사』를 얻어 동명왕본기를 보니 그 신이한 사적이 세상에서 이야기하는 것보다 더했다. 그러나 처음에는 믿지 못하고 귀(鬼)나 환(幻)으로만 생각하였는데, 세 번 반복하여 읽어서 점점 그 근원에 들어가니, 환(幻)이 아니고 성(聖)이며, 귀(鬼)가 아니고 신(神)이었다. 하물며 국사는 사실 그대로 쓴 글이니 어찌 허탄한 것을 전하였으랴. 김공 부식이 국사를 중찬할 때에 자못 그 일을 생략하였으니, 공은 국사는 세상을 바로잡는 글이니 크게 이상한 일은 후세에 보일 것이 아니라고 생각하여 생략한 것이 아닌가?[9]

7 정요일, 『한문학비평론』, 집문당, 1990, 228~229쪽.

8 오석원, 「유교 역사관의 재구성」, 『인문과학』 29집, 성균관대학교 인문과학연구소, 1999, 6쪽.

9 이규보, 『동국이상국집』, 민족문화추진회, 『국역동국이상국집 I』, 1978, 127쪽.

위 글은 이규보의 『동국이상국집』「동명왕편」에서 인용한 부분이다. 이규보는 이 부분에서 『삼국사기』 이전에 존재했던 『구삼국사』에 대해 언급하고 있다. '동명왕본기'라는 구절은 『구삼국사』가 기전체로 서술되었음을 암시하며, '신이(神異), 귀(鬼), 환(幻)'은 『구삼국사』가 신화적 서술 형태에 가깝다는 것을 말해준다. 뿐만 아니라 이규보는 김부식이 『삼국사기』를 편찬할 때, 『구삼국사』의 신이한 부분을 '세상을 바로잡는다'라는 명분에 의해 생략하였다고 추측한다. 김부식이 「진삼국사표」에서 "후세에 대한 권계를 목적으로 『삼국사기』를 편찬하였다"라고 말한 사실에 비추어볼 때, 이규보의 추측은 타당성이 높다. 이는 『삼국사기』가 『구삼국사』의 설화적 형태를 극복하고 유학 사관에 입각하여 도덕적 합리주의를 표방하기 위해 편찬되었음을 암시한다.[10]

역사에서 설화적 형태를 극복하고 이실직서의 원칙에 입각하여 감고계금의 역사관을 피력하는 사(史)의 형태는 조선시대에도 계속적으로 이어져 문(文)의 전통을 형성한다.

> 생각하건대, 우리 조선은 예로부터 문헌으로 일컬어 온 나라입니다. 단군은 당요와 한때에 왕위에 올랐으니, 백성은 저절로 순후하고 풍속은 스스로 질박하였으며, 기자는 주나라 무왕의 봉함을 받으므로, 지나간 것에는 감화되고 남아 있는 것은 신비하였습니다. 그러나 옛 전적으로 징험할 수 없으니, 어찌 헛말을 실을 수 있겠습니까?[11]

이 글은 조선전기 대표적 사서인 『동국통감』 편찬에 깊이 관여했던

10 최영성, 「삼국사기의 역사관과 유학사적 의의」, 『한국철학논집』 1집, 1991, 11쪽.
11 서거정, 「진동국통감전」, 『국역동국통감』 1권, 세종대왕기념사업회, 1996, 29~30쪽.

서거정이 쓴 「진동국통감전」에서 인용한 부분이다. 세조 4년에 편찬을 시작하여 성종 16년에 비로소 완성된 『동국통감』은 크게 「외기」, 「삼국기」, 「신라기」, 「고려기」로 구성되어 있다. 위의 인용문은 「삼국기」 이전의 고대사가 「외기」에 편입될 수밖에 없는 이유에 대해 설명하고 있다. '외기'는 유서가 지은 『자치통감외기』에서 비롯된 것으로, 누락된 역사를 보충한다는 의미를 포함하고 있다. 따라서 『동국통감』에서 삼국 이전의 역사를 '외기'라고 명명한 것 또한 오랫동안 정사에서 누락되어왔던 상고사를 보충한다는 의미로 볼 수 있다. 즉, 삼국 이전의 고대사가 삼국 이후의 역사처럼 체계적인 서술이 불가능하고 단편적인 사실(史實)만을 소개하는 데 그쳤기 때문에 「외기」라고 명명한 것이다.[12] 그러나 보다 중요한 이유는 서거정이 앞의 인용문에서 논하고 있듯이, 이실직서라는 유학적 사관에 의해서 삼국 이전의 고대사를 '외기'로 편입한 것이다. 서거정은 단군이 중국의 요와 대등한 입장에서 병립하고 있다고 말함으로써 민족 역사에 대한 자부심을 가지고 있지만, 결국 "옛 전적으로 징험할 수 없다"는 이유로 '본기'에서 다룰 수 없다는 사실을 분명히 하고 있다.

초월적이고 기이한 것에 대한 폄하는 조선후기 실학자에 의해 쓰인 사서(史書)에서도 동일하게 나타난다.

> 동방의 古記 등에 적힌 단군에 관한 이야기는 다 허황하여 이치에 맞지 않는다.
>
> 단군이 맨 먼저 났으니, 그 사람에게서 신성한 덕이 있으므로 사람들이 좇아서 군으로 삼았을 것이다. 예전에 신성한 이가 날 적에는 뭇사람과는 다른 데가 있었으나, 어찌 이처럼 매우 이치에 맞지 않은 일이 있었으랴!

12 한영우, 「『동국통감』의 역사서술과 역사인식(下)」, 『한국학보』 16호, 1979, 37~38쪽.

……(중략)……

내가 이처럼 이치에 맞지 않는 이야기를 일체 취하지 않는 것은 그릇된 것을 답습하여 온 고루한 버릇을 씻어 버리고자 하는 까닭이다.

……(중략)……

이제 문화현 구월산에 三聖祠가 있어, 승국(勝國, 전대의 왕조)부터 본조(本朝)까지 환인, 환웅, 단군을 제사지내는데, 단군을 제사하는 것은 워낙 마땅하거니와, 환인・환웅은 망설이지 말고 빨리 제거하여야 한다. '올바른 귀신이 아닌 것을 제사한다'는 것이 바로 이것이기 때문이다.[13]

주자의 강목체에 따라 『동사강목』을 편찬한 안정복은 이전의 사가들과는 달리 철저한 고증 의식을 바탕으로 역사를 기술했다. 따라서 옛 문헌을 통해 밝혀낼 수 없는 사실들에 대해서는 배제시켰다. 위의 인용문에서 안정복은 단군의 실체는 인정하면서도 단군에 대한 고기(古記)의 기록들이 황탄무계하다고 비판하는 동시에, 환인과 환웅의 신이성에 대해 부정했다. 따라서 『동사강목』은 단군에 대한 기록이 아니라 기자에 대한 기록인 "은 태사 기자가 동방으로 오니, 주의 천자가 그대로 그곳에 봉하였다"로부터 시작하고 있다. 실체는 인정하지만, 그 실체에 대한 옛 문헌들을 믿을 수 없기 때문에, 문헌에 의해 확실하게 고증할 수 있는 기자부터 사(史)를 서술하겠다는 것이다. 유가에서 논하고 있는 '문헌의 합리성'이란 실제로 일어난 사실과의 부합에 의해 획득되는 것이 아니라 그럴듯한 서술 태도를 이르는 말이다. 따라서 안정복은 단군의 실체는 인정하지만, 그 단군을 기술하는 고기(古記)의 서술 태도가 그럴듯하지 못하기 때문에 즉, 서술 태도가 신이하고 비합리적이기 때문

13 안정복, 앞의 책, 159~160쪽.

에 단군조선을 『동사강목』에서 배제한 것이다.

이상으로 한국의 대표적 사서(史書)인 『삼국사기』, 『동국통감』, 『동사강목』을 대상으로 하여, 사(史)를 편찬하는 관점에 대해 통시적으로 개괄하였다. 유학은 실생활의 윤리적 덕목으로서만 기능한 것이 아니라 사상적 차원으로 우리의 전통적 글쓰기 일반에 대해 큰 영향을 미쳤다. 따라서 유학적 전통에서 쓰인 역사서 또한 유학이 내세우는 도덕적 기능과 이를 수행하기 위한 이실직서의 원리를 지키고 있었다. 여기서 문제가 되는 것은 한국의 고대사 부분이다. 유학의 사관에 의해 비합리적이고 신이한 것으로 규정된 고기(古記)의 기록이기 때문에 고대사는 대부분 배제되거나 비판되었다. 실제로 존재했다는 사실에 대해서는 대부분 인정하면서도 그 사실에 대한 옛 기록들이 황탄무계하다는 이유로 배제한 것이다.

하지만 개화기에 들어서면서 이 고대사의 영역은 민족의 기원을 탐색하는 문제와 긴밀한 관련성을 맺게 된다. 뿐만 아니라 약육강식의 제국주의 시대에 접어들면서 고대사는 민족의 자긍심을 높이고 단결을 위해서도 반드시 필요한 부분으로 인식된다.

3. 야사의 정사 편입과 민족의 기원 구성

일본이 한국을 통치하려고 할 때, 국제 여론이 일본에게 유리하게 형성된 것만은 아니었다. 당시 로마교의 주교는 한국과 일본이 서로 근본이 달라 화합하기가 어려울 뿐만 아니라 이토 히로부미(伊藤博文)가 한국을 떠날 때, 오히려 양국 사이에 새로운 실마리가 생긴다고 주장했다.

이에 대해 '일본 타임쓰 신문'은 다음과 같이 반론했다.

> 한국의 독립을 말ᄒᆞᄂᆞᆫ 쟈ᄂᆞᆫ 정신이 업ᄂᆞᆫ 쟈ㅣ로다 대개 한국이 독립 두 글ᄌᆞ를 진실ᄒᆞᆫ ᄆᆞ음으로 보존한 거슨 오ᄇᆡᆨ 년 ᄉᆞ긔에 긔록ᄒᆞᆷ이 업셧고 다만 나라 안에셔 독립ᄒᆞᆷ은 얼마콤 부지ᄒᆞᆷ은 잇셧스나 그 지낸 일노 ᄒᆞ야 ᄒᆞᆼ샹 국제샹 곤난에 즁앙뎜으로 예비ᄒᆞᄂᆞ니 만일 한국을 임의로 ᄒᆞ게 맛셔 두면 그 진실ᄒᆞᆫ 벗 나라의 원치 아니 ᄒᆞᄂᆞᆫ 일을 ᄯᅩ 믄ᄃᆞ러 내기는 명약관화로다.
>
> ……(중략)……
>
> 한국 사ᄅᆞᆷ을 지도ᄒᆞ고 교육ᄒᆞᄂᆞᆫ 거슨 일본의 직칙이라[14]

이 글은 당시 일본에게 부정적이었던 국제 여론에 대한 일본의 입장으로서, 일본의 조선에 대한 인식을 보여준다. "한국이 독립 두 글자를 진실한 마음으로 보존한 것은 오백 년 역사에 기록함이 없다", "한국 사람을 지도하고 교육하는 것은 일본의 직책이다" 등의 구절은 한국의 자주성 결여를 명문화함으로써, 일본의 한국에 대한 지배를 정당화하고 있다. 즉, 한국은 역사적으로 독립한 경험이 없기 때문에 근대화를 수행할 능력이 부족하며 따라서 일본의 도움이 필요하다는 것이다.

문명적으로 미개하고 독립한 경험이 없는 열등한 민족이라는 일본의 인식에 저항하기 위해 자강(自强)의 논리가 사회에 확산된 것은 당연하다. 특히, 역사 부문은 한민족이 반만년의 유구한 역사를 가진 문명화된 국가이며 무수한 외세의 침입에도 불구하고 자주적으로 나라를 지켜왔다는 사실을 증명해야 했다.[15] 실제로 이 당시 편찬된 사서(史書)들은 한민족이 오랜 역사를 지닌 문명국이며 자주국임을 주장하고 있다.

---

14 「론셜」, 『대한매일신보』(국문판), 1907. 12. 5.

15 권보드래, 『한국근대소설의 기원』, 소명출판, 2000, 116~117쪽.

교과서 위주로 편찬된 개화기 역사서들은 이전의 역사와는 달리, 단군조선을 정식 역사로 인정하고 있다. 개화기 이전의 역사서들이 합리적 '사실'만을 기술한다는 유학적 사관에 의해 거부했던 단군조선을 민족의 기원으로 편입시키는 것은 사(史)를 둘러싼 담론의 변화를 의미한다.

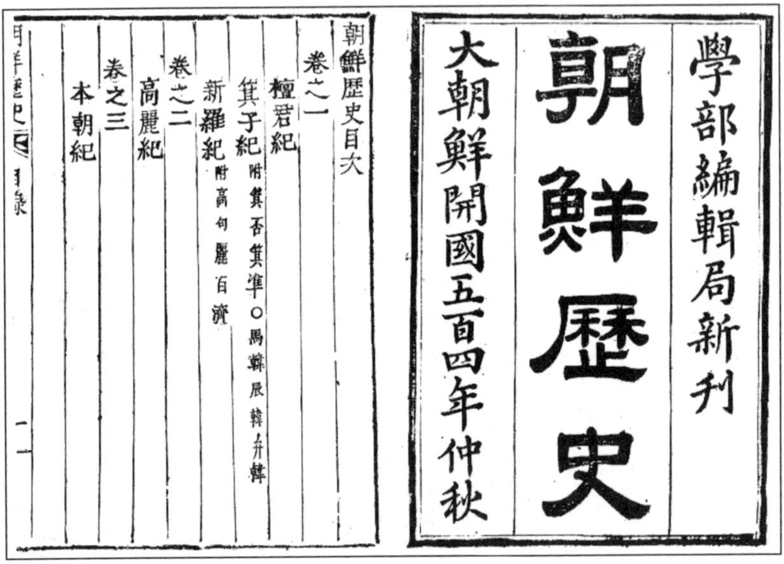

學部編輯局新刊

朝鮮歷史

大朝鮮開國五百四年仲秋

朝鮮歷史目次

卷之一

檀君紀

箕子紀 附箕否箕準○馬韓辰韓弁韓

新羅紀 附高句麗百濟

卷之二

高麗紀

卷之三

本朝紀

『조선역사』는 1895년 학부에서 편찬된 초등용 국사교과서다. 개화기 이전의 역사서에서 단군조선은 신이성으로 인해 정식 역사로 인정받지 못했다. 그러나 개화기에 이르러 단군조선은 민족의 기원으로서 교과서 위주로 편찬된 역사서에 이름을 올렸다. 이는 사(史)를 둘러싼 담론의 지형이 변화했다는 사실을 보여준다.

먼저 역사에서 당연시하는 '사실'의 배타성에 대한 문제제기다. 역사는 항상 과거의 일을 기록한다. 동시대의 인물이 아니라 후세의 사람들이 이전의 기록들을 참고로 해서 서술하는 것이 역사다. 따라서 역사의 서술은 항상 '사실'의 확정 과정을 전제로 해서 이루어진다. 안정복은

『동사강목』을 편찬할 때, "동국의 역사 및 중국의 역사에서 동국의 일에 언급한 것을 널리 가져다가 산절(刪節)하여 책을 만들었다"[16]라고 밝히고 있다. 이때 안정복이 '사실'로 확정한 것은 역사적 사실들이 아니라 이전의 사서(史書)들이 주는 신뢰성이다. 그러므로 '사실'의 배타성은 실제로 일어난 사실이 가지는 권위가 아니라 그럴듯한 역사가 갖는 권위다.

안종화는 이러한 역사적 사실의 권위에 문제를 제기했다. 조선후기와 개화기를 연결하는 사학자로 평가받는 안종화는 『동사절요』의 자서(自序)에서 "선악을 징창(懲創)하는 것은 사(史)에서 드러나며, 기괴, 위려함을 보는 것은 패승으로 돌아간다. ……(중략)…… 이를 병축(並畜)해서 수세의 문(文)을 삼는다면, 사가의 양규(良規)가 될 것이다"[17]라고 밝히고 있다. 안종화가 인식하는 올바른 사(史)의 기술 태도는 합리적 문헌에 의해 보증되는 역사적 사실뿐만 아니라 구술적으로 전승되는 야사도 함께 수용해야 한다는 것이다. 기술된 자료에 비해, 체계적 · 합리적으로 정리되어 있지 않은 구술적 측면에도 민중의 욕망과 진실이 투여되어 있다는 사실을 지각한 것이다. 실제로 안종화는 『동사절요』에서 단군뿐만 아니라 단군의 시조인 환웅과 환인에 대해서도 서술하고 있다고 한다. 일반 역사가들이 비합리적이라고 배제했던 사료들의 일면에서 역사라는 가치를 새롭게 정립시켜 나가고 있는 것이다.

사(史)를 기술하는 데에 있어서 기술적 측면과 아울러 구술적 측면을 수용해야 한다는 논리는 개화기 자강을 위한 역사 편찬에 적극적으로 수용된다. 개화기 바로 전 시기인 조선후기에 비합리적이라는 이유로

16 안정복, 앞의 책, 47쪽.

17 안종화, 『동사절요』 自序, 한영우, 「개화기 안종화의 역사서술」, 『한국문화』 8집, 1987, 143쪽에서 재인용.

거부되었던 단군조선은 개화기 대부분의 역사서에서 한민족의 기원으로 인정받고 있다. 대부분 교과서 위주로 편찬되었던 개화기 역사서들은 단군조선을 정식 역사로 인정하여 중국과 대등한 입장에서 민족의 기원을 구성하고 있다.

민족적 위기를 극복하기 위해 사(史)에 집중했던 신채호 또한 개화기의 역사적 성과물을 계승하고 있다. 신채호는 이전의 사서(史書)들에 대해 "고대의 한두 사가(史家)가 자기의 호오(好惡)대로 아무런 책임감 없이 지은 것을 어떻게 존중하고 믿을 수 있겠는가?"[18]라고 주장한다. 이는 이전의 역사가들이 참고하였던 고대의 역사서들이 특정 사관에 의해 편집된 기록에 불과하다는 사실을 깨달은 동시에, 개화기 민족적 욕망에 의해 새로운 역사를 기술할 수 있다는 가능성을 시사하는 것이다. 역사를 아(我)와 비아(非我)의 투쟁이라고 파악한 신채호는 비아(非我)와의 경쟁 속에서 굳건히 아(我)를 지켜낸 역사를 서술하는 것을 목적으로 삼았다. 따라서 자주적이지 못한 이전의 역사서들의 내용들은 아(我)의 정립이라는 사관에 의해 문제시된다.

신채호가 새로운 역사를 기술하기 위해, 참고로 삼았던 것은 구술되어 전승되던 설화다.

(가) 당태종이 양만춘의 화살에 맞아 눈을 잃었다는 것은 초야에 묻혀 사는 사람들에게는 전설로 전해지는 사실이다. 그래서 시인(詩家)들은 이 사실을 읊조렸는데 목은 이색은 "호주머니에 든 물건일 뿐인데 어찌 알았으랴 검은 꽃(눈)이 하얀 깃털(화살)에 떨어질 줄을"이라고 노래했으며 노가재 김창흡은

---

18 원문은 다음과 같다. "古代의 一二史家가 自己의 好惡대로아모責任感이업시지은것을 엇더케尊信할수잇스랴?" 신채호, 『조선상고사』, 종로서원, 1948; 『단재신채호전집』 1권, 독립기념관 한국독립운동사연구소, 2007, 266쪽.

천산시에서 "오랜 세월 가장 대담했던 양만춘이 수염에 화살을 쏘아 눈동자를 떨어뜨렸네"라고 읊었다. 그러나 이외에는 이러한 사실에 대해 밝히고 있지 않다. 이는 사대주의 파의 역사가들이 고대 본국의 외국에 대한 승리의 기록을 모두 삭제하고 누락한 까닭이다.[19]

(나) 먼저 고구려 연대가 삭감된 것부터 말하리라. 고구려는 신라 시조 혁거세 21년(기원전 37년)에 건국하여 신라 문무왕 8년(기원 669년)에 망했다. 그래서 일반 역사가들은 고구려가 605년간 지속됐다고 적어왔다. 그러나 고구려가 망할 때, "9백 년에 미치지 못했다"라는 비기가 유행하였다. 비기가 비록 괴이한 책이라 할지라도, 그 시대에는 사람의 인심을 움직이는 도화선이 되었다. 그러므로 고구려가 멸망한 때는 고구려가 존속한 연수가 8백 몇십 년 이상이 됨이 명백하다. 그러므로 본기의 705년이 의문됨이 첫째다.[20]

(가)는 당태종이 안시성 전투에서 눈에 화살을 맞고 돌아가 그 후유증으로 생을 마감한 사실에 대해 기록하고 있다. 그런데 문제는 이러한 사실이 기존의 사서(史書)에 전해지지 않고 있다는 것이다. 신채호는 기존의 사서(史書)들이 중국의 역사에 영향을 받은 측면이 강하기 때문에 중국의

19 원문은 다음과 같다. "唐太宗이 楊萬春의 화살에 눈이빠짐은 樵人野客의 傳說이되야 (詩家)吟咏에올나 牧隱李穡의 (貞觀吟)에 「謂是 囊中一物耳那知玄花 (目) 落百羽 (矢)」라하고 老稼齊金昌翕의 千山詩에 「千秋大膽楊萬春箭射虬髯落眸子」라하고 以外에 이 書를 抄錄할뿐이오 이런말이업다 이는事大主義派의 史家들이 古代本國의 外國에對한 勝利의 記錄을모다 刪落한까닭이다" 신채호, 『조선상고사』, 537쪽.

20 원문은 다음과 같다. "먼저 高句麗年代가 削減된것부터 말하리라 高句麗가新羅始祖赫居世二十一年 – 紀元前三十七年에 建國하야 新羅文武王八年 – 紀元六百六十九年에亡하니 享國이 都合七百五年이라고 一般史家들이 적어왓다 그러나 高句麗의 亡할때에 「不及九百年」이란 秘記가 流行한바 秘記가 비록妖書라할지라도 그時代에 그秘記가 人心動搖의 導線이되얏슨즉 이때(文武王八年)에 高句麗年祚가 八百몇十年以上됨이 明白하니 本紀의 七百五年이 疑問됨이(一)이오" 신채호, 『조선상고사』, 313~314쪽.

사서(史書)에 따라 기록하지 않은 것이라고 비판하며, 안시성 전투의 일화를 전설과 개인 문집에서 수집하고 정식 역사로 편입하고 있다. 기존 사서(史書)의 권위에 대한 도전이며, 강인한 민족을 재구하겠다는 욕망의 투여를 전설 등과 같은 구술적 자료를 근거로 해서 확립하고 있는 것이다.

(나)는 고구려의 존속 기간에 대한 신채호의 의견이다. 신라보다 고구려를 민족의 정통으로 여기는 신채호는 고구려의 존속 기간이 신라 등의 승자에 의해 축소되었다고 비판한다. 하지만 고구려의 실제 연기는 찾을 수가 없다. 이때 신채호가 참고하는 것이 비기(秘記)다. 비기는 정식 역사가 아니지만 고구려 중심의 정통론을 고수했던 신채호의 의도는 정식 역사보다 오히려 이러한 비기를 더 신뢰하게 만든다.

이상으로 개화기 역사 교과서와 신채호의 역사의식에 대해 살펴보았다. 이들은 기존의 유학적 사관에서 폄하했던 야사의 내용을 정사로 편입시키면서 강인한 한민족의 고대사를 구성했으며 역사적으로 한국을 중국과 대등한 지위에 위치시켰다. 이는 우승열패의 논리가 지배하는 국제 질서 속에서 자강의 논리로 사(史)를 구성하고 있음을 보여준다.

4. 개화기 전(傳)의 허구화 양상

사(史)에 대해 많은 관심을 가졌던 신채호는 역사서 외에도 구국의 영웅을 입전한 전(傳) 서술에 많은 노력을 기울였다. 역사적 인물에 대한 전(傳)의 기원은 사마천의 『사기』「열전」에서 비롯된 문(文)의 양식이다. 사마천은 역대 왕조사를 중심으로 「본기」를 서술하고 그 외의 역사적으로 중요한 인물들을 「열전」이라는 형식을 통해 서술했다. 한국에서도 김부식의 『삼국사기』 「열전」 이후, 문인들이 오랫동안 집중해왔던 글쓰기 양식이다.

전(傳)은 사실을 기록하는 문(文)의 양식이다. 역사에 그 태생적 기원을 두고 있기 때문에 역사적 인물에 관한 전(傳)은 '사실'로부터 결코 자유로울 수 없다. 그러나 개화기에 들어서면서 절대적 '사실'의 기록으로 인식되던 사(史)가 유학적 사관의 산물임을 깨달았다. 더 나아가 우승열패라는 냉엄한 국제 질서 속에서 민족의 자긍심을 높이기 위해 야사를 적극적으로 정사에 편입시키면서 민족의 기원을 구성하려는 노력들이 나타났다. 개화기에 주로 구국의 영웅을 입전한 전(傳)들 또한 이러한 개화기 사(史)의 변화와 밀접한 관련성을 내포한다.

실제로 일어난 사실을 서사화하는 과정에서는 필연적으로 허구화가 수반된다. 사관의 변화에 따라 달라지는 역사적 사실은 언어화된 역사와 실제로 일어난 사실 사이의 괴리를 보여준다. 유학적 입장에서 서술된 역사가 '사실'이라는 포장 속에서 실제로는 감고계금(鑑古戒今)이라는 의도를 실현하기 위해서 허구화된 것이라면, 개화기의 역사는 자강의 논리를 앞세우기 위해 역사적 사실을 토대로 일련의 허구화를 시도하고 있는 것이다. 이처럼 시대마다 허구화의 의도는 달라질 수밖에 없다. 허구화의 목적이 달라진다는 것은 곧 허구화의 방식이 달라진다는 것을 함축한다. 본고는 개화기 구국의 영웅을 입전한 전(傳) 가운데 신채호가 쓴 『슈군의 뎨일 거룩흔 인물 리슌신젼』을 대상으로 그 허구화 양상을 고찰하도록 하겠다.

『리슌신젼』은 국문판 『대한매일신보』 「쇼셜」 란에 1908년 6월 11일부터 10월 24까지 4개월에 걸쳐 연재되었다. 충무공 이순신은 개화기 때 을지문덕과 더불어 구국의 영웅으로 그 명성이 높았다. 신채호는 이순신을 입전한 이유를 「셔론」과 「결론」에서 다음과 같이 밝히고 있다.

(가) 오호ㅣ라 셤즁나라에 다른 죵ᄌᆞ들이 ᄃᆡᄃᆡ로 한국에 혈심읫 뎍국이 되여 상망지디에 잇셔셔 독살스럽게 주목ᄒᆞ여 보ᄆᆡ 이런 오랜 원슈를 반ᄃᆞ시 갑기로 ᄲᅧ에 ᄆᆡᆺ친 원ᄒᆞᆫ이 깁고 깁허 한국 ᄉᆞ쳔여 년 력ᄉᆞ상에 외국이 와셔 침노ᄒᆞᆫ 쟈를 헤여볼진ᄃᆡ 왜구라ᄂᆞᆫ 두 글ㅅᄌᆞ가 거진 십샹팔구나 되어 (『대한매일신보』, 1908. 6. 11)

(나) 비린 피ᄂᆞᆫ 팔도에 ᄀᆞ득ᄒᆞ고 악ᄒᆞᆫ 긔운은 동ᄒᆡ에 덥허 칠팔 년 동안에 백화가 ᄭᅳᆫ치지 아니ᄒᆞ니 이러케 부패ᄒᆞᆫ 졍치와 이러케 리산된 인심에 무엇을 의뢰ᄒᆞ야 국기를 회복ᄒᆞ엿ᄂᆞᆫ가 우리 리슌신공의 공로를 어ᄎᆞ에 가지로다 (1908. 6. 12)

(다) 대뎌 슈군의 뎨일 유명ᄒᆞᆫ 사ᄅᆞᆷ이 잇고 텰갑션을 창조ᄒᆞᆫ 나라으로 오늘날에 니ᄅᆞ러 뎌 ᄒᆡ군의 ᄀᆞ쟝 장ᄒᆞᆫ 나라와 비교ᄒᆞ기ᄂᆞᆫ 고샤ᄒᆞ고 필경 나라이라ᄂᆞᆫ 명ᄉᆡᆨ 좃ᄎᆞ 업셔질 디경에 ᄲᅢ젓스니 나ᄂᆞᆫ 뎌 몃ᄇᆡᆨ 년ᄅᆡ에 ᄇᆡᆨ셩의 긔운을 ᄭᅥᆨ그며 ᄇᆡᆨ셩의 지식을 막고 문치의 ᄉᆞ샹을 주던 비루ᄒᆞᆫ 졍치ᄀᆡᆨ의 여독을 ᄉᆡᆼ각ᄒᆞᄆᆡ ᄒᆞᆫ이 바다ㅅ물과 ᄀᆞᆺ치 깁도다 이에 리슌신젼을 지어 고통에 ᄲᅢ진 우리 국민에게 젼포ᄒᆞ노니 무릇 우리 션남신녀ᄂᆞᆫ 이것을 모범ᄒᆞᆯ지어다

하ᄂᆞ님ᄭᅴ셔 이십셰긔 태평양에 둘재 리슌신을 기ᄃᆞ리ᄂᆞ니라 (1908. 10. 24)

(가)와 (나)는 서론에서 밝힌 것이며, (다)는 결론에서 당부한 것이다. 왜구는 빈번하게 조선을 침략했지만 이에 대한 역사상의 능동적 대처는 별로 찾아볼 수 없다. 임진왜란이 일어난 경우에도 조정의 대신들은 사사로운 이익에 얽매여 시대적 현실을 제대로 인지하지 못하고 능동적으로 해결하는 데에 무능력했다. 신채호는 이러한 상황 속에서 이순신이 국가적 위기를 타계해나가는 방법을 밝혀보려는 것이 이순신을 입전한

이유라고 밝히고 있다. 그런데 이 전(傳)은 단순히 이순신의 영웅적 행적 자체에만 관심을 가진 것은 아니다. (다)에서 밝혔듯, 임진왜란이 일어났던 시기와 별반 다를 바가 없는 개화기의 현실에 직면하면서 한민족은 과거 이순신과 같은 영웅을 기다리고 있음을 역설하고 있다. 일종의 영웅대망론이다.

개화기의 사(史) 변화는 시대적 필요에 의해서 이루어졌다. 제국주의 시대에서 민족의 자긍심을 높여 국가의 생존을 도모하고자 했던 사(史)는 야사를 정식 역사로 편입시켜 단군조선을 민족의 기원으로 구성했다. 그러므로 단군조선이 한국의 역사에서 공적으로 인정받을 수 있었던 것은 개화기의 현실 때문이다. 영웅을 입전한 전(傳) 또한 개화기의 시대적 필요에 의해 서술되었다. 이순신, 을지문덕과 같은 민족적 영웅은 개화기의 영웅대망론과 맞물려 이 시기로 호명된 것이다. 따라서 개화기의 영웅을 입전한 전(傳)의 허구화는 개화기적 현실을 극복하고자 하는 미래지향적 의지를 함축한다. 이러한 허구화 의도는 다른 시대와 비교할 때 더욱 명확해진다.

> 나는 이순신을 철갑선의 발명자로 숭앙하는 것도 아니오 임란의 전공자로 숭앙하는 것도 아닙니다. 그것도 위대한 공적이 아닌 것은 아니겟지마는 내가 진실로 일생에 이순신을 숭앙하는 것은 그의 자기희생적, 초훼거적, 그리고 끝없는 충의(애국심)입니다. 군소배들이 자기를 모함하거나말거나, 군주가 자기를 총애하거나말거나 자기의 의무라고 신하는 바를 위하야 국궁진췌하야 마츰내 죽는 순간까지 쉬지 아니 하고 변치 아니한 그 충의 그 인격을 숭앙하는 것입니다.[21]

---

21 이광수, 「작자의 말」, 『동아일보』, 1931. 5. 28.

이광수는 1931년 6월부터 『동아일보』에 『이순신』을 연재했다. 위의 글은 『이순신』을 연재하기 전에 여러 번에 걸쳐 게재된 일종의 예고문이다. 여기서 이광수가 역사적 인물 이순신을 허구화하는 의도가 드러나 있다. 이광수는 "군소배들이 자기를 모함하거나 말거나, 군주가 자기를 총애하거나 말거나" 쉬지 않고 자신이 맡은 바 소임을 다하는 그 '인격'을 숭앙한다고 말한다. 그러므로 이 소설은 이순신의 인격적인 측면에 초점을 맞춰서 허구화가 진행되고 있는 것이다.

이 그림은 이광수가 1931년 6월 26일부터 『동아일보』에 『이순신』을 연재할 때, 이상범이 소설 속에 그려 넣은 삽화다. 이순신은 시대를 막론하고 항상 이야기로 호출되었다. 그러나 이야기에 형상화된 이순신들은 시대에 따라 미묘한 차이를 함축했다.

신채호의 『리슌신젼』과 이광수의 『이순신』은 동일한 인물을 소설화했지만 허구화의 의도가 상이함에 따라 전개되는 서사의 방식 또한 다를 수밖에 없다. 현실의 실상과 관련지어 미래 지향적인 의도를 함축하고 있는 『리슌신젼』은 인물의 영웅적 행위에 초점이 맞춰져 있는 반면, 자기 직분에 충실한 인격을 갖춘 이순신을 형상화하고 있는 이광수의 『이순신』은 한양으로 압송되어 고문을 당하는 와중에 "형틀에서 끌어 내릴 때 순신은 긴장하였던 신경이 풀어지는 서슬인지 그만 기절하여 버렸다. 그도 오십삼 세의 늙은 몸이요, 임진년 이래로 육 년 간 노심초사에 많이 몸이 쇠약했을 뿐더러, 중한 열병을 치르고 난 지가 얼마 안 되는 까닭에 이 악형에 견디지 못"[22]하는 인간 이순신을 그리고 있다.

신채호가 형상화한 영웅 이순신은 다른 인물들과의 대립적 속성에 의해 구성된다. 그 대립적 자질은 애국/비애국, 사적/공적 속성이다. 전자는 이순신이 보유한 자질이며, 후자는 이순신 이외의 인물들이 지닌 자질이다. 먼저 애국/비애국 차원의 대립적 속성을 살펴보자.

> (가) 오월 초ᄉᆞ일 첫 ᄃᆰ 울이에 ᄇᆡ를 씌여 급히 힝홀 ᄉᆡ 연로에 지나는 곳마다 쌍가마와 부담ᄆᆞᆯ에 안히는 압셔거니 남편은 뒤서거니 ᄒᆞ야 쳐량ᄒᆞᆫ 힝ᄉᆡᆨ으로 달녀가는쟈ㅣ 길이 메고 줄이 다앗스니 뎌 쟈들은 다 엇던 사ᄅᆞᆷ인고 모다 평졍 시졀에 후ᄒᆞᆫ 록만 먹고 포식난의ᄒᆞ며 금관ᄌᆞ나 옥관ᄌᆞ를 붓치고 슈령이니 영쟝이니 ᄒᆞ는 인물노셔 지금 피란ᄒᆞ러가는 힝ᄎᆞ들이러라 (『대한매일신보』, 1908. 6. 28)

> (나) 5월 2일 송한련이 남해서 돌아와서 하는 말이 '남해현령(기효근), 미조항첨사(김승룡), 상주포·곡포·평산포 만호(김축) 등이 하나같이 왜적의 소식을 듣고는 달아나 버렸고, 군기물 등도 흩어 없어져 남은 것이라곤 거의 없다'고 했다. 놀랍고도 놀랄 일이다.[23]

(가)는 『리슌신젼』에 나오는 부분이며 (나)는 이순신이 직접 기록한 『난중일기』에 나오는 부분이다. 『리슌신젼』은 두 가지 부분에서 『난중일기』와 차이점을 보인다. 첫째, 『리슌신젼』에는 이순신이 배를 띄워 전쟁터로 나가는 길목에서 달아나는 양반수령들을 목격한 것으로 나온다. "ᄇᆡ를 씌여 급히 힝홀 ᄉᆡ"는 이순신의 행동을 묘사한 부분으로 이후의 부분에서도 초점자(focalizer)는 이순신이 분명하다. 그러나 『난중일기』에 의하면

22 이광수, 『이순신』, 『이광수대표작선집』 9권, 삼중당, 1975, 205쪽.

23 이순신, 최두환 역주, 『난중일기』, 학민사, 1996, 40~41쪽.

이순신은 이 사실을 직접 목격한 것이 아니고 송한련의 보고에 의해 들어서 알게 된 사실이다.

둘째, 양반수령들이 피란한 시기가 다르다는 것이다. (가)에서는 5월 4일에 피란한 것으로 되어 있지만 『난중일기』에서는 5월 2일에 피란한 사실을 들은 것으로 되어 있기 때문에 실제로 피란한 시기는 5월 2일 이전으로 보아야 한다. 5월 4일은 이순신이 첫 번째 싸움인 옥포해전을 위해서 출항하던 긴박한 순간이다. 그러므로 신채호의 『리슌신젼』은 이질적인 시공간에서 벌어진 '나라를 구하기 위해 출항하는 이순신'과 '개인의 일신을 위해 피란하는 양반수령들'을 마치 동일한 시공간에서 벌어진 것처럼 허구화함으로써 이순신의 애국적 면모를 부각시킨다.

한편, 자신의 이익만을 위하는 사적 차원과 나라 전체를 위하는 공적 차원의 대립이다.

(가) 원균의 관문을 또 밧아본 즉 큰 부산진이 임의 함락된지라 즉시 휘화의 졔쟝을 불너 나아가 토멸ᄒᆞ기를 의론ᄒᆞ니 다 ᄀᆞᆯ아ᄃᆡ '본도의 슈군은 본도나 직힐 거시니 령남에 잇ᄂᆞᆫ 도적이 우리의게 무슴 샹관인가' ᄒᆞ며 눈치만 보고 피ᄒᆞᄂᆞᆫ 쟈가 심히 만흔ᄃᆡ 광양현감 어영담과 록도 만호 뎡운과 군관 송희립 등이 분연ᄒᆞ여 ᄀᆞᆯ아ᄃᆡ 령남도 나라의 강토요 령남에 잇ᄂᆞᆫ 왜도도 나라의 도적이니 오늘날에 령남이 함몰ᄒᆞ면 ᄅᆡ일에 젼라도ᄂᆞᆫ 능히 보젼ᄒᆞᆯ가 ᄒᆞ거ᄂᆞᆯ 리슌신이 칙상을 치며 ᄀᆞᆯᄋᆞᄃᆡ 올타ᄒᆞ고 (『대한매일신보』, 1908. 6. 27)

(나) 4월 15일 해질 무렵에 영남우수사(원균)의 통첩에 '왜선 90여 척이 와서 부산앞 절영도에 정박했다'고 한다. 이와 동시에 또 수사의 공문이 왔다. '왜선 350여 척이 이미 부산포 건넌편에 도착했다.'고 했다. 그래서 즉시 장계를 올리고 겸하여 순찰사, 병마사, 우수사에게도 공문을 보냈다.[24]

원균의 공문을 받고 이순신이 취하는 행동은 (가) 『리슌신젼』과 (나) 『난중일기』가 사뭇 다르다. 『리슌신젼』의 경우 이순신은 "령남에 잇는 도적이 우리의게 무슴 샹관인가"라고 말하는 부하들을 바로잡아 사사로운 이익을 버리고 공적인 차원을 견지해야 함을 행동으로 보여주고 있다. 그러나 『난중일기』에는 이러한 일화가 존재하지 않는다. 영남 지역이 위태롭다는 말을 듣고 즉시 장계를 올리며 상부의 명령을 기다리고 있는 이순신의 행동에는 조금도 주저함이 없다. 그러므로 『리슌신젼』은 이순신의 공적인 면모를 드러내기 위해 개인의 이익을 우선시하는 일부 장수들을 허구적으로 서술하여 이순신의 영웅적인 면모를 부각시키고 있는 것이다.

한편, 고전소설 『임진록』에는 다음과 같은 구절이 있다.

> 경상우수사 원균이 왜적에게 패하매 군관 이영남을 전라수영에 보내어 구원을 청하거늘, 순신이 장하로 의논할 새, 군관 송희립 왈 '영남을 지키지 못하면 본도를 어찌 보전하리오'하니 순신 왈 '이 말이 옳다'하고 이억기와 더불어 나아가더니[25]

이 부분에 나타난 송희립과 이순신의 대화는 앞에서 인용한 신채호의 『리슌신젼』의 "군관 송희립 등이 분연ᄒᆞ여 ᄀᆞᆯᄋᆞᄃᆡ 령남도 나라의 강토요 령남에 잇ᄂᆞᆫ 왜도도 나라의 도적이니 오늘날에 령남이 함몰ᄒᆞ면 릭일에 젼라도ᄂᆞᆫ 능히 보젼ᄒᆞᆯ가 ᄒᆞ거ᄂᆞᆯ 리슌신이 칙상을 치며 ᄀᆞᆯᄋᆞᄃᆡ 올타ᄒᆞ고" 라는 부분과 동일하다. 역사서에 없는 사실이 고전소설에 있으며, 그

---

24 이순신, 『난중일기』, 32쪽.
25 『임진록』, 김기동 외 편, 『백학선전, 금우태자전, 임진록』, 서문당, 1984, 132쪽.

고전소설의 내용이 신채호의 『리슌신젼』에 포함되어 있다. 개화기 사서(史書)가 민족의 기원을 구성하기 위해 야사를 정사에 편입시켰던 것처럼, 신채호 또한 이순신의 영웅적 면모를 강조하기 위해 소설류 등에서 이야기를 취하고 있는 것이다.

신채호가 형상화한 이순신은 영웅적 면모를 갖춘 인물이다. 개인의 일신보다는 나라를 더 생각했으며, 사적인 감정보다는 공적인 차원을 견지하면서 행동하였다. 그러나 이순신 또한 인간적 면모를 가지고 있었다. 이순신이 올린 「장계」에서 그는 "우수사 원균은 오직 세 척의 전선을 거느리고서 신의 여러 장수들이 사로잡은 왜선을 활을 쏘면서 빼앗으려고 했기 때문에 사부 두 명이 상처를 입게 되었으니, 주장으로서 부하 단속을 잘못한 일이 이보다 더한 것은 없을 것이다"[26]라며 자신의 전공을 앗아가려 했던 원균에 대한 인간적 분노를 터뜨리고 있다. 그러나 이러한 인간적 면모를 가진 이순신은 신채호의 영웅 프로젝트에 의해 『리슌신젼』에서는 배제되었다.

5. 유학적 사관의 극복과 영웅전의 탄생

이상의 논의는 개화기 사(史)의 변화를 고찰하고 이를 토대로 개화기 사(史)의 변화가 구국의 영웅을 입전한 전(傳) 양식에 미친 영향을 살펴보는 것을 목적으로 진행되었다.

한국에서 사(史)에 대한 인식을 오랫동안 지배해왔던 것은 유학적

26 『이충무공전서』 권2 「장계」 14~17쪽(이순신, 앞의 책, 51쪽에서 재인용).

사관이었다. 유학적 사관은 감고계금을 목적으로 하며 따라서 사(史)는 감계의 효율성을 위해 이실직서의 원칙에 의해 서술되었다. 역사가 실제로 일어난 사실을 기록한다는 것은 가장 일반적인 상식에 속하지만 신화적 서술로 구성되어 있는 고대사와 직면할 경우 이러한 역사 서술 태도는 문제적이다. 실제로 한국의 대표적 사서들인 『삼국사기』, 『동국통감』, 『동사강목』은 단군조선을 서술한 고기류(古記類)들이 신이하다하여 고대사를 사(史)의 체계에서 배제해버렸다.

그러나 개화기에 이르러서 사(史)에 대한 인식은 변했다. 우승열패라는 국제 정세는 역사를 통해 한민족의 우수성에 대한 자긍심을 높일 필요성을 제기했다. 따라서 개화기 교과서 위주로 편찬된 사서와 신채호 등에 의해 서술된 사서는 그동안 유학적 사관에 의해 배제되었던 야사를 정사로 편입시켜 단군조선을 정식 역사로 인정했다. 이는 한민족의 기원을 중국과 대등하게 구성함으로써 민족에 대한 자긍심을 높이는 의도를 내포한 것이다.

개화기에 이르러 변화된 사(史)는 구국의 영웅을 입전한 전(傳)의 서술 태도에 영향을 미쳤다. 사(史)가 강인한 고대사를 구성하기 위해 야사에서 사료를 취하듯, 전(傳) 또한 소설류에서 소재를 취하거나 혹은 다른 시공간에서 발생한 사건들을 동일한 시공간 속에 극화시킴으로써 인물의 영웅적 면모를 부각시켰다.

이상의 논의는 개화기에 이르러 변화된 사(史)의 경향을 당시 영웅을 입전한 전(傳) 양식과 관련시켰다는 의의를 지닌다. 구국의 영웅을 입전한 전(傳)은 개화기의 시대적 특징 가운데 하나다. 또한 입전한 인물이 구국의 영웅이라는 점에서 개화기 사(史)의 경향과 밀접한 관련성을 내포한다. 앞으로 개화기의 사(史)와 전(傳)의 관련 양상에 대한 더욱 포괄적인 연구가 요구된다.

제5장
신문 매체와 역사·전기소설의 대중성

1. 신문 연재 역사·전기소설에 대한 편견

개화기 서사에 관한 최근의 연구 성과들은 신소설과 역사·전기소설 중심으로 인식되었던 개화기 서사의 지평을 크게 확대시켰다. 그러나 외연의 확장이 곧 신소설과 역사·전기소설에 대한 기존 인식의 변화를 의미하는 것은 아니다. 근대소설의 전 단계로 논의되었던 신소설은 상업성과 통속성을 통해 '개화'라는 추상적 현실 개조 논리를 피력한 것으로 인식된 반면, 1920년대 역사소설의 전 단계로 인식된 역사·전기소설은 역사적 인물의 형상화를 통해 애국계몽기 현실의 구제(救濟)라는 계몽성을 전경화한 것으로 평가되었다.[1]

동일한 시대에 향유되었던 신소설과 역사·전기소설에 대한 상반된

---

1 이재선, 『애국부인전/을지문덕/서사건국지』, 한국일보사, 1975; 한국학술정보, 2001, 157쪽 참고.

평가의 기원은 『대한매일신보』에 게재되었던 한 논설에서 엿볼 수 있다. 「연극장에 독갑이」이라는 제목으로 게재된 이 논설은 개화기 최고의 신소설 작가로 평가되었던 이인직에 대해 다음과 같이 비판한다.

> 오호ㅣ라 리인직씨여 그ᄃᆡ의 말ᄃᆡ로 ᄒᆞ면 긔량ᄒᆞᆫ지가 이믜 오ᄅᆡ엿슬 터인ᄃᆡ ᄌᆞᆼ인의 눈으로 보면 긔량ᄒᆞᆫ 거시 도모지 업스니 오호ㅣ라 리인직씨여 리씨의 심쟝은 사ᄅᆞᆷ마다 다 알바ㅣ라 리씨가 이왕에 일본 가셔 류학ᄒᆞᆫ ᄣᆡ에 쇼셜에 크게 주의ᄒᆞ여 거연히 한국 안에 뎨일등 쇼셜가로 ᄌᆞ담ᄒᆞ던 쟈ㅣ라 리씨가 만일 샤회와 국가에 ᄃᆡᄒᆞ여 일반분이라도 공익상에 ᄉᆡᆼ각이 잇슬진ᄃᆡ 라빈손의 표류긔 ᄀᆞᆺᄒᆞᆫ 긔이ᄒᆞᆫ 쇼셜을 져슐ᄒᆞ여 국민의 겁업ᄂᆞᆫ ᄆᆞᄋᆞᆷ을 고동ᄒᆞᆷ도 가ᄒᆞ고 안졍덕의 나라를 구원ᄒᆞ던 것과 ᄀᆞᆺᄒᆞᆫ 쇼셜을 번역ᄒᆞ여 국민의 ᄋᆡ국셩을 굿게ᄒᆞᆷ도 가ᄒᆞ거ᄂᆞᆯ 이제 리씨가 그러치 아니ᄒᆞ야 뎌것도 아니ᄒᆞ며 이것도 아니ᄒᆞ고 다만 모리ᄒᆞᄂᆞᆫ 소견으로 쳡을 위ᄒᆞ여 변호ᄒᆞᄂᆞᆫ 귀신의 소ᄅᆡ라ᄂᆞᆫ 쇼셜 등을 져슐ᄒᆞ여 샤회상에 도덕을 해롭게 ᄒᆞ며 보ᄂᆞᆫ 사ᄅᆞᆷ으로 ᄒᆞ여곰 졍신을 혼미케ᄒᆞ여 ᄎᆡᆨ갑 몃 ᄇᆡᆨ환으로 식비를 취왓도다.[2]

『미국독립사』, 『이순신전』, 『최도통전』과 같은 역사·전기소설을 지속적으로 연재하면서도 신소설은 단 한 편도 게재하지 않았던 『대한매일신보』의 이인직에 대한 비판은 통속성과 상업성으로 요약될 수 있다. 위의 인용문에 따르면 통속성과 상업성은 모험심과 애국심과는 동떨어진 것으로 국민의 정신을 혼미하게 만드는 속성이다. 이인직은 독자의 취향에 영합하는 소재를 선택하여 상업적 이익을 취함으로써 개화기의 현실적 요구를 외면하고 있다는 것이다.

신소설과 역사·전기소설에 대한 상반된 견해는 현재까지 그대로 이어

2 『대한매일신보』(국문판), 1908. 11. 8.

지고 있다. 김석봉은 신소설은 독자가 정서적 재미를 느낄 수 있는 텍스트 요구에 부합하여 등장한 반면에 역사·전기소설은 국가주의 혹은 애국심을 고취하는 데에 초점을 맞추고 있다고 논의했으며[3] 김영민은 신소설과 달리 역사·전기소설은 '비상업적 공익성'을 지향했다고 주장한다.[4]

그러나 역사·전기소설에 대한 '비상업적 공익성'이라는 평가는 신문 매체에 연재되었던 역사·전기소설의 경우에 한해서는 수정되어야만 한다. "신문은 기업이다"라는 명제로 신문 연재소설에 대해 논의했던 한원형은 신문 연재소설은 신문사의 이윤을 창출하기 위해 기획된 것으로 상업적 논리로부터 자유로울 수 없다고 주장했다.[5] 이 논의에 따르면 독자들의 애국심을 고양하기 위해서 계몽적 입장을 고수했던 역사·전기소설의 작가들 또한 신문 매체의 상업성에 의해 역사·전기소설의 대중성을 고려할 수밖에 없었다고 추측할 수 있다.

이인직이 『만세보』에 『혈의 루』를 연재하면서부터 신소설의 역사는 시작되었다. 그러므로 신소설의 태생적 혜택과 한계는 신문 매체와의 관련성 속에서 논의되어야 한다. 그러나 역사·전기소설은 신문 매체와는 상관없이 개화기 현실의 소설적 극복이라는 인식 속에서 탄생되었다. 이러한 배경이 역사·전기소설의 애국계몽적 특징을 강화하는 요소가 되었다. 하지만 신문에 연재된 역사·전기소설의 특징은 대중성과 상업성을 무시한 계몽성만으로 특징지을 수 없다.

역사·전기소설은 크게 번역, 번안, 창작물로 분류된다.[6] 창작물로서 신문에 연재되었던 역사·전기소설은 신채호의 『이순신전』과 『최도통전』

---

3 김석봉, 『신소설의 대중성 연구』, 역락, 2005, 65~67쪽.
4 김영민, 『한국의 근대신문과 근대소설』, 소명출판, 2006, 122쪽.
5 한원형, 『한국 개화기 신문연재소설연구』, 일지사, 1990, 296~297쪽.
6 강영주, 『한국 역사소설의 재인식』, 창작과비평사, 1991, 23~25쪽.

이다. 특히, 『최도통전』은 개화기를 1910년까지로 한정할 때, 시기적으로 가장 이후에 창작된 역사·전기소설이다. 그러므로 『이순신전』이 신문 연재 역사·전기소설로서의 실험성을 내포하고 있다면, 『최도통전』은 한결 신문 연재 역사·전기소설로서의 완결성을 지향하고 있다고 할 수 있다. 따라서 본고는 『대한매일신보』 연재 『최도통전』을 대상으로 하여 신문 연재 역사·전기소설의 대중성을 고찰할 것이다. 이를 통해, 개화기 역사·전기소설에 획일적으로 부여된 비상업성 혹은 비대중성의 특성을 재검토하는 계기를 마련해보고자 한다.

2. 신채호의 소설관과 대중성

신채호는 개화기 현실을 구제(救濟)할 도구로써 소설을 인식하고 있었다. 이는 『대한매일신보』의 편집진들이 갖고 있었던 소설관이며[7] 더 나아가 역사·전기소설 작가들이 공통적으로 가지고 있었던 '국민의 혼으로서의 소설관'과 일치한다. 소설의 중요성을 계몽의 도구로 파악하고 있었던 신채호가 당시 유행하던 신소설에 대해 비판적 입장을 견지하는 것은 당연한 일이다. 다음은 신채호가 신소설에 대해 자신의 입장을 자세하게 전개하였던 논설들이다.

> 한국에 젼힝ᄒᆞᄂᆞᆫ 쇼셜은 태반이나 모다 음란ᄒᆞ고 호탕ᄒᆞᆫ 글이오 부쳐를 숭비ᄒᆞ야 복을 비ᄂᆞᆫ 괴이ᄒᆞᆫ 말이니 이도 ᄯᅩᄒᆞᆫ 인심과 풍쇽을 부패케ᄒᆞᄂᆞᆫ 거시라 각죵 쇼셜은 져술ᄒᆞ여 내여셔 이런 거슬 ᄒᆞᆫ번 쓸어 ᄇᆞ리ᄂᆞᆫ 거시 뎨일 급ᄒᆞ다

7 김영민, 앞의 책, 113~120쪽 참고.

할지로다

……(중략)……

그러나 근일에 새쇼셜이라 ᄒᆞᄂᆞᆫ 쟈ᄂᆞᆫ 발간ᄒᆞ여 내ᄂᆞᆫ 거시 드물기도 ᄒᆞᆯ ᄲᅮᆫ더러 그 발간ᄒᆞ여 내ᄂᆞᆫ 쟈를 본즉 다만 ᄒᆞᆫ때에 리익이나 도모ᄒᆞᄂᆞᆫ ᄉᆞ샹으로 초초ᄒᆞ게 지어내셔 녯쇼셜에 비교ᄒᆞ면 곳 오십보를 다라난 쟈가 ᄇᆡᆨ보를 다라난 쟈를 웃ᄂᆞᆫ 것과 ᄀᆞᆺᄒᆞ니 족히 새ᄉᆞ샹을 슈입케ᄒᆞᆯ 수 업ᄂᆞᆫ지라 슯ᄒᆞ다[8]

근일에 쇼셜 짓ᄂᆞᆫ 쟈의 츄셰를 볼진ᄃᆡ 사ᄅᆞᆷ으로 ᄒᆞ여곰 대경쇼괴ᄒᆞᆯ 쟈ㅣ 불일ᄒᆞ도다 이 쇼셜도 음풍이오 뎌 쇼셜도 음풍이라 미인의 아릿다온 ᄐᆡ도를 그려내며 남ᄌᆞ의 호탕ᄒᆞᆫ 모양을 ᄉᆡᆨ여내여 ᄒᆞᆫ번 보ᄆᆡ 음심이 ᄉᆡᆼ기고 두번 보ᄆᆡ 음심이 방탕케ᄒᆞᄂᆞ니

……(중략)……

근일에 쇼셜을 짓ᄂᆞᆫ 쟈들은 음풍을 ᄀᆞᄅᆞ치ᄂᆞᆫ 거스로 쥬지를 ᄉᆞᆷ으니 이 샤회ᄂᆞᆫ 엇더케 되려ᄂᆞᆫ가 근일에 대한신문에 게ᄌᆡᄒᆞᆫ 한강션이라 ᄒᆞᄂᆞᆫ 쇼셜을 보ᄆᆡ 더욱 실셩 탄식ᄒᆞᆯ 바ㅣ로다 비록 그러ᄒᆞ나 한강션은 명ᄇᆡᆨ히 음풍을 ᄀᆞᄅᆞ치ᄂᆞᆫ 것인 즉 비유컨ᄃᆡ 칼과 창으로 사ᄅᆞᆷ을 죽임과 ᄀᆞᆺᄒᆞ여 보고 피ᄒᆞ기가 쉽거니와 다른 허다ᄒᆞᆫ 쇼셜을 짓ᄂᆞᆫ 쟈들은 일홈을 샤회쇼셜이라 ᄒᆞ며 일홈을 졍치쇼셜이라 ᄒᆞ고 일홈을 가뎡쇼셜이라 ᄒᆞᆫ거시 은근히 음풍을 도와셔 아편으로 사ᄅᆞᆷ을 죽임과 다름이 업스니 엇지 가외가 아닌가[9]

이 논설들은 신채호가 신소설에 대해 비판하는 근거에 대해 서술하고 있다. 신채호가 신소설을 비판하는 근거는 두 가지로 요약될 수 있다. 첫째, 신채호는 신소설의 가장 큰 특징을 '음풍'이라고 규정했다. 이 '음풍'은 미인의 아름다운 태도와 남자의 호탕한 모양을 형상화하는

8 신채호, 「근일 국문쇼셜을 져슐ᄒᆞᄂᆞᆫ쟈의 주의ᄒᆞᆯ일」, 『대한매일신보』(국문판), 1908. 7. 8.
9 신채호, 「잡동산이」, 『대한매일신보』(국문판), 1909. 12. 2.

가운데 드러난다고 논의했다. 그런데 신소설의 더 큰 문제는 '음풍'을 사회소설, 정치소설, 가정소설이라는 그럴듯한 이름으로 포장해서 사람들의 정신을 흐리게 만드는 데 있었다. 통속성을 진지한 것처럼 위장하여 개화기 현실을 극복해나가야 할 일반 국민들로 하여금 통속성을 진지성과 혼동하게끔, 다시 말하면 '음풍'을 '국난 극복'과 동일시하게 만들 위험을 내포하고 있다는 것이다.

둘째, 신채호는 이러한 '음풍'이 '한때의 이익을 도모'하기 위해 조장된다고 주장하였다. 제국 열강의 틈바구니 속에서 존폐의 기로에 서 있는 민족적 현실을 외면하고 개인의 사욕을 채우기 위해 소설을 쓰는 행위에 대해 신채호는 묵과할 수 없었던 것이다.

신소설의 통속성과 상업성 비판은 신채호가 저술한 역사·전기소설들에 대해 비(非)통속성, 비(非)상업성이라는 지표를 부여하는 계기를 만들었으며 더 나아가 역사·전기소설과 대중성이 마치 아무런 관련이 없는 것처럼 인식하게 만들었다. 그러나 신채호가 통속성과 상업성을 비판하였다고 해서 대중의 중요성을 간과한 것은 아니다. 신채호는 "아모리 무식ᄒᆞᆫ 로동쟈들ᄭᆞ지라도 쇼셜은 능히 보지 못ᄒᆞᄂᆞᆫ 쟈ㅣ 드믈며 ᄯᅩ 보기 됴와 아니ᄒᆞᄂᆞᆫ 쟈ㅣ 업ᄂᆞ니"[10]라고 주장하여 국문소설 장르가 갖고 있었던 대중성을 인정하고 있었다.

특히, 신채호의 일반 국민에 대한 인식을 염두에 두었을 때, 소설의 대중성에 대한 강조는 필연적이다. 신채호는 "텬하에 큰 ᄉᆞ업은 을지문덕이나 합소문 ᄀᆞᆺ흔 큰 영웅이나 큰 호걸이 지어내ᄂᆞᆫ 거시 아니라 우부우부와 ᄋᆞ동주졸이 지어내ᄂᆞᆫ 것"[11]이라고 주장하고 있다. 신채호는 일반

---

10 신채호, 앞의 글.

11 신채호, 「근일 국문쇼셜을 져술ᄒᆞᄂᆞᆫ쟈의 주의ᄒᆞᆯ일」, 『대한매일신보』, 1908. 7. 8.

대중들을 단순한 국민 차원으로 생각하는 것이 아니라 잠재적 영웅으로서 개화기 현실을 극복할 원동력으로 인식하고 있었던 것이다. 이러한 신채호의 일반 대중들에 대한 기대 심리는 그가 역사·전기소설을 번역, 창작한 동기가 된다.

원나라ㅅ 장슈 범문호가 일본을 침로ᄒᆞᆯ ᄯᆡ에 풍랑에 ᄇᆡ를 업지르고 륙지에 ᄂᆞ린 쟈 삼 만명에 지나지 못 ᄒᆞ엿스니 일본의 승쳡ᄒᆞᆫ 것이 ᄯᅩᄒᆞᆫ 족히 긔의ᄒᆞᆯ 것이 업거ᄂᆞᆯ 뎌희ᄂᆞᆫ 수ᄇᆡᆨ 년이 지나도록 력ᄉᆞ에 칭숑ᄒᆞ며 쇼셜노 젼파ᄒᆞ야 노래ᄒᆞ고 읇허셔 ᄃᆡᄃᆡ로 닛지 안이케 ᄒᆞ거ᄂᆞᆯ 우리 나라ᄂᆞᆫ ᄒᆞᆫ 손으로 독립 산하를 졍돈ᄒᆞ고 ᄒᆞᆫ 칼노 ᄇᆡᆨ만 강뎍을 살퇴ᄒᆞᆫ 참 영웅의 ᄌᆞ최가 이럿틋 민몰ᄒᆞ니 이것이 두 나라의 후셰 강약이 현슈ᄒᆞᆫ 원이니 아니리오 이졔 이것을 개탄ᄒᆞ야 지나간 영웅을 긔록ᄒᆞ야 쟝ᄅᆡ의 영웅을 부르노라[12]

아아, 문명의 등불은 육주에 찬란하고 자유의 종은 사방에 요란한데, 우리들은 무슨 죄가 있어 홀로 이 지옥인고. 산하를 둘러보니 눈앞이 참혹하여 푸른 하늘 우러러 비통하게 외치다가 흠모의 일필로 이태리 애국자 삼걸의 역사를 서술하나니, 그 국난은 우리와 비슷하고 그 시기도 지금으로부터 그리 멀지 않다. 그 고난의 역사가 내 가슴속을 파고들 듯하며 그 목소리와 웃는 얼굴이 내 앞에 우뚝 서는 듯하는구나. 이 책의 인연과 이 책의 소개로 대한중흥 삼걸전, 아니 삼십걸, 삼백걸전을 다시 쓰게 되는 것이 나 무애생의 피끓는 영원한 염원이로다. 이에 이태리 건국 삼걸전을 번역한다.[13]

12 신채호, 김연창 역, 『을지문덕』, 광학서포, 1908; 『단재신채호전집』 4권, 독립기념관 한국독립운동사연구소, 2007, 110쪽.

13 梁啓超, 신채호 역, 류준범·장문서 현대 역, 『이태리건국삼걸전』, 지식의풍경, 2001, 5~6쪽. 이 책 뒷부분에 수록되어 있는, 1907년에 신채호가 번역한 『伊太利建國三傑傳』에서 원문을 밝히면 다음과 같다. "嗚呼라文明의燈은六州에燦爛ᄒᆞ고自由의鐘은四隣에撩亂ᄒᆞᆫᄃᆡ我輩ᄂᆞᆫ何罪완ᄃᆡ獨此地獄고望山河以慘目ᄒᆞ고仰蒼天以悲糾타가有情의一筆로伊太利愛國者

대뎌 슈군의 뎨일 유명훈 사름이 잇고 텰갑션을 창조훈 나라으로 오늘날에 니르러 뎌 히군의 ᄀ쟝 장훈 나라와 비교ᄒ기는 고샤ᄒ고 필경 나라이라는 명식좃차 업서질 디경에 ᄲ젓스니 나는 뎌 몃빅 년르에 빅셩의 긔운을 썩그며 빅셩의 지식을 막고 문치의 ᄉ샹을 주던 비루훈 정치긱의 여독을 싱각ᄒ미 훈이 바다ㅅ물과 ᄀ치 깁도다 이에 리슌신젼을 지어 고통에 ᄲ진 우리 국민에게 젼포ᄒ노니 무릇 우리 션남신녀는 이것을 모범홀지어다 하ᄂ님씌셔 이십 셰긔 태평양에 둘재 리슌신을 기ᄃ리ᄂ니라.[14]

갑오개혁 가운데 가장 주목할 만한 개혁은 반상(班常) 구별의 폐지다. 신분제 폐지를 통해 더 이상 조선은 왕과 일부 지배 권력의 나라가 아니라 모든 국민의 국가가 되었다. 국가라는 상상적 공동체의 구현 가능성은 일반 대중들에 대한 인식을 변화시켰다. 일반 대중은 통치의 대상으로서의 수동적 존재가 아니라 위기에 빠진 국가의 현실을 구원할 잠재적 영웅으로 그 위상이 변모하게 되었다.

신채호는 이러한 잠재적 영웅을 실제의 영웅으로 호명하는 사명이 바로 소설에 있다고 보았다. 신채호가 "샤회의 크게 붓좃게 ᄒ는 거슨 종교나 졍치나 법률ᄀ흔 큰 학문으로 바르게 ᄒ는 거시 아니라 언문쇼셜노 바르게 ᄒ는 바"[15]라고 주장한 것은 단순히 보이기 위한 주장이 아니라 앞의 인용문에서처럼 자신이 저술한 역사·전기소설에서 직접적으로

三傑의歷史를述ᄒ노니其國難이與我相類ᄒ고其年祚도距今不遠이라其難苦經歷이彷彿往來于吾胸ᄒ고其聲音笑貌가突兀捧現於吾前ᄒ는도다若此書의因緣과此書의紹介로大韓中興三傑傳或三十傑三百傑傳을更作ᄒ면此는無涯生無涯의血願也로다伊太利建國三傑傳을述ᄒ노라"

14 신채호, 『슈군의 뎨일 거룩훈 인물 리슌신젼』, 『대한매일신보』(국문판), 1908. 10. 24.

15 신채호, 「근일 국문쇼셜을 져술ᄒ는쟈의 주의홀일」, 『대한매일신보』(국문판), 1908. 7. 8.

독자들을 '장래의 영웅', '삼걸, 삼십걸, 삼백걸', '둘째 이순신'이라고 명명함으로써 실천하고자 했던 테제였다.

신채호의 이러한 대중관을 염두에 두었을 때, 신채호가 저술했던 역사·전기소설의 대중성은 필연적이다. 권보드래가 주장하듯이 이 당시 소설은 '국민'이라는 이름으로 형성된 독자군에 의해 가장 각광받던 글쓰기로 자리 잡고 있었다.[16] 신채호는 이 소설을 수단으로 삼아 전 국민을 영웅화하는 프로젝트를 실현하고자 했던 것이다.

3. 신문 연재 역사·전기소설의 대중적 특성

신채호의 계몽적 의도가 대중성과 결합하는 지점을 살펴보기 위해 본고는 『대한매일신보』에 연재되었던 『최도통전』에 대해 살펴볼 것이다. 『최도통전』은 두 가지 판본이 존재한다. 먼저 『대한매일신보』 국한문판에 연재되었던 『최도통전』이다. 국한문판 『최도통전』은 1909년 12월 5일부터 1910년 5월 27일까지 '위인유적'란에 『동국거걸 최도통』이라는 제목으로 45회 연재되었다. 다른 하나는 『대한매일신보』 국문판에 연재되었던 『최도통전』이다. 국문판 『최도통전』은 1910년 3월 6일부터 1910년 5월 26일까지 '소설'란에 「동국에 뎨일영걸 최도통젼」이라는 제목으로 35회 연재되었다. 이 글은 국문판 『최도통전』을 주된 분석 대상으로 삼아, 역사·전기소설의 대중성을 실현하기 위한 문체, 연재 방식, 서술 방식 그리고 인물 형상화 방식에 대해 살펴보도록 하겠다.

16 권보드래, 『한국 근대소설의 기원』, 소명출판, 2000, 118쪽.

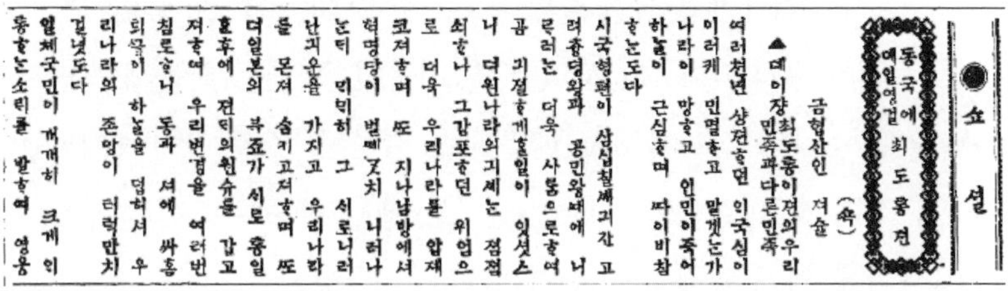

고려시대 무인이었던 최영을 서사화한 『최도통전』은 『대한매일신보』 국한문판과 국문판에 각각 연재되었다. 그런데 국한문판에서는 「위인유적」란에 게재된 반면, 국문판에서는 「쇼셜」란에 게재되었다.

1) 신채호 소설의 문체 변화

신채호의 국문에 대한 강조는 당시 변화된 국제 질서와 깊은 관련을 맺고 있다. 청일전쟁에서 중국의 패배는 중화주의의 몰락을 직접적으로 보여주었던 사건이었으며 동시에 우승열패라는 진화론적 논리가 국제질서를 지배하는 새로운 원리라는 사실을 자각하게 만들었다. 이러한 변화된 질서 속에서 신채호는 민족의 자강을 위해 노력했으며, 이 노력의 연장선에 국문에 대한 강조가 자리한다. 신채호는 "한국의 국문이 늣게난 연고로 그 셰력을 한문에 쎄앗기여 일반 인민들이 한문으로써 국문을 대용ᄒᆞ며 타국 력ᄉᆞ로써 본국 력ᄉᆞ를 대용ᄒᆞ야 국가ᄉᆞ상을 박멸케ᄒᆞᆫ 소이로다"17라고 논의했다. 아(我)와 비아(非我)의 대결로 역사를 파악했던 신채호의 인식이 국문과 한문의 관계에 동일하게 적용된 것이다. 사대주의에 물들어 노예로 전락한 당대의 민족 처지는 곧 한문을 숭상한 데서 기인한 것이라고 비판하였다.

그러나 정작 개화기에 발표된 신채호의 작품들은 국한문체로 서술되어 있다. 신채호는 이 시기에 번역서를 포함하여 총 4편의 역사·전기소설을 서술하였다. 1907년에 양계초의 『意太利建國三傑傳』을 국한문체로 번역하여 『이태리건국삼걸전』을 출판하였으며, 1908년 6월 30일 김연창에 의해 국문체로 번역되어 출간되었던 『을지문덕』 또한 국한문체로 먼저 출판되었던 것이다. 심지어 『대한매일신보』 국문판 「쇼셜」란에 게재되었던 『이순신전』도 국한문판 『대한매일신보』에 국한문체로 먼저 게재된 후, 패서생에 의해 국문으로 번역되었다.

그런데 여기서 주목할 만한 작품은 『최도통전』이다. 『최도통전』은 『대한매일신보』 국한문판과 국문판에 모두 금협산인이라는 작가명으로 연재되었다. 금협산인은 신채호가 사용했던 여러 필명 가운데 하나다. 다른 역사·전기소설들이 저자명과는 별도로 역자명을 김연창, 패서생으로 분명하게 밝히고 있는 데 반해, 『최도통전』에서만은 저자명과 역자명이 동일하게 '금협산인'으로 기록하고 있다. 그러므로 『최도통전』의 경우에 한해서, 앞선 창작물과는 달리 신채호 스스로가 창작과 번역을 동시에 했을 가능성을 제기할 수 있다.

저자명과 역자명이 동일한 것 외에도, '국한문본'의 경우 1910년 5월 27일까지 총 8장이 연재된 데 반해, '국문본'의 경우 1910년 5월 26일까지 총 7장만 번역 게재되었다. 만약 저자와 역자가 다르다면, 신채호가 개인적 문제(중국 망명)로 국한문본 연재를 계속하지 못하더라도 국문본

17 신채호, 「국한문의 경즁」, 『대한매일신보』(국문판), 1908. 3. 21~3. 24.

에서는 나머지 8장에 대해 번역 게재했어야만 했다. 그러나 신채호의 개인적 문제로 『최도통전』의 국한문본 연재는 물론 국문본 연재까지 중단되었다. 이 또한 『최도통전』의 국문 번역 연재가 신채호에 의해 이루어졌을 가능성을 시사해준다.

신채호는 국문과 국문소설의 중요성을 충분히 인식하고 있었다. 그러므로 스스로가 계속해서 국한문체로 소설을 쓰는 역설(逆說)적 상황 속에 처할 수는 없는 노릇이었다. 특히, 중국 망명 후 썼던 『꿈하늘』을 비롯한 여러 소설들이 대부분 국문으로 씌어졌다는 사실은 신채호 개인에게 있어서 소설 문체의 변화가 일어났다는 것을 암시해준다. 이 문체 변화는 『최도통전』의 여러 정황을 두고 보았을 때, 『최도통전』을 서술하면서 일어난 문체 변화일 가능성이 높다.

『최도통전』에 이르러, 신채호의 소설 문체가 국한문체에서 국문체로 변화했다고 가정할 때, 『최도통전』의 국한문본과 국문본 게재 내용의 선후 문제는 주목할 필요가 있다. 『최도통전』 국한문본과 국문본 연재 상황은 다음과 같다.

구분	『대한매일신보』 국한문판		『대한매일신보』 국문판		연재 내용 선후 비교
	연재 기간	연재 횟수	연재 기간	연재 횟수	
①	1909. 12. 5~ 1910. 3. 17	1~22회 연재 (총 22회)	1910. 3. 6~ 1910. 3. 22	1~13회 연재 (총 13회)	국한문본 > 국문본
②	1910. 3. 17~ 1910. 4. 3	22회, 23회 부분	1910. 3. 23	14회	
③	1910. 4. 6~ 1910. 5. 11	24~38회 (총 15회)	1910. 3. 24~ 1910. 5. 8	15~30회 (총 16회)	국문본 > 국한문본
④	1910. 5. 12	39회	1910. 5. 11~ 1910. 5. 22	31회, 32회 부분	
⑤	1910. 5. 13~ 1910. 5. 27	40~45회 (총 6회)	1910. 5. 24~ 1910. 5. 26	33~35회 (총 3회)	국한문본 > 국문본

①과 ⑤는 『대한매일신보』 국한문판에 국한문본 『최도통전』의 내용이 먼저 연재된 후, 『대한매일신보』 국문판에 동일한 국문본 내용이 연재된 경우이며, ③의 경우는 『대한매일신보』 국문판에 국문본 『최도통전』의 내용이 먼저 연재된 후, 『대한매일신보』 국한문판에 동일한 국한문본 내용이 연재된 경우다. 국문본 『최도통전』의 경우, 국한문본보다 먼저 발표, 연재된 내용이 총 16회로 전체의 절반에 가까운 분량이다.

국문본 『최도통전』이 먼저 발표, 연재되었다는 사실은 적어도 국문본 『최도통전』의 저자가 국한문본과 동일하게 신채호라는 것을 말해준다. 더 나아가 『최도통전』보다 앞서 창작되었던 『을지문덕』, 『이순신전』과는 달리, 『최도통전』의 경우 선본을 국한문본으로 규정지을 수 없으며, 따라서 국한문본에는 '저자', 국문본에는 '역자'라는 어휘를 더 이상 사용할 수 없다.

이상의 논의를 통해, 신채호의 소설 문체 변화는 『최도통전』에 이르러 이루어졌다고 할 수 있다. 개화기 신문 매체 가운데 가장 저항적 내용을 담아냈던 『대한매일신보』는 그 저항성으로 인해, 상업성과는 별개의 문제로 인식되곤 했다. 그러나 『대한매일신보』 또한 엄격한 의미에서 신문 매체이며 따라서 상업성을 완전히 외면할 수만은 없다. 특히, 문체만 다를 뿐 동일한 내용인 『최도통전』을 게재하면서도 국한문판에서는 「위인유적」란에, 국문판에는 「쇼셜」란에 게재했다는 것은 『대한매일신보』가 일반 대중에 대한 소설의 흡인력을 인식하고 있었고 또한 이를 충분히 활용하고 있었다고 볼 수 있다.[18] 이러한 상황은 평소 국문에 대한 애착을 보여 왔던 신채호가 소설을 집필하는 데에 있어서 더 이상

18 김영민, 앞의 책, 98~99쪽 참고.

국문체를 사용하지 않을 수 없었던 현실적 요소로 작용했으리라고 짐작된다.

2) 역사·전기소설의 신문 연재 방식

소설이 신문 연재를 통해 발표된다는 사실은 연재라는 특성에 의해 소설의 형식이 바뀐다는 것을 암시한다. 개화기 대부분의 소설들은 신문이라는 매체를 통해 출현되었다. 신문 매체가 갖고 있는 상업적 측면은 소설의 특성을 보다 대중적으로 바꾼다. 이재선은 신문 연재소설의 특징에 대해 다음과 같이 지적하였다.

> 첫째, 어떤 하나의 사건을 계기적으로 전개해나가다가 그것을 일단 중단해버린다. 그리고는 딴 사건이 다시 전개되도록 되어 있다. 이렇게 되면 독자는 전번의 사건의 전개나 결말이 궁금해져서, 그 이야기가 다시 등장할 때까지 계속해서 읽지 않을 수가 없게 된다.
>
> 둘째, 매회마다의 결말부위는 거의 예외가 없을 정도로 호기심을 유발 고조시키는 긴장부위이면서 동시에 다음 회분의 내용과의 연쇄부위가 되고, 또한 예시적인 기능을 갖는다. 그러기 위해서는 사건진행의 고의적인 완보적 정체화나 또는 급진적인 속출 등으로 독자의 흥미를 누진시켜가는 구조이어야 하는 것이다.[19]

위 논의는 독자와의 관련성 속에서 신문 연재소설의 특성을 파악하고 있는 것으로, 신문 연재소설이 독자의 호기심을 지속시키기 위한 소설의 전략에 대해 서술하고 있다. 이재선은 이러한 연재소설의 특징들이 개화

---

19 이재선, 『한국개화기소설연구』, 일조각, 1972, 261쪽.

기 소설로 하여금 고전소설과 달리 역전(analepsis) 등의 스토리 전개상의 서사 기법에 대해 고민하게 만들었다고 논의했다.

한원형은 개화기 신문 연재소설의 매회 종결 방식에 대해 논의한다. 그의 논의에 따르면, 개화기 신문 연재소설들은 매회를 종결어미로 끝내야 하지만, 대부분 연결어미로 끝내고 있다. 이에 대해 한원형은 신문 기사를 우선시하고 그 나머지 여백에 소설을 채우면서 나타난 현상이면서 동시에 독자의 호기심을 지속시키기 위한 나름의 노력이라고 주장했다.[20]

『대한매일신보』에 연재되었던 역사·전기소설인 『최도통전』 또한 매회를 연결어미로 끝내는 경우가 빈번하게 드러난다. 이는 국한문본 『최도통전』과 국문본 『최도통전』을 비교할 때 두드러진다.

국한문본 『최도통전』의 경우, 총 45회 연재 동안 연결어미로 끝을 맺는 경우는 3회(1909. 12. 10), 4회(1909. 12. 11), 10회(1909. 12. 22), 20회(1910. 3. 10), 26회(1910. 4. 8), 31회(1910. 4. 24), 45회(최종회, 1910. 5. 26)로 총 7회에 불과하다. 이는 총 연재 횟수 45회를 염두에 둘 때, 큰 비중이 아니다. 그러나 국문판 『최도통전』의 경우는 오히려 종결어미로 끝맺는 경우를 쉽게 찾을 수 없다. 종결어미로 회를 끝내는 경우는 7회(1910. 3. 13), 8회(1910. 3. 15), 9회(1910. 3. 16), 11회(1910. 3. 19), 12회(1910. 3. 20), 20회(1910. 4. 5), 25회(1910. 4. 22), 27회(1910. 4. 27), 28회(1910. 4. 29), 30회(1910. 5. 8), 34회(1910. 5. 25), 35회(최종회, 1910. 5. 26)로 총 12회에 불과하다. 총 연재 횟수 35회를 염두에 두었을 때, 총 12회가 종결어미로 끝을 맺는데 반해, 무려 총 23회가 연결어미로 끝을 맺고 있다. 이를 정리하면 다음과 같다.

---

20 한원형, 앞의 책, 296~302쪽.

국한문본		국문본	
연결어미로 끝을 맺는 경우	종결어미로 끝을 맺는 경우	연결어미로 끝을 맺는 경우	종결어미로 끝을 맺는 경우
총 7회	총 38회	총 23회	총 12회

신문의 지면이 확보되지 않은 상태에서 혹은 기사를 먼저 쓰고 여백을 소설로 채웠다고 하더라도 『최도통전』이 국한문본과는 달리 국문본에서 약 3분의 2 정도가 연결어미로 끝을 맺었다는 사실은 독자의 호기심을 유발하고자 했던 의도를 염두에 두지 않으면 이해하기 힘들다.

그렇다면 동일한 소설임에도 불구하고 국한문본에서는 종결어미로 매회를 끝내는 반면, 국문본에서는 왜 연결어미로 매 회를 끝내는 것일까? 다양한 문체의 사용은 보다 폭넓은 독자층을 확보하기 위한 노력이다. 잘 알려져 있다시피, 국한문체는 전통적 한학 교육을 받았던 지식인층을 대상으로 한 것이며, 국문체는 일반 대중을 대상으로 한 문체다. 『대한매일신보』는 문체에 따른 독자의 폭을 염두에 두고 국한문판, 국문판, 영문판 신문을 각각 발행하여 개화기 최대의 독자 수(1908년 5월 기준 13,256부[21])를 자랑하고 있었다. 문체에 따른 독자의 폭을 염두에 둘 때, 국한문본 『최도통전』은 전통적 한학 교육을 받은 지식인층을 대상으로 한 것이며, 국문본 『최도통전』은 일반 대중을 예상 독자로 설정했다는 것을 알 수 있다.

따라서 국한문본 『최도통전』이 매회를 종결어미로 끝내는 것은 곧 당시 지식인이라는 보이지 않는 실체가 결코 호기심과 재미의 추구를

21 김영희, 「『대한매일신보』 독자의 신문 인식과 신문 접촉 양상」, 한국언론사연구회, 『대한매일신보 연구』, 커뮤니케이션북스, 2004, 344쪽.

위해서 글을 읽지 않을 것이라는 막연한 믿음에서 이루어진 것이다. 반면, 국문본 『최도통전』이 매회를 연결어미로 끝내는 것은 전개되지 않은 이야기에 대한 호기심과 재미를 통해 일반 대중을 소설로 끌어들이려는 의도에서 이루어진 것이다. 독자의 차별화는 계몽적 의도의 직접적 발현보다는 소설이라는 당의정(糖衣錠)을 통해 독자를 간접적으로 계몽시키려고 한 의도를 엿볼 수 있게 하며, 동시에 일반 대중의 기호, 즉 호기심과 재미를 염두에 두었다는 측면에서 역사·전기소설의 대중성이 신문 매체를 통해 구현되고 있다는 것을 확인할 수 있게 한다.

3) '대화'를 통한 리얼리티의 생성

신채호의 최초 창작 역사·전기소설인 『을지문덕』은 소설의 정체성에 대해 많은 고민을 던져주었다. 이재선은 『을지문덕』이 논문에 가까울 정도의 논설적, 논증적 요소를 가지고 있기 때문에 엄밀한 의미에서 문학작품이라고 규정짓기가 망설여진다고 말했다.[22] 강영주는 『을지문덕』에 대해, 을지문덕에 관한 부족한 사료와 전통적 유학 출신 사학자로서의 태도에 의해 논의 위주의 『을지문덕』이 창작되었다고 주장했다.[23] 그러나 신문에 연재되었던 『이순신전』과 『최도통전』은 『을지문덕』과 달리 많은 부분에서 허구화가 이루어지고 있다. 이 글에서는 단행본으로 출간되었던 『을지문덕』과 신문 연재로 발표되었던 『최도통전』을 비교함으로써, 『최도통전』의 허구화 양상에 대해 고찰하도록 하겠다.

『최도통전』은 총 8장(『대한매일신보』 국문판의 경우 7장까지만 서술되어 있다)으로 구성된 소설이다. 논평과 서사가 소설을 구성하는 주된 서술

22 이재선, 『애국부인전/을지문덕/서사건국지』, 167~169쪽, 참고.

23 강영주, 앞의 책, 36~37쪽.

방식이다. 1장부터 2장까지, 그리고 마지막 8장은 논평만으로 이루어졌다. 논평은 서사의 소통체계에서 서술자가 독자에게 직접적으로 소설의 의도와 목적을 전달하는 방식이다. 소설에 논평이 많은 부분을 차지한다는 것은 곧 작가가 독자를 직접적으로 계몽하려는 적극적 의지를 발현하는 것을 암시한다. 논평을 통해, 소설의 내용에 대해 독자가 자유롭게 해석할 수 있는 여지를 배제하고 작가가 의도하는 대로 소설의 내용을 독서하도록 촉구할 수 있다. 열린 해석의 불가능으로 인해, 소설의 미학적 측면을 감소시키는 측면이 있지만 한편으로는 작가의 의도를 명확히 드러낸다는 점에서 작가가 의도하는 계몽적 효과를 보다 분명하게 전달할 수 있는 장점도 있다. 특히, 이미 『이태리건국삼걸전』의 번역과 『을지문덕』의 출판 등을 통해 나름대로 작가로서의 명성을 획득하고 있는 신채호라는 작가의 명망은 오히려 감추는 것보다 드러내는 것이 계몽성을 보다 극대화할 수 있는 요소임이 분명하다.

1장과 2장에서 논평을 통해 신채호는 최도통을 입전하는 이유와 최도통이 생존했던 고려 말의 혼란한 국제 정세에 대해 소개하고 있다. 신채호는 최도통이 고려 원종 이후, 구한말까지 약 칠백여 년 동안 노예근성에 물든 민족의 정기를 일시에 씻어버린 민족의 절대 영웅이라고 소개하고 있다. 이러한 민족적 영웅의 소개는 『을지문덕』에서도 동일하게 나타난다.

> 그런즉 이 칠빅여 년 력ᄉᆞ에ᄂᆞᆫ ᄒᆞᆫ두 사ᄅᆞᆷ도 능히 국가의 정신을 발젼ᄒᆞ여 외국을 숭빅ᄒᆞᄂᆞᆫ 완만ᄒᆞᆫ 숢을 타파ᄒᆞ고 우리 단군 ᄌᆞ손의 ᄎᆞᆷ 면목을 나타나게ᄒᆞᆫ 쟈ㅣ 아조 업ᄂᆞᆫ가 나ᄂᆞᆫ 이거슬 분탄히 녁여 십삼도 산쳔을 뒤지며 반쳔 년 인물을 궁극히 ᄎᆞᄌᆞ셔 밤ᄉᆡ도록 구름이 씨인 하ᄂᆞᆯ에 혹쏠고 빗최이ᄂᆞᆫ 발근 별이 잇ᄂᆞᆫ가 ᄒᆞ다가 칙상은 젹젹ᄒᆞ고 등ㅅ불은 감을감을 ᄒᆞᄂᆞᆫᄃᆡ 홀 눈ㅅ졍긔가

ᄉᆡᆨ벽별과 ᄀᆞᆺ치 번득이며 슈염은 낫낫치 하늘을 향ᄒᆞ여 니러선 일개 웅위ᄒᆞᆫ 대쟝부가 나의 눈압헤 엄연히 섯스니 오호ㅣ라 이ᄂᆞᆫ 나의 오ᄆᆡ간에도 닛지 아니ᄒᆞ고 슝ᄇᆡᄒᆞᄂᆞᆫ 최도통이로다. (『대한매일신보』, 국문판, 1910. 3. 6)

슯흐다 우리 한국의 수ᄇᆡᆨ년 이ᄅᆡ에 외국을 ᄃᆡᄒᆞᆫ 력ᄉᆞ를 볼진ᄃᆡ 동방에셔 ᄒᆞᆫ 적은 무리의 도적만 드러와도 젼국이 창황 망조 ᄒᆞ며 셔편에셔 ᄒᆞᆫ마ᄃᆡ ᄭᅮ지람만 와도 온 죠뎡이 당황 실ᄉᆡᆨ ᄒᆞ다가 그렁 뎌렁 구ᄎᆞ로이 지ᄂᆡ여 붓그러옴과 욕이 날노 더ᄒᆞ여도 조곰도 괴이히 넉일줄을 알지 못ᄒᆞ니 우리 민족은 텬ᄉᆡᆼ으로 용렬ᄒᆞ고 약ᄒᆞ야 능히 변화치 못 ᄒᆞᆯ가 무애ᄉᆡᆼ이 ᄀᆞᆯ오ᄃᆡ 아니라 그럿치안타 내 일직이 고구려 대신 을지문덕의 ᄉᆞ적을 낡다가 긔운이 스ᄉᆞ로 나고 담이 스ᄉᆞ로 커짐을 ᄭᆡ닷지 못ᄒᆞ야 이에 하늘을 우러러 ᄒᆞᆫ번 불너 ᄀᆞᆯᄋᆞᄃᆡ 그러ᄒᆞᆫ가 ᄎᆞᆷ 그러ᄒᆞᆫ가 우리 민족의 셩질에 이ᄀᆞᆺᄒᆞᆫ쟈 잇셧ᄂᆞᆫ가 이ᄀᆞᆺᄒᆞᆫ 웅위ᄒᆞᆫ 인물의 위대ᄒᆞᆫ 공업은 고왕 금ᄅᆡ에 비ᄒᆞᆯᄃᆡ가 업스니 우리 민족의 셩질이 강ᄒᆞ고 용ᄆᆡᆼᄒᆞᆷ이 과연 이러ᄒᆞ던가 ᄒᆞ엿노라. (『을지문덕』, 앞의 책, 107쪽)

서술자 '나'는 을지문덕과 최도통을 소개할 때, 노예근성과 영웅 정신이라는 양항 대립을 통해, 을지문덕과 최도통의 영웅성을 부각시킨다. 논평 위주의 부분에서는 신문 연재 역사·전기소설로서의 특성을 파악하기 힘들다. 또한 『을지문덕』과 『최도통』은 전체 논의의 전개 방식에서도 매우 유사하다. 이는 전체를 아우르는 목차를 통해 확연히 드러난다.

『을지문덕』

셔론

뎨일쟝 을지문덕 이젼에 한국과 지나의 관계

뎨이쟝 을지문덕 시ᄃᆡ에 고구려와 슈ᄉᆞ나라의 형셰

뎨삼쟝 을지문덕 시ᄃᆡ에 렬국의 형셰

데ᄉᆞ장 을지문덕의 굿센경신
데오장 을지문덕의 웅도 대략
데륙장 을지문덕의 외교
데칠장 을지문덕의 무비
데팔장 을지문덕의 슈단 밋헤 뎍국
데구장 슈ㅅ나라의 형셰와 을지문덕
데십장 룡 곳치 변화ᄒᆞ고 범 곳치 용밍ᄒᆞᆫ 을지문덕
데십일장 살슈 풍운의 을지문덕
데십이장 셩공후 을지문덕
데십삼장 녯날 ᄉᆞ긔 지은 사ᄅᆞᆷ의 좁게 본 을지문덕
데십ᄉᆞ장 을지문덕의 인격
데십오장 무시무종의 을지문덕
결론

『동국에 데일영걸 최도통젼』(『대한매일신보』 국문판)
데일장 셔론
데이장 최도통 이젼의 우리민족과 다른민족
데삼장 최도통의 초년
데ᄉᆞ장 지나의 풍진과 최도통의 북벌
데오장 최도통이 북벌에 착슈ᄒᆞ고 공민왕이 즁도에 반복ᄒᆞᆫ다
데륙장 두뎍국이 각기와서 침로ᄒᆞ고 최도통이 다시 불너 출ᄉᆞᄒᆞ다
데칠장 홍건적이 의쥬를 함락ᄒᆞ고 최도통이 셔경에 대젼ᄒᆞ다
第八章 崔都統의禦蒙古 (『대한매일신보』, 국한문판에만 연재)

『을지문덕』은 1장부터 3장까지는 국제 정세, 4장부터 12장까지는 을지문덕의 행적, 13장부터 15장까지는 을지문덕에 대한 평가로 구성되어 있다. 이러한 편제는 『최도통전』에서도 동일하게 나타난다. 『최도통전』

또한 1장부터 2장까지는 국제 정세, 3장부터 8장까지는 최도통의 행적에 대해 서술하고 있다. 다만 『최도통전』은 작가의 개인적 이유(중국 망명)로 인해 8장의 말미에 '以上은上篇終'으로 끝나 이후의 서술 형태를 볼 수 없다. 그러나 『을지문덕』과의 유사성에 의해, 『최도통전』의 서술되지 않은 뒷부분이 최도통의 나머지 행적과 더불어 최도통에 대한 평가로 끝났으리라 쉽게 짐작이 가능하다.

그러나 『을지문덕』과 『최도통전』이 이러한 전체적인 동일한 구성 방식에도 불구하고 인물의 행적을 서술하는 부분에서는 큰 차이를 보여준다.

> 왕이 젼례ᄃᆡ로 친히 나가셔 마즈니 원나라ㅅ ᄉᆞ신이 왕씌 그 군ᄉᆞ를 보내여 셔로 침로ᄒᆞᄂᆞᆫ 리유를 힐문ᄒᆞ고 ᄯᅩ ᄀᆞᆯᄋᆞᄃᆡ 이제 황뎨씌셔 심히 노ᄒᆞ샤 장군 동슈를 명ᄒᆞ여 팔십만 대병을 발ᄒᆞ여 불일ᄂᆡ로 압록강을 건너온다 ᄒᆞ니 ①이ᄂᆞᆫ 모다 허언으로 공갈을 ᄒᆞᆯ ᄲᅮᆫ이오 실샹이 아니라 당시 즁원에 ᄂᆡ란이 심ᄒᆞ여 밋쳐 집안 도적을 막을 겨를이 업거ᄂᆞᆯ ᄒᆡ가애 팔십만 대병으로 우리나라ᄭᆞ지 멀니 오리오 이ᄂᆞᆫ 삼쳑동ᄌᆞ라도 가히 헤아릴 바어ᄂᆞᆯ 가셕ᄒᆞ도다 ②뎌 셩질이 우ᄆᆡᄒᆞ고 다겁ᄒᆞᆫ 님금과 습관이 비루ᄒᆞ고 용렬ᄒᆞᆫ 죠신들이 이 말에 겁이나셔 락담상혼ᄒᆞ야 셔로 도라보며 창황망조ᄒᆞ여 뎌 팔십만 원병이 당장 도셩에 림박홈과 ᄀᆞᆺ치 놀나고 ᄯᅥᄂᆞᆫ 그 모양은 실노 가쇼롭더라 ③이러케 얼마를 분주ᄒᆞ다가 왕이 ᄒᆞᆫ 가지 큰 긔이ᄒᆞᆫ 계칙을 ᄉᆡᆼ각ᄒᆞ고 크게 깃거ᄒᆞ여 즉시 원나라ㅅ ᄉᆞ신을 보고 닐너 ᄀᆞᆯᄋᆞᄃᆡ 이 일은 과연 과인의 알지 못ᄒᆞᄂᆞ 바로다 ᄉᆞ신이 ᄀᆞᆯᄋᆞᄃᆡ 엇지 국왕이 이 일을 알지 못ᄒᆞ리오 왕이 ᄀᆞᆯᄋᆞᄃᆡ 인당이 셔북병ᄉᆞ의 권을 가지고 쳔단히 범람ᄒᆞᆫ 일을 ᄒᆡᆼ홈이오 과인은 실노 알지 못ᄒᆞ노라 ᄉᆞ신이 ᄀᆞᆯᄋᆞᄃᆡ 그러ᄒᆞ면 무슴 연고로 인당을 죄주지 아니ᄒᆞᄂᆞ뇨 왕이 ᄀᆞᆯᄋᆞᄃᆡ ᄉᆞ쟈를 보내여 이사ᄅᆞᆷ의 죄를 의론ᄒᆞ겟노라 ᄉᆞ신이 갈ᄋᆞᄃᆡ 왕은 잘할지어다 그러치 아니ᄒᆞ면 뎌 팔십만 대병이 곳 귀국에 림ᄒᆞ리니 왕이 무슴 계교로

이것을 먹고져 ᄒᆞᄂᆞ뇨 ᄒᆞ고 곳 작별ᄒᆞ고 ᄯᅥ나가니라[24]

인용 부분은 최도통이 인당과 더불어 중국의 혼란한 상황을 틈타 북벌을 진행하고 있는 와중에, 원나라의 사신이 공민왕에게 원나라를 침략한 사실의 책임을 묻는 장면이다. 이 부분은 크게 세 가지 부분으로 나뉜다. ①은 원나라 사신의 거짓 위협에 대해 서술자가 그 위협의 허구성을 힐책하는 부분으로서 논평에 해당된다. ②는 원나라 사신을 맞이하여 안절부절못하는 행동에 대해 묘사하고 있는 부분이다. 비록 '성질이 우매하다', '습관이 비루하다' 등의 어휘를 통해 서술자의 판단을 개입시키고 있으나 상황에 따른 인물들의 행위를 보여주고 있다. ③은 원나라의 사신과 공민왕이 대화를 나누는 부분이다. 서술자의 중개 없이, 원나라 사신의 협박, 횡포와 공민왕이 스스로 책임지지 못하고 신하에게 책임을 전가하는 비굴한 모습을 오직 대화만을 통해 전달하고 있다. 따라서 이 부분은 서술자의 논평이 개입되어 있으나 전체적으로 대화를 통해 갈등의 현장을 재현하려는 노력을 보여주고 있다고 할 수 있다.

『최도통전』은 위의 장면 외에도 인물들 간의 갈등을 드러내는 방식으로 대화를 적극적으로 활용하고 있다. 원나라가 고려에 원군을 요청하였을 때, 원군 불가론을 주장했던 최도통이 원군 찬성론을 주장하는 여러 신하들과 갈등하는 장면, 중국에서 최도통이 현린과 만나 원나라를 도와주는 이유에 대해 설명하는 장면, 원나라를 정복하려는 정세운에게 내부를 먼저 평정한 이후에 외부를 정복해야 한다고 주장하는 현린의 갈등 상황 등은 모두 대화로 처리되어 있다.

대화 양식을 통해 당시 상황의 사실적 재현을 의도하는 『최도통전』의

24 신채호, 『최도통전』, 『대한매일신보』(국문판), 1910. 4. 3.

특징은 『을지문덕』과 비교할 때 더욱 두드러진다.

> ①고구려의 군ᄉᆞ가 우리 일진 군ᄉᆞ만 못ᄒᆞ다ᄒᆞ고 양비 대담ᄒᆞ던 슈양뎨의 의긔가 이 ᄣᅢ를 당ᄒᆞ야 어ᄃᆡ로 갓던고 큰 강이 압흘 막앗ᄂᆞᆫᄃᆡ ᄶᅩᆺᄂᆞᆫ 군사가 뒤에 갓가오니 ᄂᆞᆯ고져 ᄒᆞ여도 ᄂᆞᆯᄀᆡ가 업ᄂᆞᆫ 더 슈ㅅ나라 군ᄉᆞ가 절명일을 당ᄒᆞᄆᆡ 이십ᄉᆞ진의 대군이 ᄒᆞᆫᄇᆡ를 두고 셔로 몬져 올으기를 닷토다가 즁류에 다못가셔 우리 군ᄉᆞ가 뒤를 엄습ᄒᆞ야 급히 치니 산쳔이 뒤집히고 텬디가 진동ᄒᆞ며 후군쟝 신셰웅을 버히고 더욱 분격ᄒᆞ여 수ᄇᆡᆨ만의 뎍병을 일시에 어복즁에 영쟝ᄒᆞ고 살아 도라간 쟈가 이쳔칠ᄇᆡᆨ 명에 지ᄂᆡ지 못ᄒᆞ고 루억만의 ᄌᆡ력으로 ᄆᆞᆫ든 긔계가 일시에 운공슈류로 도라갓스니 ②이ᄣᅢᄂᆞᆫ 단군 이쳔칠ᄇᆡᆨ ᄉᆞ십ᄉᆞ 년 고구려 영양왕 이십삼년 륙월이오 지금 일쳔이ᄇᆡᆨ구십칠 년 젼인ᄃᆡ 태ᄉᆞ관이 붓을 잡고 크게 써 ᄀᆞᆯᄋᆞᄃᆡ 모년 모월 모일에 을지문덕이 슈ㅅ나라 군ᄉᆞ를 방어ᄒᆞᆯ시 살슈 우헤셔 크게 파ᄒᆞ니 슈양뎨 양광이 도망ᄒᆞ야 갓다 ᄒᆞ엿더라[25]

①은 살수대첩에 대해 설명하는 부분으로 달아나는 장면에 대해 묘사의 기법을 통해 당시의 상황을 설명하고 있다. 그런데 살수대첩이라는 역사상에 길이 남을 전투 장면에 대한 묘사 혹은 설명은 ①이 전부다. ①에 대한 설명 이후, 바로 ②와 같은 살수대첩의 역사상 의의에 대한 설명으로 전환한다. 역사적 사료가 적기 때문에 이처럼 전투 장면에 대한 간략한 묘사밖에 할 수 없지만, 역으로 역사적 사료가 적다는 것은 오히려 상상력을 통해 허구화를 더욱 많이 전개할 수 있는 가능성이 있다는 것이다. 그러나 『을지문덕』은 장면의 세밀한 묘사나 대화를 통한 당시 상황의 재현보다는 을지문덕이 갖는 역사상의 의의에 더 초점을 맞추고 있다.

25 신채호, 『을지문덕』, 133~134쪽.

인물들 간의 대화를 직접적으로 보여준다는 것은 독자의 호기심을 자극할 수 있는 여지를 확보하는 것이다. 소설의 시간은 스토리 시간과 서술 시간을 일치시켜, 독자로 하여금 현장감을 느끼게 하는 미메시스의 효과를 거둘 수 있게 한다. 독자가 현장감을 느끼는 것은 역사적 상황에 대한 몰입을 극대화하고 이를 통해 독자는 서술자가 긍정적으로 형상화한 인물에 대해 보다 쉽게 동일시를 할 수 있다. 역사적 상황에 대한 설명보다는 대화를 통해 당시 갈등 상황을 직접적으로 재현함으로써 독자의 정서를 보다 쉽게 움직일 수 있는 것이다.

그런데 대화를 통해 서사의 현장성을 높이는 서사 전략이 왜 『을지문덕』에서는 전무하며, 『최도통전』에서는 활발하게 일어나는 것일까? 역사적 상황의 사실적 재현은 독자를 계몽시키려는 의도와 더불어 독자들에게 보다 쉽게 다가가기 위한 대중적 차원의 고민에서 이루어진 것이다. 이는 독자의 기호를 의식할 수밖에 없는 신문 매체의 속성이 역사·전기소설의 대중적 차원에 대해 고려하게 만들었던 것이다.

4) 다양한 인물군의 형성과 갈등하는 인물의 창조

『최도통전』이 신채호의 다른 소설들보다 훨씬 다양한 갈등 관계를 피력할 수 있었던 것은 전형적 인물의 다양성에 근거한다. 여러 부류의 인물군은 인물들 간의 갈등을 다양하게 전개할 수 있는 바탕이 되기 때문이다.

『최도통전』에 등장하는 인물 유형은 먼저 서술자의 관점에 따라 크게 두 부류로 구분 가능하다. 먼저 서술자가 부정적 입장을 취하는 인물 부류들로서 당시 고려의 왕, 김용과 같은 신하들이다. 이들에 대해 서술자는 '패악한', '우매한' 등의 수식어를 통해 '노예 정신'에 사로잡힌 인물들로 형상화한다. 반면, 서술자에 의해 긍정적 가치를 부여받는 인물 유형은 최영, 정세운, 현린과 같은 인물들이다. 서술자는 이들에 대해 단군을 계승한 영웅적 면모를 지닌 인물들이라고 평가한다. 이들 두 부류의 갈등은 최영이 북벌을 왕에게 상소하면서부터 본격적으로 발생하여 정세운의 죽음에 이르기까지 지속된다. 이러한 이분법적 갈등 양상은 『최도통전』뿐만 아니라 『을지문덕』 그리고 『이순신전』에서도 동일하게 나타난다. '개화'라는 추상적 현실 개조 원리를 주장했던 대부분의 신소설들 또한 개화와 완고라는 이분법적 갈등의 양상으로 소설을 전개하고 있다.

그런데 『최도통전』의 인물 유형화 특성은 긍정적으로 형상화된 인물군을 다시 세 부류로 구분했다는 데에 있다. 당시 국제 정세를 이용해 고구려, 발해의 옛 땅을 회복해야 한다는 영웅적 면모를 지닌 정세운, 현린, 최영은 각각 다른 지표를 가지고 있다. 정세운은 왕에 대한 충성심을 지표로 갖고 있는 인물인 반면, 현린은 민족이라는 지표를 갖고 있는 인물이다. 최영은 정세운으로 대표되는 왕에 대한 충성과 현린으로 대표되는 민족이라는 대의 사이에서 끊임없이 갈등하는 인물로 형상화된다.

현린도 또ᄒᆞᆫ 최도통의 위인을 공경ᄒᆞ고 탄복ᄒᆞ여 쟝ᄎᆞᆺ 나가다가 홀노 널ᄋᆞᄃᆡ 내가 본국쟝상을 볼진ᄃᆡ 아ᄅᆡ로ᄂᆞᆫ 몸이나 살어 도라가기가 축원ᄒᆞᄂᆞᆫ 쟈ᄉᆡᆼ이오 우흐로ᄂᆞᆫ 원슈 원나라를 위ᄒᆞ여 힘을 쓰고져 ᄒᆞᄂᆞᆫ 쟈ᄉᆡᆼ인ᄃᆡ 뎌ᄒᆞᆫ 사ᄅᆞᆷ은 누구인고 얼골빗ᄎᆞᆫ 쳐챵ᄒᆞ나 몸을 쎄여 도망ᄒᆞᆯ 쟈도 아니오 의긔가 분발ᄒᆞ나 원슈를 위ᄒᆞ여 진력ᄒᆞᆯ 쟈도 아니니 슯흐다 이것이 혹 우리나라에 ᄂᆞᆷ은 영웅의 죵ᄌᆞ인가 ᄒᆞ더라

이날 밤에 최도통의 쟝막에 가셔 ᄇᆡᆨ년ᄅᆡ로 나라의 슈치를 슬허ᄒᆞ며 텬하대ᄉᆞ를 의론ᄒᆞ다가 술이 반쯤 취ᄒᆞᄆᆡ 최도통의 손을 잡고 ᄀᆞᆯᄋᆞᄃᆡ 쟝군이 엇지 이에 왓ᄂᆞ뇨 쟝군이 엇지 이에 왓ᄂᆞ뇨 칼을 씌고 군즁에 횡힝함은 쟝부의 쾌ᄒᆞᆫ 일이라ᄒᆞᆯ지나 그러나 쟝군이 이에 온거슨 본국을 위ᄒᆞ여 온 거시 아니니 현린은 감히 쟝군을 위ᄒᆞ여 됴상ᄒᆞ노라 최도통이 석현린으로 더브러 셔로

ᄃᆡ좌ᄒᆞ여 눈물을 흘니다가[26]

당시 국제 정세의 혼란을 기회로 삼아 원나라에 원병을 보내는 것이 아니라 고구려와 발해의 옛 땅을 회복하기 위한 정복군을 보내야 한다고 주장했던 최도통은 결국 노예 정신에 물든 조정의 왕과 신하들에 의해 오히려 원나라의 원병으로 중국에 가게 된다. 이 역설적인 최도통의 입장은 잃어버린 옛 영토를 회복해야 한다는 영웅심과 왕에 대한 충성 사이에서 어쩔 수 없이 선택하게 된 입장이다. 이러한 최영의 역설적 위치에 대해 현린은 고구려와 발해의 옛 땅을 회복하여 민족의 잃어버린 영광을 되찾아야 한다고 최도통을 비판한다. 이때 최영이 흘리는 '눈물'은 바로 선택적 상황에서 아무것도 할 수 없는 무기력한 자아에 대한 한탄이다. 왕에 대한 충성과 잃어버린 옛 민족의 땅을 되찾아야 한다는 영웅심의 갈등 양상은 정세운과 현린의 대화 속에서 더욱 분명하게 드러난다.

간신이 안에 잇고셔ᄂᆞᆫ 대쟝이 능히 밧긔셔 셩공을 ᄒᆞᄂᆞᆫ 쟈 업사ᄒᆞ엿ᄂᆞ니 이제 원슈ᄂᆞᆫ 죠졍을 보건ᄃᆡ 님근의 덕이 엇더ᄒᆞ며 신하들이 엇더ᄒᆞ니 잇고 님금은 믁믁히 손을 ᄭᅩᆺ고 잇ᄂᆞᆫᄃᆡ 적신 김용이 권셰를 오로지 ᄒᆞ니 원슈 공의 이 놉흘ᄉᆞ록 적신의 싀긔가 깁허셔 모함ᄒᆞ기를 ᄭᅬᄒᆞᆯ지어ᄂᆞᆯ ……(중략)…… 그럼으로 현린의 ᄯᅳᆺ은 원슈가 이 군ᄉᆞ를 거ᄂᆞ리고 죠뎡에 간당을 ᄶᅩᆺᄂᆞᆫ다 칭탁ᄒᆞ고 뎌 패악ᄒᆞᆫ 졍부를 ᄀᆡ혁ᄒᆞ야 안에 잇ᄂᆞᆫ 도적을 몬져 멸절ᄒᆞᆫ 후에 밧긔 도적을 나가셔 토멸ᄒᆞ면 일이 슌ᄒᆞ고 공을 일우기가 쉬우려니와 이제 이러케 아니ᄒᆞ고 죠뎡에 졍ᄉᆞ가 패괴홈은 무ᄉᆞᆷ 디경이 되든지 치지 물론ᄒᆞ고 밧그로 향ᄒᆞ여 도적을 소탕코져ᄒᆞ니 이ᄂᆞᆫ 녯말에 닐은바 일을 뒤집어ᄒᆞ야 션후를 찾지 못홈이라 ……(중략)…… 졍공은 도로혀 크게 놀나고 ᄯᅩ 크게

26 신채호, 『최도통전』, 『대한매일신보』(국문판), 1910. 3. 23.

노ᄒᆞ여 ᄀᆞᆯᄋᆞᄃᆡ 일개 산승으로 감히 이런 무엄ᄒᆞᆫ 말을 내ᄂᆞᆫ가 내 칼은 원릐 ᄉᆞ정이 업고 너ᄀᆞᆺ흔 무엄불경ᄒᆞᆫ 무리ᄂᆞᆫ 용셔치 아니ᄒᆞ니ᄂᆞ라 현린이 랭쇼ᄒᆞ고 물너나가며 최공은 묵묵히 안ᄌᆞᆺᄂᆞᆫ지라 ……(중략)…… 적은 나라으로 대국을 셤김이 올타ᄒᆞᄂᆞᆫ 오활ᄒᆞᆫ 션비의 그릇잡은 의리를 최공이 이믜 타파ᄒᆞ엿스며 싸홈은 말도 못ᄒᆞ게 ᄒᆞ던 시쇽인민의 박힌 습관을 최공이 이믜 파타ᄒᆞ엿건마ᄂᆞᆫ 이에 홀노 군신의 분의 ᄒᆞᆫ가지ᄂᆞᆫ 오히려 파타치 못ᄒᆞ여 아홉길되ᄂᆞᆫ 산을 싸타가 ᄒᆞᆰ ᄒᆞᆫ 삼틔를 못부어서 셩공을 못ᄒᆞ엿도다[27]

위 인용문은 정세운과 최도통이 북벌을 실행하려는 와중에 현린의 의견을 듣는 장면이다. 현린은 밖의 적을 멸절하기 이전에 먼저 내부의 조정을 변화시켜야 한다고 주장한다. 왜냐하면 내부 단속 없이 외부만을 단속하다가는 내부의 저항에 오히려 자멸할 위험이 크기 때문이다. 그러나 영웅의 기상을 타고났으나 결코 임금에 대한 충성을 버릴 수 없었던 정세운은 오히려 현린을 크게 꾸짖는다. 이때, 최도통은 그저 '묵묵히 앉아 있는다.'

최도통의 침묵은 내면적 갈등을 드러낸다. 최도통은 고려 조정에 대해 혼란스런 국제 정세를 이용해 고구려와 발해의 옛 땅을 회복해야 한다는 영웅주의적 입장을 피력해왔다. 그러면서도 항상 왕에 대한 충성을 외면하지 않았다. 최도통이 중앙 벼슬에 나서게 된 직접적인 원인은 공민왕을 폐위시키려고 했던 역적 조일신 난의 평정이다. 이후에도 자신이 그렇게 원치 않았던 원나라의 원병 파견에서도 임금의 뜻에 따라 참전하게 되고, 인당의 죽음으로 벼슬에서 물러나 전국을 방황할 때도 홍건적으로 위태로움을 느꼈던 왕의 부름에 주저 없이 임금을 보위했던 충성스런

27 신채호, 『최도통전』, 『대한매일신보』(국문판), 1910. 5. 24.

신하였다. 그러면서도 그는 끊임없이 북벌을 계획했던 인물이다. 원나라에서 원병을 요청할 때도 원병이 아니라 정복군으로 중국에 가야 한다고 주장했으며, 실제로 인당과 더불어 북벌을 도모하기도 하였다. 그러므로 최도통은 옛 영토의 회복을 염원하는 영웅적 면모와 충성스런 신하의 면모 사이에서 항상 갈등하는 문제적 인물이었던 것이다.

『최도통전』은 신채호가 『이태리건국삼걸전』, 『을지문덕』 등을 통해 주장했던 '역사적 상황을 통한 현실의 개혁'이라는 논설 위주의 역사·전기소설이 아니라 내면적으로 끊임없이 갈등하는 최도통이라는 문제적 인물의 소설적 형상화에 주력했던 역사·전기소설이다. 최도통과 함께 북벌을 실행했던 인당의 의미 없는 죽음에 실망한 최도통이 영웅의 발자취를 찾아 전국을 방황할 무렵, 최도통은 "까마귀 눈비 마ᄌᆞ 희는 듯 검노매라. 야광명월이 밤인들 어두우랴 님 향ᄒᆞᆫ 일편단심 가실줄 잇스랴"라는 노래를 부른다. 여기서 임은 소설의 전후 맥락에 따라 인당을 죽음에 이르게 했던 우매한 왕일 수도 있으며, 북벌을 실행했던 인당의 영웅적 면모일 수도 있다. 그런데 최도통의 내면적 갈등을 표현했던 이 노래는 사실 사육신의 한 사람이었던 박팽년이 단종에 대한 일편단심을 표현하기 위해 지은 시조다. 이는 신채호가 『최도통전』에서 역사적 사실에 대한 언급보다는 최도통이라는 한 인물의 갈등 양상에 초점을 맞춰 소설을 전개하고 있음을 보여준다.

내면적 갈등을 통한 문제적 개인의 형상화와 다양한 인물군의 창출을 통해 한 인물의 갈등을 드러내는 양상은 신채호의 이전 작품들에서는 볼 수 없었던 고도의 인물 형상화 전략이다. 이러한 인물의 갈등 양상은 『을지문덕』과 같은 논평 위주의 설득적 계몽 문학에서 벗어나, 실물과 같은 구체적 인물의 형상화를 통해 독자의 정서적 쾌감을 증대시키는 문학의 숙련도를 높였다.

4. 역사 · 전기소설과 대중성

개화기 신소설은 신문 매체와 깊은 관련성을 가진다. 최초의 신소설인 이인직의 『혈의 루』는 『만세보』의 연재소설로 발표되었으며, 최초의 지방지인 『경남일보』에 『옥련당』, 『금산월』 등을 발표했던 박영운은 스스로를 '소설기자'라고 일컬었다. 개화기 저널리즘의 한 형태로서 소설의 필요성이 대두되었음을 보여준다.[28]

그리고 개화기 소설의 한 축을 담당하고 있었던 역사 · 전기소설은 신문 매체와의 관련성보다는 우승열패의 국제 정세 속에서 민족의 자강과 자존이라는 현실 논리에 의해 탄생하였다. 이러한 탄생 배경은 상업성과 통속성으로서의 신소설과 계몽성으로서의 역사 · 전기소설의 특징을 규정짓는 유용한 근거였다.

그러나 역사 · 전기소설을 인식하는 획일화된 틀이었던 계몽성, 공익성, 비상업성은 『대한매일신보』에 연재되었던 『이순신전』과 『최도통전』에 의해 재고되어야만 한다. 왜냐하면 이들 소설은 대중 지향적인 신문 매체와의 만남을 통해, 대중의 기호를 고려한 계몽성으로 일변하기 때문이다.

이 장에서는 신문 매체가 역사 · 전기소설의 획일화된 특징을 일신하고 대중적 면모를 지니게 했다는 인식 아래 다음과 같은 사항을 살펴보았다.

첫째, 신소설의 통속성과 상업성을 비판했던 신채호의 소설관이 결코

---

28 이재선, 『한말의 신문소설』, 한국일보사, 1975; 한국학술정보, 2001, 11~17쪽 참고.

소설 장르가 본질적으로 내재하고 있는 대중성을 무시한 것이 아니었다. 일반 국민을 민족의 위기를 구원할 잠재적 영웅으로 인식하고 있었던 신채호의 민중관을 염두에 둘 때, 계몽성의 발현은 오히려 소설의 대중성을 적극적으로 활용할 때 성취될 수 있는 것이었다.

둘째, 국문과 국문소설의 중요성을 인식하고 있었던 신채호의 소설 문체가 국한문 혼용체에서 국문체로 변화한 것은 여러 정황을 고려할 때, 『대한매일신보』에 『최도통전』을 연재하면서부터 이루어진 것이다. 이는 일반 대중에 대한 소설의 흡인력을 충분히 인식하고 있었던 『대한매일신보』의 상업성과 국문체의 중요성을 인지하고 있었던 신채호의 문체관이 결합하면서 나타난 것이다.

셋째, 국한문본 『최도통전』이 매회를 대부분 종결어미로 끝내는 반면, 국문본 『최도통전』은 매회를 대부분 연결어미로 끝낸다. 연결어미의 사용은 전개되지 않은 이야기에 대한 호기심과 재미를 통해 일반 대중을 소설로 끌어들이려는 의도에서 이루어진 것이다. 이는 일반 대중의 기호, 즉 호기심과 재미를 염두에 두었다는 측면에서 역사·전기소설의 대중성이 신문 매체를 통해 구현되고 있는 것이다.

넷째, 단행본으로 출판되었던 『을지문덕』과는 달리, 신문에 연재된 『최도통전』은 인물들 간의 대화를 직접적으로 보여주면서 역사적 상황을 재현하고 있다. 독자로 하여금 대화로 재현된 역사적 상황에 직면하게 하는 것은 역사적 상황에 대한 독자의 몰입을 극대화하기 위한 전략이다. 이는 역사적 상황을 논설적 어조로 설득하는 것보다 대화를 통해 역사적 상황을 재현함으로써 독자에게 더 큰 호소력을 지닐 수 있다는 대중성을 고려한 것이다.

다섯째, 『최도통전』은 신채호의 이전 작품들에서는 볼 수 없었던 다양한 인물군의 창출, 내면적 갈등을 통한 문제적 개인의 형상화를 보여주고 있다. 이러한 인물의 갈등 양상은 『을지문덕』과 같은 논평 위주의 설득적 계몽 문학에서 벗어나, 실물과 같은 구체적 인물의 형상화를 통해 독자의 흥미를 증대시키고자 한 것이다.

이상을 통해, 역사·전기소설은 신문 매체와의 만남으로 인해, 논평 위주의 설득적 태도로 계몽성을 고집하던 기존의 서술 방식에서 벗어나 독자의 흥미를 고려하는 대중적 차원의 계몽성으로 변모했음을 알 수 있다. 신문에 연재되었던 창작 역사·전기소설이 『이순신전』, 『최도통전』 단 두 편임을 고려할 때, 신문 연재소설로서의 역사·전기소설의 대중화 경향은 매우 빠르게 진행되었음을 알 수 있다.

제6장
『월남망국사』의 번역, 문체, 출판

1. 번역의 의미론

번역은 단순히 문자적 의미의 전달로 국한되지 않는다. 번역은 언어를 넘어 문화의 흐름과 접목된다. 문화 소통으로서의 번역은 이질적 타자와 대면하는 계기를 마련하며 이를 통해 자신의 정체성을 인식 혹은 구성하는 과정이다. 개화기 여러 매체들을 통해 강조되었던 번역의 중요성 또한 이러한 번역의 일반론과 멀지 않다. 번역을 '문명의 수입', '학문의 근본'이라고 규정하면서도 당시의 한국 상황에 도움이 되는 번역을 강조한 『대한매일신보』의 한 논설[1]은 번역의 목적이 궁극적으로 수신자(受信者)의 상황과 긴밀한 관련성을 갖는다는 사실을 역설한 것이다.

을사조약을 전후로 전개된 일련의 번역들은 당시 대한제국이 처해 있었던 상황을 직·간접적으로 시사한다. 『애급근세사』(1905), 『월남망

1 「글을 번역ᄒᆞ는 사람들에게 ᄒᆞᆫ번 경고홈」, 『대한매일신보』(국문판), 1909. 1. 9.

국사』(1906), 『비율빈전사』(1907), 『이태리건국삼걸전』(1907), 『서사건국지』(1907), 『비사맥전』(1907), 『애국부인전』(1907) 등 주로 망국과 건국 그리고 구국의 영웅들에 대한 번역은 일본에 의한 식민화의 위험을 서사적으로 해결하려는 노력의 일환이었다.[2] 이러한 일련의 번역들 가운데에서 『월남망국사』는 '망국'의 상황 이후 전개될 억압과 분노를 형상화함으로써 당대 한국인들에게 독립의 필요성을 환기하는 텍스트였다.

『월남망국사』는 월남 망명객 소남자(巢南子)가 술(述)하고 광지편집부(廣智編輯部)가 찬(纂)한 '월남망국사'를 중심으로 양계초의 '서문', '월남망국사전록'과 신민총보사사원(新民叢報社社員)이 편(編)한 '월남소지'를 한 권으로 엮어 1905년 9월에 상해 광지서국(廣智書局)에서 출판한 책이다. 양계초의 서적들이 대개 그러하듯이,[3] 『월남망국사』 또한 본격적인 번역물이 나오기 이전부터 당대 한국의 지식인들에게 중요한 반향을 불러일으켰다. 당시 제주도에 유배되어 있었던 김윤식은 1906년 9월에 『월남망국사』를 읽은 소회를 기록하고 있었으며, 『황성신문』에 게재되었던 일련의 월남 관련 기사들, 즉 '술안남근사대략'(述安南近事大略)(1906년 5월 3~4일), '애안남'(哀安南)(1906년 5월 5일) 또한 상해 광지서국에서 출판된 『월남망국사』의 영향을 보여주는 것이다.[4] 1883년에 프랑스의 식민지로

2 정환국은 이 시기 번역물의 번역 순서에 주목하면서 "을사조약을 기점으로 한 위기의식이 팽배한 시점에서 한편으론 '망국의 비운'을 타산지석으로 삼고, 또 한편으론 구국의 화신인 '영웅'을 갈구하던 당대 지식인의 의식의 궤적과 그것이 애국계몽활동의 한 방향이었음을 여기서 확인할 수 있다"라고 논의했다. 정환국, 「근대계몽기 역사전기물 번역에 대하여」, 한기형 외, 『근대어 · 근대매체 · 근대문학』, 성균관대학교 대동문화연구원, 2006, 161~162쪽 참고.

3 양계초의 한국 내의 영향력은 여러 학자들에 의해 확인되었다. 정환국 또한 이에 대해 "이 한역의 재역서들은 양계초의 저술이 1900년대 조선 지식인들의 필독서가 된 것과 상응하여 곧바로 조선으로 유입되었고, 그것이 지식계에 미친 영향 또한 상당하였다"라고 언급하고 있다. 정환국, 앞의 글, 155쪽.

편입된 월남의 사정이 근 20여 년이 지난 이후에야 주목받는다는 사실은 1905년에 발간된 『월남망국사』를 염두에 두지 않고서는 생각할 수 없는 일이기 때문이다.

번역물이 나오기 이전부터 이미 당대 지식인들에게 큰 화두였던 『월남망국사』의 번역은 『황성신문』에 의해 최초로 이루어졌다. 「독월남망국사」(讀越南亡國史)라는 제하로 1906년 8월 28일부터 9월 5일까지 총 7회 동안 연재되었다. 이후 1906년 11월, 현채에 의해 국한문체로 번역된 『월남망국사』는 다시 주시경과 이상익에 의해 국문체로 각각 1907년 11월과 12월에 번역되었다. 뿐만 아니라 『월남망국사』는 현채가 저술한 『유년필독』의 교사용 교재인 『유년필독석의』에 전문이 수록됨으로써, 교육의 현장에서도 다루어졌다. 그러므로 『월남망국사』는 국한문체와 국문체라는 문체의 다양성뿐만 아니라 담론 형성의 중요한 기제인 언론, 교육과의 연계를 통해 당시 가장 애독된 '망국사'가 되었다.

번역된 '망국' 담론이 강조하는 사실은 분명하다. 다른 나라의 망국 경험에 대한 선(先)체험은 당시 대한제국의 현실을 위기로 인식하는 데에 모자람이 없었다. 이는 '국가'라는 근대적 표상체계가 갖는 선험성을 '망국'이라는 위기의식을 통해 현실화한 것이다. 이후 조직적으로 전개되는 국채보상운동 등과 같은 일제에 대한 저항은 바로 망국의 담론이 창출해낸 실제적인 효과였던 것이다.[5]

---

4 최기영, 「국역 '월남망국사'에 관한 일고찰」, 『동아연구』 6집, 1985, 490~492쪽 참고.

5 최기영은 현채의 『월남망국사』가 대구의 광문사를 통해서도 발간되었으며, 이 광문사 사장인 김광제와 부사장 서상돈에 의해 1907년 2월에 국채보상운동이 발기되었다고 논의했다. 뿐만 아니라 그 취지서에서도 월남을 직접적으로 언급하면서 국채보상운동의 필요성을 제기하고 있다는 사실을 밝혀냈다. 이를 통해서 볼 때, 『월남망국사』와 당시의 '국채보상운동'은 긴밀한 관련성을 가진다고 할 수 있다(최기영, 앞의 글, 498~499쪽 참조).

그런데 이러한 '망국'의 위험성을 표현하기 위한 번역 과정들은 일련의 세밀한 전략들을 요구한다. 왜냐하면 앞에서도 언급했듯이, 번역은 단순히 문자적 의미의 전달이 아니기 때문이다. "슯흐다 오ᄂᆞᆯ날 한국에 번역ᄒᆞ는 쟈들은 다만 글ᄌᆞ와 구졀ᄃᆡ로만 번역ᄒᆞᆯ ᄯᆞ름이라"라고 당시의 번역 행태를 비판하고 있는 『대한매일신보』의 논설은 외국의 글들은 '그 나라 그 인민의 습관과 성질'에만 적절하다고 논의했다.[6] 이는 곧 외국의 서적들을 직역하는 것이 아니라 대한제국의 맥락에 맞게 의역해야 함을 강조한 것이다. 『월남망국사』 또한 당시의 이러한 번역의 논리로부터 자유로울 수 없었다. 광지서국판 『월남망국사』를 당시 대한제국의 『월남망국사』로 전이시키기 위한 일련의 전략들이 곳곳에 숨어 있으며 이는 내용적 측면뿐만 아니라 문체적 측면까지 닿아 있다.

한편, 번역은 출판이라는 상업적 장(場) 속에서 이루어진다. 번역 출판을 장려했던 『독립신문』의 한 논설은 "쟝ᄉᆞᄒᆞ는 일노 보드ᄅᆡ도 이보다 더 리 ᄂᆞᆷ을거시 지금은 업ᄂᆞᆫ지라 유지각ᄒᆞᆫ 사ᄅᆞᆷ 몃치 이런 회샤 ᄒᆞ나를 모화 놉흔 학문 잇는 죠션 말ᄒᆞ는 셔양 사ᄅᆞᆷ ᄒᆞ나를 고립ᄒᆞ야 이런 ᄎᆡᆨ들을 모도 번역ᄒᆞ여 츌판 ᄒᆞ거드면 일년 ᄂᆡ에 큰 리가 ᄂᆞᆷ을거슬 밋고"라고 논의했다.[7] 『월남망국사』의 번역 판본은 세 가지다. 뿐만 아니라 현채 역본 『월남망국사』는 2판, 주시경 역본 『월남망국사』는 3판까지 간행되었다. 이는 당시 『월남망국사』가 매우 인기가 있었다는 사실을 보여줌과 동시에 이를 통한 상업적 이익이 결코 적지 않았음을 암시해준다. 이러한 부분은 『월남망국사』가 표면적으로 내세운 '구국의 논리'에 의해 간과되었던 부분이다.

---

6 「서적계를 ᄒᆞᆫ번 평론ᄒᆞᆷ」, 『대한매일신보』(국문판), 1909. 7. 9.

7 『독립신문』, 「논설」, 1896. 6. 2.

이 장에서는 『월남망국사』의 번역에서부터 출판에 이르는 과정에 대해 주목하고자 한다. 광지서국판 『월남망국사』를 대한제국의 『월남망국사』로 전이시키기 위한 일련의 번역 전략들을 고찰하는 동시에 『월남망국사』의 다양한 번역본들이 출판되는 과정을 살펴봄으로써 그동안 계몽의 논리에 가려졌던 자본의 흐름에 대해 고찰할 것이다. 이는 『월남망국사』의 번역과 유통의 과정을 함께 아우름으로써, 당시 여러 망국사들 가운데 『월남망국사』가 독보적 위치를 점하게 된 이유를 조망하는 과정이 될 것이다.

2. 중국의 월남과 대한제국의 월남

앞에서도 언급했듯이, 1905년에 상해 광지서국에서 출판된 『월남망국사』는 현채에 의해 국한문체로 번역되기 이전부터 조선의 지식인들에게 광범위하게 읽혔다. 정환국의 연구에 따르면, 현채의 번역본이 등장하기 이전 김상만서포의 발매서적 목록에 이미 『월남망국사』가 포함되어 있었다.[8] 한문 문화권에 익숙한 당대의 지식인들에게 한문으로 기록된 광지서국판 『월남망국사』는 가독성이 떨어지는 텍스트가 아니었던 것이다. 그러므로 현채가 이를 국한문체로 번역한 이유는 번역의 일반론에서 벗어난다. 즉, 번역의 일차적 목표인 언어적 의미의 전달로 현채의 번역 이유를 설명할 수 없다는 것이다. 왜냐하면 현채가 번역한 『월남망국사』는 국한문체를 중심으로 한문체가 섞여 있으며[9] 국한문체로만 이루어진

8 정환국, 앞의 글, 159쪽 참고.

9 현채가 번역한 『월남망국사』는 '월남망국사서', '월남망국사', '부멸국신법론', '부일본의조

부분 또한 한문에 익숙한 독자가 아니고서는 쉽게 의미를 해독할 수 있는 텍스트가 아니기 때문이다. 황호덕 또한 유길준의 국한문 저서보다 양계초의 한문 저서가 더 많이 읽힐 수밖에 없었던 상황을 예로 들면서 한문체와 국한문체의 독자들이 중첩되었다고 논의했다.[10] 그러므로 현채가 광지서국판 『월남망국사』를 번역한 이유는 의미의 전달에 있지 않다.

월남과 중국의 긴밀한 관련성은 건국신화에서부터 드러난다. 베트남 최초의 국가인 반 랑(文郞)은 중국의 삼황 가운데 하나인 염제 신농씨와 연결되어 있다. 신농씨의 3대 후손인 데 민(帝明)이 낀 즈엉 부엉(涇陽王)을 낳았고 낀 즈엉 부엉이 락 롱 꿘(貉龍王)을 낳았으며, 락 롱 꿘이 아내 어우 꺼(嫗姬)와 관계해서 낳은 알 속에서 100명의 아들이 태어났는데, 이 중에 가장 강한 자가 최초의 훙 브엉(雄王)이 되어 반 랑(文郞)을 건국한 것이었다.[11]

월남의 건국과 관련된 이러한 신화는 이후, 월남의 역사에서 중국이 차지하는 역할을 상징적으로 보여준다. 한(漢)은 남 비엣을 멸망시킨 후 남 비엣의 판도 내에 7개의 군(나중에 9개로 늘어남)을 설치했으며, 명(明)을 몰아내고 왕위에 오른 레 러이 또한 1431년에 명나라에 책봉을 요청하는 공식 사절을 파견하기에 이른다.[12] 월남은 중국의 남쪽에 위치하면서 중국의 다른 주변국들과 마찬가지로 중국을 중심으로 한 천하관을 공유하고 있었던 것이다. 이러한 월남이 아르망 조약(1883년 8월)을 통해

선', '부월남제독유영복격문'으로 구성되어 있다. 이 가운데에서 '월남망국사서'는 안종화가 한문체로 썼으며 '부월남제독유영복격문'(이것은 초판에만 수록되어 있다)은 원문(한문체) 그대로 수록되어 있다. 이외 나머지 부분은 국한문체로 번역되어 있다.

10 황호덕, 「한국 근대 형성기의 문장 배치와 국문 담론」, 성균관대학교 박사학위논문, 2002, 308쪽.

11 유인선, 『새로 쓴 베트남의 역사』, 이산, 2002, 22쪽 참고.

12 유인선, 앞의 책, 41쪽, 184쪽 참고.

프랑스의 보호국으로 편입되었을 때, 중국이 이 조약에 대해 무효를 선언한 것은 어쩌면 당연한 반응이었다.[13]

광지서국판 『월남망국사』에는 바로 이러한 중화주의적 입장이 곳곳에 노출되어 있다. 특히, '부록'으로 수록되어 있는 「월남소지」는 이를 직접적으로 표현한다. 「월남소지」는 '1. 지지(地誌), 2. 건국의 연혁 및 중국과의 교섭(建國沿革及與我國交涉), 3. 월남과 프랑스와의 교섭(與法國之交涉), 4. 프랑스의 월남(法國之越南), 5. 프랑스의 월남 정략과 중국과의 관계(法國越南政略與中國之關係)' 등 크게 다섯 부분으로 구성되어 있다. 「월남소지」의 주된 내용은 '프랑스에 월남의 주도권을 빼앗긴 중국의 상실감'과 '월남을 지배한 프랑스의 의도와 그에 따른 중국의 위기감'으로 요약될 수 있다.

월남에 대한 중국의 상실감은 주로 월남과 중국의 역사를 설명하는 가운데 드러난다. "월남은 옛날부터 모든 제도를 다 중국에서 모방하였다"(自昔一切制度皆仿我國)[14]라는 전제로 출발하고 있는 「월남소지」는 중국과 월남의 관계를 황제와 신하라는 군신관계로 서술하고 있다. 월남의 왕은 중국의 황제에게 승인을 요청해야 하며, 중국의 황제는 이 요청에 따라 월남의 왕위를 책봉 혹은 허락하는 형식이었다. 왕이 아닌 황제의 칭호를 쓰던 월남의 왕에 대해서 「월남소지」는 "일존(호는 성종)이 왕위를 계승할 때부터 자기의 분수를 넘어 제왕의 호를 가지게 됐고 나라 명칭을 대월(大越)이라고 하였다"(日尊[彼號聖宗]始僭帝號國稱大越)[15]라고 비판

13 유인선, 앞의 책, 287~294쪽 참고.

14 양계초 편저, 안명철·송엽휘 역주, 『역주 월남망국사』, 태학사, 2007, 92쪽. 안명철·송엽휘 역본은 1905년에 상해 광지서국에서 발간한 『월남망국사』를 원전으로 해서 이루어진 것이며, 또한 뒷부분에 초판이 영인되어 수록되어 있다. 앞으로의 인용 또한 안명철·송엽휘의 번역을 주(主)로 할 것이며, 영인되어 있는 원전에서 해당 구절을 함께 밝힐 것이다.

한다. 오직 중국만이 황제의 칭호를 사용할 수 있었던 중화주의의 산물이다.

서구의 제국주의가 동양으로 향하던 당시에도 중국인은 이러한 중화주의로부터 쉽게 벗어날 수 없었다. 월남의 프랑스 식민지화에 대한 「월남소지」의 기록은 이를 분명하게 보여준다. 아르망 조약(1883년)에 의해 월남이 프랑스의 보호국으로 전락한 것에 대해 「월남소지」는 "합이만 조약이 발표된 이래 중국 사람들은 비분격앙하였다"(自哈爾曼條約發表我國人心大激昂),[16] "이러므로 중국은 천년 이래 월남과의 주종관계를 모두 포기하고 월남은 정식적으로 프랑스의 관할에 들어갔다"(是中國舉千年來主屬之關係一切放棄安南遂以正式再醮於法蘭西矣)[17]라고 서술하고 있다. 소남자의 술(述)을 통해 표현되었던 망국민의 설움은 당대의 중국인들에겐 중요한 것이 아니었다. 그들에게 중요한 것은 월남에 대한 자기네들의 종주권을 프랑스에게 빼앗겼다는 사실 자체가 중요한 것이었다.

「월남소지」가 다루고 있는 또 하나의 주요 내용은 월남을 지배한 프랑스의 중국에 대한 위협이다. 아편전쟁의 패전 이후, 서구 제국주의의 각축장으로 변한 중국의 실상에서 월남을 지배함으로써 중국의 남동부를 겨냥하고 있는 프랑스는 큰 위협이 아닐 수 없었다. "프랑스 사람이 급급하게 월남을 경영하는 최종적인 목적은 중국에 있다"(法人之汲汲經營越南其最後之目的實在我國)[18]라고 당시의 상황을 인식한 「월남소지」는 월남과 중국을 잇는 철도 건설을 통해 가시화될 프랑스의 위협을 경계하고 있다. 마지막 부분에 "우리 중국이 지금 분발하지 않으면 몇 년 후에

15 양계초 편저, 『역주 월남망국사』, 96쪽.
16 양계초 편저, 『역주 월남망국사』, 104쪽.
17 양계초 편저, 『역주 월남망국사』, 105쪽.
18 양계초 편저, 『역주 월남망국사』, 102~103쪽.

프랑스가 중국 전국에서 충분히 실력이 붙으면 그때는 우리가 꼼짝도 못하고 죽음만 기다리는 것밖에 또 바랄 것이 무엇이 있겠는가?”(我國及今不圖數年之後羽翼已就橫絶四海則我舍束手斃之外更何冀哉)[19]라는 절규는 「월남소지」 더 나아가 「월남소지」를 포함한 광지서국판 『월남망국사』의 성격을 분명하게 보여준다. 즉, 망국으로서의 월남이란 중국에게 있어서 먼 나라의 이야기가 아니었던 것이다.

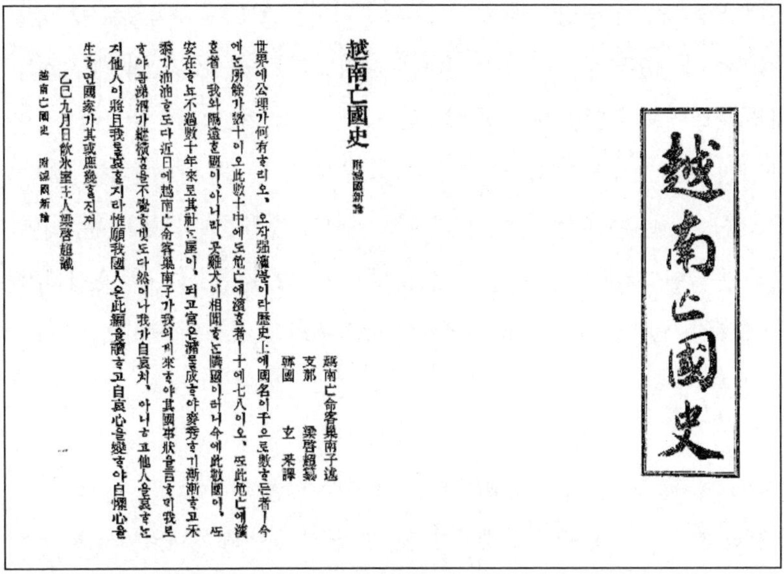

越南亡國史

越南亡國史 附滅國新論

越南亡命客巢南子述
支那 梁啓超纂
韓國 玄 采譯

世界에公理가何有ᄒᆞ리오、오작强權뿐이라歷史上에國名이千으로數ᄒᆞᆫ者ㅣ今에ᄂᆞᆫ所餘가數十이오此數十中에도危亡에瀕ᄒᆞᆫ者ㅣ十에七八이오、또此危亡에瀕ᄒᆞᆫ者ㅣ我와隔遠ᄒᆞᆫ國이、아니라、곳雞犬이相聞ᄒᆞᄂᆞᆫ隣國이러니今에此數國이、또安在ᄒᆞ뇨不過數十年來로其社ᄂᆞᆫ屋이、되고宮은瀦를成ᄒᆞ야麥秀ᄒᆞ기漸漸ᄒᆞ고禾黍가油油ᄒᆞ도다近日에越南亡命客巢南子가我의게來ᄒᆞ야其國事狀을言ᄒᆞ미我로ᄒᆞ야곰涕泗가縱橫ᄒᆞᆷ을不覺ᄒᆞ겟도다然이나我가自哀치、아니ᄒᆞ고他人을哀ᄒᆞᄂᆞᆫ지他人이將且我를哀ᄒᆞᆯ지라惟願我國人은此編을讀ᄒᆞ고自哀心을變ᄒᆞ야自懼心을生ᄒᆞ면國家가其或庶幾ᄒᆞᆯ진저

乙巳九月日飮氷室主人梁啓超識

越南亡國史 附滅國新論

양계초가 편한 『월남망국사』는 현채에 의해 국한문체로 번역되었다. 현채는 문자 차원의 번역에서 더 나아가, 대한제국의 맥락에서 『월남망국사』를 번역하였다.

현채의 역본은 광지서국판 『월남망국사』에 수록된 중화주의적 입장을 배제하면서 탄생한 텍스트다. 대한제국은 청일전쟁을 계기로 정치적으로

19 양계초 편저, 『역주 월남망국사』, 114쪽.

중국으로부터 독립된 상태였다. 뿐만 아니라 사회문화적으로도 부국강병의 걸림돌로 인식된 중국에서 기원한 학문, 사상, 문체 등에 '구'(舊)라는 명칭을 부여했다. 또한 국제질서를 활용한 독립의 모색에서도 중국은 염두에 두지 않았다. 따라서 중화주의 관점이 스며 있는 광지서국판 『월남망국사』는 '망국사'라는 주제에도 불구하고 당대 대한제국과는 어울리지 않는 텍스트였다. 현채는 이러한 『월남망국사』를 대한제국의 『월남망국사』로 새롭게 변형한 것이다.

대한제국의 『월남망국사』로서 현채의 역본은 원전에 부록으로 수록된 「월남소지」 번역 부분에서 분명하게 나타난다. 「월남소지」의 대부분의 내용은 번역되지 않았다. 「월남소지」의 5개 항목 가운데 세 번째 항목인 '월남과 프랑스와의 교섭'(與法國之交涉) 부분만 소남자가 술(述)한 「월남망국사」 뒤에 수록되어 있으나 역사적 사실의 측면만 번역했을 뿐, 이에 대한 중국인의 입장 등은 전혀 언급되지 않았다. 뿐만 아니라, 소남자가 술(述)하고 있는 「월남망국사」에서도 중화주의적 입장을 드러내는 다음과 같은 구절은 생략되어 있다.

(가) 광지서국판, 『월남망국사』

갑신 건복 원년에 프랑스 군대가 순경 항구에 들어와 청나라에서 월남의 왕을 봉하던 옥새를 겁탈하여 청나라에 돌려보내니 **청나라가 본질적으로 월남을 프랑스에 양보해준 때는 바로 이때이다. 아아, 슬프다. 천년 이래 봉을 받은 영광이 하루 아침에 옥새를 돌리는 모욕을 덮을 수 없다. 마른 버드나무에 핀 꽃이 어찌 오래 가겠는가? 늙은 아녀자가 젊은 사내를 지아비로 삼는 것 역시 추한 일이로다. 이는 곧 월남을 이르는 말이로다(甲申建福元年法兵入順京海口劫越南以淸國封王璽章繳還淸朝淸國以越南讓法寔在是年嗟乎數千百年受封之榮不足以償一朝還璽之辱也枯楊生花何可久也老婦得其士夫亦可醜也越南之謂哉).**[20]

(나) 현채 번역본 『월남망국사』

지금으로부터 이십삼 년 전(광무 십 년)에 프랑스군이 순경 항구로 들어와 월남의 왕을 봉하던 청국의 옥새를 빼앗아 청국으로 돌려보내고[21]

이 부분을 진술하고 있는 주체는 월남 망명객 소남자(巢男子)다. 소남자가 청나라와 월남의 주종관계를 서술하는 부분에서는 '봉을 받은 영광'(受封之榮)이라고 표현한 반면, 프랑스의 식민지가 된 부분에 대해서는 '모욕'(辱), '추'(醜)라고 표현했다. 청나라에 대한 사대주의 사상이 노골화된 이러한 부분((가)에서 굵은 글씨로 표시한 부분)에 대해 현채는 아예 번역하지 않았다.

이러한 배제를 염두에 둘 때, 현채가 양계초의 「조선망국사략」에서 일부 내용을 부분 발췌하여 『월남망국사』의 '今에戰事가未畢ᄒᆞ얏스나早히第二越南의現象이見ᄒᆞ야' 이후에 '向者日本이處心積慮ᄒᆞ야朝鮮을謀ᄒᆞᆫ지數十年이라~ 此所謂朝鮮滅亡史라'는 부분을 새롭게 삽입한 의도는 명확해진다.[22] 일본의 조선의 현실에 대한 간섭과 조선인들의 저항

20 양계초 편저, 앞의 책, 38쪽. 안명철·송엽휘 역주본에는 원문의 '枯楊生花何可久也老婦得其士夫亦可醜也越南之謂哉' 부분이 '월남이 참 추해 보인다'로 의역되어 있다. 이 부분의 직역은 '마른 버드나무에 핀 꽃이 어찌 오래 가겠는가? 늙은 아녀자가 젊은 사내를 지아비로 삼는 것 역시 추한 일이로다. 이는 곧 월남을 이르는 말이로다'이다. 본문에서는 의역이 아닌 직역을 사용하도록 하겠다. 왜냐하면 직역이 중국의 중화주의적 입장을 보다 분명하게 드러내기 때문이다.

21 원문은 "距今二十三年前(光武十年丙午計下仿此)에法軍이順京海口로入ᄒᆞ야越南에셔淸國의封王ᄒᆞᆫ璽章을 劫ᄒᆞ야淸國에還ᄒᆞ고"이다. 현채 역, 『越南亡國史』, 한국학문헌연구소 편, 『역사·전기소설』 5권, 아세아문화사, 1979, 24쪽. 『역사·전기소설』 5권에 영인되어 있는 현채 역, 『월남망국사』는 1907년 5월에 출판된 재판본이다.

22 우림걸(「양계초 역사·전기소설의 한국적 수용」, 중한인문과학연구회, 『동아시아 언어문화연구』, 국학자료원, 2001, 70~71쪽)과 정환국(앞의 글, 166~168쪽)이 이 부분에 대해

그리고 외교권을 위시한 재정권, 군정권의 약탈 등과 같은 당대 대한제국의 현실을 노골적으로 형상화하고 있는 삽입 부분은 『월남망국사』가 망국의 현실이 비단 월남으로만 제한되지 않는다는 사실을 보여주고자 했던 것이다.

중국의 『월남망국사』에서 대한제국의 『월남망국사』로의 번역 과정은 현채가 번역한 『월남망국사』의 전체 구성에서도 확연히 드러난다. 광지서국판 『월남망국사』는 양계초와 소남자의 만남을 기록한 「월남망국사 전록」, 소남자가 술(述)한 「월남망국사」, 신민총보사사원이 편한 「부월남소지」로 구성된 반면, 현채의 번역본은 월남망명객소남자가 술(述)하고 지나 양계초가 찬(纂)하고 현채가 번역한 「월남망국사」, 양계초가 찬(纂)한 「부멸국신법론」, 「부일본의조선」, 「부월남제독유영복격문」으로 구성되어 있다. 「부월남제독유영복격문」을 제외하고 새롭게 추가된 「부멸국신법론」과 「부일본의조선」은 모두 당대 대한제국의 상황과 긴밀한 관련성을 내포하는 글들이다.

물론, 대한제국의 『월남망국사』로서 현채 역본의 불철저성은 존재한다. 월남의 독립을 위해 항쟁했던 중국인 유영복의 격문을 초판에 그대로 수록한 점, 그 밖의 번역 부분에서 중국의 중화주의를 암시하는 듯한 부분들에 대한 미삭제 등은 현채의 『월남망국사』가 여전히 대한제국의 월남망국사로서 부족한 점이 있다는 것을 암시한다. 그러나 이러한 불철저성에도 불구하고 전체적인 구성, 「월남소지」의 과감한 삭제, 축소 번역 등은 대한제국의 『월남망국사』로 번역하려고 한 점이 돋보이는 지점이다. 주시경이 『월남망국사』를 국문체로 재번역할 때, 원전을 광지서국판 『월남망국사』가 아닌 현채의 『월남망국사』를 선택한 점은 이를

상세히 다루고 있다.

잘 보여준다.

3. 상상된 국문의 실체화

번역은 외국어를 자국어로 전환하는 과정이다. 그러나 개화기 번역 과정은 이러한 번역의 단순한 명제를 적용하는 데에 어려움이 따른다. 특히, 원전이 한문으로 된 경우에는 언어를 통한 내외의 경계를 명확히 가르기가 힘들었다. 한문을 외국어로 인식하기 시작한 것이 오래지 않았으며, 국문의 지위를 놓고 국한문체와 국문체가 경합을 벌이고 있었기 때문이다. 『월남망국사』는 바로 이 세 가지 언어의 층위에 걸쳐 있었다.

중국으로부터의 한문 유입을 국가가 쇠약해진 주된 원인으로 인식했던 신채호는 「국한문의 경중」에서 "오늘날에도 오히려 국문을 한문보다 경ᄒᆞ다ᄒᆞᄂᆞᆫ 쟈ㅣ 잇스니 이 사ᄅᆞᆷ도 ᄯᅩᄒᆞᆫ 한국 인민이라 칭ᄒᆞᆯ가"[23]라고 비판하였다. '국문'을 '한국 인민'을 상상하게 하는 하나의 매개로 인식했던 신채호의 이러한 발언은 당시 대동학회를 중심으로 전개되었던 한문 폐지 반대론자들을 염두에 두고 했던 말이다. 대동학회 회원이었던 여규형은 『대동학회월보』 창간호에서 "우리 한국은 단군과 기자가 건국한 이래로 4천 년 동안 한문을 함께 사용해왔으므로 한문은 우리 한국의 문자이지 외부로부터 물려받아 취한 것이 아니다"[24]라고 주장했다. 이러한 한문 폐지 반대론자들에게 한문을 국문으로 번역한다는 사실은 낯선

23 「국한문의 경중」, 『대한매일신보』(국문판), 1908. 3. 22.

24 원문은 "我韓自檀箕開國幷用漢文行之四千年漢文卽我韓本有之文非自外襲而取之也"이다. 여규형, 「논한문국문」, 『대동학회월보』 1호, 1908년 2월.

것일 수밖에 없었다.

그러나 청일전쟁은 조선이 중화주의에서 벗어나 근대적 국가로 탈바꿈하는 계기가 되었으며 또한 국문과 한문을 변별하게 만들었다. 신기선에서부터 시작하여 대동학회에 이르기까지 지속적인 한문 폐지 반대론이 존재[25]했지만, 새롭게 정립된 국가의 위상은 국문으로 표상되는 근대성을 요구하고 있었다. 1894년 11월 21일에 제정된 공문식(公文式) 14조에 의하면 "법률·칙령은 모두 국문(國文)을 기본으로 하고 한문(漢文)으로 번역을 붙이거나 혹은 국한문(國漢文)을 혼용한다"[26]라고 되어 있다. 이는 비록 위에서 아래로의 추상적인 개혁에 불과한 것이지만, 기존의 한문과 국문의 지위를 뒤바꾼 혁신이었다. 과거 국문이 한문을 보조하는 수단에 불과했다면, 이때부터 한문은 국문을 부역(附譯)하는 위치에 놓이게 된다. 그러나 이 공문식 14조는 또 하나의 논란거리를 제공하고 있었다. '혹혼용국한문'(或混用國漢文)이라는 표기는 국문의 정체를 국문체 혹은 국한문체로 각각 인식할 수 있는 가능성을 제공했기 때문이다.

'국'(國)에 대한 선험적 인식이 이처럼 빠르게 언어를 통해 구체화할 수 있었던 이유는 한문 전통과는 별개로 국문 전통이 존재하고 있었기 때문이다. 서민과 여류가 주로 사용했던 언문(諺文) 그리고 「용비어천가」, 「월인천강지곡」 등에 사용되었던 언한문(諺漢文)은 '국문' 개념에 의해 각각 국문체와 국한문체로 새롭게 명명되었다. 그러나 '언'(諺)에서 '국'(國)으로의 전환은 단순히 표기의 변화만을 의미하지 않는다. '국문'의 지위를 획득하기 위해, 국문체와 국한문체가 벌인 주도권 경쟁은 개화기

25 국문과 한문의 논쟁은 개화기 전체에 걸쳐 지속적으로 이루어진다. 이에 대한 자세한 논의는 강명관, 「한문폐지론과 애국계몽기의 국·한문논쟁」을 참고할 것.

26 원문은 "法律勅令總以國文爲本漢文附譯或混用國漢文"이다. 『고종실록』, 31년(1894년) 11월 21일.

내내 지속되었기 때문이다. 1886년에 발행된 『한성주보』가 한문체, 국한문체, 국문체 모두를 선보였던 것과는 달리, 19세기에 창간된 『독립신문』과 『제국신문』은 순국문으로 근대적 지식을 형성했다. 그러나 20세기에 들어서면서, 『황성신문』과 『대한매일신보』가 국한문체를 선택(『대한매일신보』는 1907년 5월부터 국문판을 따로 발간했다)함에 따라 애국계몽기의 주된 문체는 국한문체와 국문체의 공존으로 드러나게 되었다.[27]

이러한 문체적 혼란 속에서 현채는 『월남망국사』를 국한문체로 번역하였다. 중국어와 일본어를 아우르는 어학 실력을 토대로, 활발한 저술 활동을 전개했던 현채가 주로 사용했던 문체는 국한문체였다. 그러나 그가 근대적 '국문' 개념을 토대로 '국한문체'를 의식적으로 사용했는지의 여부는 재고의 여지가 있다. 『월남망국사』는 본문의 대다수 내용들이 국한문체로 쓰였지만, '안종화의 서문'과 '부월남제독유영복격문'[28]은 완전한 한문체로 서술되어 있다. 이는 현채가 저술한 다른 저서에서도 빈번하게 나타나는 현상이다. 『동국역사』(1899)를 비롯해서, 『동국사략』(1905), 『유년필독』(1907), 『유년필독석의』(1907) 등도 서문 및 범례는 모두 한문체로 서술되어 있다. 만약 그가 근대적 '국문' 개념을 토대로 국한문체를 의식적으로 사용했다면, 이렇게 많은 부분에서 한문체의 문체를 노출시키지는 않았을 것이다.

그렇다면 현채가 국한문체를 사용하게 된 이유는 무엇인가? 현채는 조선후기 역관으로 유명한 천녕 현씨 집안에서 태어나 1873년에 역과 한학에 합격한 인물이다.[29] 특히 천녕 현씨 집안은 17세기부터 19세기까지

27 개화기 이전의 언문과 언한문 전통 그리고 개화기의 국문체와 국한문체의 대립 상황은 이기문의 『개화기의 국문연구』, 일조각, 1970/1981, 13~24쪽을 참고할 것.

28 1907년 5월에 발행된 재판에서는 이 부분이 삭제되어 있다.

29 김양수, 「조선전환기의 중인집안활동」, 『동방학지』 102호, 1998, 198쪽.

3세기에 걸쳐 역과 합격자만 무려 105명을 배출한 역관 집안이었다.[30] 역관 집안에서 태어나 자연스럽게 역관에 입문한 현채의 삶을 염두에 둘 때, 언한문체 혹은 언문체는 그에게 결코 낯선 것이 아니었다. 조선후기 대표적인 중국어 학습서인 『노걸대언해』, 『박통사신석언해』 등은 모두 언문체 혹은 언한문체를 사용하고 있었기 때문이다. 이 학습서들의 구성 방식은 한자의 음을 언문으로 표기한 한문 구절을 인용하고 이후에 언문체 혹은 언한문체로 해석하는 형식이다. 따라서 이 학습서들은 한문체(원문), 언문체 그리고 언한문체(음 표기와 해석) 등 세 가지 문체로 되어 있다. 특히, 해석의 부분은 개화기 번역의 과정과 동일하다. 그러므로 현채의 국한문체 번역은 진정한 '국문' 의식에서 비롯되었다기보다는 역관을 비롯한 중인 계층의 문자 생활과 보다 밀접한 관련성을 내포한다.

그리고 조선후기 막대한 부를 축척할 수 있었던 역관 계층에게 근대 전환기는 중인 계층에서 일탈하여 하나의 지배 계층으로 성장할 수 있는 기회였다. 외국어 능력을 토대로 전개된 그들의 활동은 갑오개혁을 통해 중앙행정기구의 실무 관료로 진출했으며, 개화사상을 앞세운 근대화 운동에 적극적으로 관여했다.[31] 이 시기에 역관 계층이 스스로를 표상하기 위해 선택한 문체는 국한문체였다. 한문체와 언한문체·언문체의 대립이 근대에 이르러 국한문체와 국문체의 대립으로 전환된[32] 시점에서, 역관 계층은 국한문체를 통해 국문체를 사용하는 서민층과의 구별을 시도한 것이다. 이는 중인 계층에서 일탈하여 새로운 지배 계층으로 자리매김하고자 했던 역관 계층의 신분 상승 욕망을 보여준다. 현채

30 김양수, 앞의 글, 186~187쪽.

31 김영경, 「한말 서울지역 중인층의 근대화운동과 현실인식」, 『학림』 20집, 연세대학교 사학연구회, 1999, 24~26쪽 참고.

32 이기문, 앞의 책, 17쪽 참고.

또한 국한문체로 서술된 많은 저서들을 통해, 개화와 저항의 주체를 식자층으로 한정하는 동시에 개화기에 이르러 새롭게 부상한 사회 지도층으로서의 역관 계층의 면모를 드러낸 것이다.

1909년에 일제에 의해 압수된 출판물에서 현채의 저서가 차지한 비율은 무려 79%(전체 5,767책 가운데 4,564책)였다.[33] 이는 문자 활동에 의한 일제에 대한 현채의 저항이 매우 컸음을 보여준다. 그러나 적어도 문체적 측면에서만은 대대로 계승되었던 역관 집안의 분위기를 보여주는 동시에 중인 신분에 의해 제약되었던 신분 상승에 대한 욕망을 표출시킨 것이라고 할 수 있다. 그러므로 진정한 '국문' 의식에서 기원한 문체의 사용은 주시경에 이르러 가능하게 된다.[34]

배재학당의 학생이자 독립신문사 회계 겸 교보원이었던 주시경은 이미 19세기 후반부터 국문체 사용의 중요성에 대해 인식하고 있었다. 그러나 이때의 인식은 1907년에 발표된 「국어와 국문의 필요」와 비교할 때, 철저하게 국문체의 실용성에 근거한 것이었다. "글ᄌᆞ라 ᄒᆞᄂᆞᆫ 거슨 단지 말과 일을 표ᄒᆞᄌᆞᄂᆞᆫ 거시라"[35]라는 주시경의 인식은 문자를 철저하게 수단적 가치로 생각하는 것이었고 따라서 효율성이 큰 국문을 한문보다 우수하다고 논의하였다. 그래서 주시경은 글자 자체를 배우는 데에만 몇 십 년이 걸리는 한문 배우기를 중단하고 국문을 습득하여 "의회원 공부나 ᄂᆡ무 공부나 외무 공부나 ᄌᆡ뎡 공부나 법률 공부나 수륙군 공부나

---

33 전세영, 「현채의 교육 및 애국계몽활동에 대한 정치사상적 평가」, 『한국정치학회보』 33집 2호, 1999, 76쪽.

34 정환국 또한 주시경의 『월남망국사』 번역 과정을 향후 본격적인 국문운동의 선상에서 이해할 필요가 있다고 논의했다(정환국, 앞의 글, 176~177쪽 참고).

35 『독립신문』, 1897. 4. 22. 주시경은 1897년에 4회(4월 22일, 4월 24일, 9월 25일, 9월 28일)에 걸쳐 국문에 관한 논의(국문론)를 투고했다.

항해 공부나 위싱 상 경졔학 공부나 쟝식 공부나 쟝ᄉ 공부나 농ᄉ 공부나 쏘 기외의 각식 ᄉ업상 공부들"[36]과 같은 실용적인 지식 습득에 힘씀으로써 부국강병을 성취할 수 있다고 주장했다.

그러나 주시경의 주장과는 달리, 국문체의 실용화는 쉽지 않았다. 주시경이 '이것이'와 '이거시'의 예[37]를 통해 설명하고 있는 것처럼, 당시 국문체는 훈민정음 창제 이후로 오랜 방치 상태에 놓여 있어서 "백 사람이면 백 사람이 다 다르게 쓰는 사태"[38]에 직면해 있었던 것이다. 뿐만 아니라 한문체에 익숙했던 당대의 식자층은 여전히 국문체를 외면하고 있었다. 19세기 말에 여러 신문 매체들을 통해 보편화되었던 국문체를 버리고 국한문체를 사용했던 『황성신문』의 선택[39]은 국문체를 외면하는 당대의 식자층을 새로운 독자층으로 형성하기 위한 일련의 전략에서 비롯된 것이었다.[40]

---

36 『독립신문』, 1897. 4. 24.

37 『독립신문』, 1897. 9. 28.

38 이기문, 앞의 책, 25쪽.

39 『황성신문』은 국한문체의 정당성을 위해 1894년 11월 21일에 제정된 공문식(公文式) 14조의 내용을 왜곡한다. 14조의 내용은 "법률 · 칙령은 모두 국문(國文)을 기본으로 하고 한문(漢文)으로 번역을 붙이거나 혹은 국한문(國漢文)을 혼용한다"(法律勅令總以國文爲本漢文附譯或混用國漢文)이지만 『황성신문』 창간호(1899. 9. 5) 사설에는 "대황제폐하께서 갑오년 중흥의 기회를 맞이하샤 자주독립하시는 기초를 확정하시고 새로운 개혁을 추진하는 정령을 반포하실 때, 특히, 기자 이후로 전해온 문자와 선왕이 창제하신 문자를 함께 사용하여 공사 문첩을 국한문으로 혼용하라는 칙교를 내리시니"(大皇帝陛下씌셔甲午中興之會를適際ᄒ샤自主獨立ᄒ시는基礎를確定ᄒ시고一新更張ᄒ시는政令을頒布ᄒ실식特이箕聖의遺傳ᄒ신文字와先王의創造ᄒ신文字로並行코져ᄒ샤公私文牒을國漢文으로混用ᄒ라신勅敎를下ᄒ시니"라고 되어 있다. 14조에서는 '국문을 기본으로 하고 혹(或) 국한문을 허용한다'는 내용이지만, 『황성신문』의 사설에는 '국문을 기본으로 한다'라는 내용은 삭제되어 있다. 14조에서는 주변적이었던 국한문체가 『황성신문』에서는 중심적인 것으로 변모한 것이다. 이러한 내용은 황호덕 또한 지적하고 있는 사항이다. 황호덕, 앞의 책, 329쪽 참고.

이러한 상황에서 주시경은 국문체를 실용화하기 위한 일련의 활동들을 전개해나갔다. 1896년부터 1906년까지 지속된 국문동식회의 활동을 비롯하여, 국어연구회 회원, 학부 국문연구소 위원 등을 역임하였고 한때 십여 학교를 동시에 출강하면서 국어의 음학(音學), 자분학(字分學), 격분학(格分學) 등에 대해 강의하였다. 뿐만 아니라, 이 시기 『국어문법』을 비롯하여 『월남망국사』, 『국문초학』 등을 편찬하여 국문체 보급에 힘썼다.[41] 특히, 1907년에 발표된 「국어와 국문의 필요」에서는 "ᄒᆞᆫ 나라에 특별ᄒᆞᆫ 말과 글이 잇ᄂᆞᆫ 거슨 곳 그 나라가 이 셰상에 텬연으로 ᄒᆞᆫ목 ᄌᆞ쥬국 되ᄂᆞᆫ 표요 그 말과 그 글을 쓰ᄂᆞᆫ 인민은 곳 그 나라에 쇽ᄒᆞ여 ᄒᆞᆫ 단톄되ᄂᆞᆫ 표라"[42]라고 논의하면서 근대적 국가 의식에서 비롯된 '국문'을 강조하기에 이른다. 이는 같은 연도에 번역된 『월남망국사』를 통해 구체화되었다. 근대적 국가 개념에서 비롯된 '국문' 의식은 '망국'이라는 은유와 접속함으로써 '국문체'의 정리와 보급을 더 이상 미룰 수 없는 과제로 부각시켰던 것이다.

주시경은 「국어와 국문의 필요」에서 국문을 보급하기 위해 '자전', '문법', '독본'의 필요성을 강조하였다.[43] '자전'과 '문법'이 국문체에 대한 메타적 논의라면, '독본'은 그 메타적 논의들을 실험하고 상용화하는 장(場)이다. 국문체 『월남망국사』는 주시경의 국문에 대한 인식과 연구 과정을 실천적으로 집약한 일종의 독본으로서의 성격이 강하다.

---

40 황호덕, 앞의 책, 328쪽.

41 김민수, 「주시경의 업적」, 『국어학』 1집, 1962, 37~39쪽 참고.

42 주시경, 「국어와 국문의 필요」, 이기문 편, 『주시경전집』 1권, 아세아문화사, 1976, 22쪽.

43 주시경, 앞의 글, 23쪽.

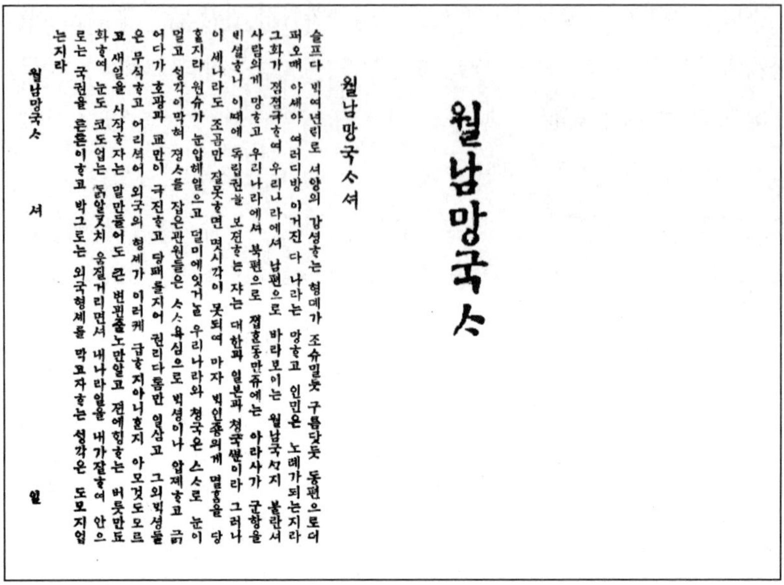

월남망국ᄉᆞ

월남망국ᄉᆞ셔

슬프다 ᄇᆡᆨ여년리로 셔양의 강셩ᄒᆞᆫ 형셰가 조슈밀듯 구름닷듯 동편으로 더
펴오매 아새아 여러디방 이거진 다 나라는 망ᄒᆞ고 인민은 노례가되는지라
그화가 점점극ᄒᆞ여 우리나라에서 남편으로 바라보이는 월남국ᄭᆞ지 불란셔
사람의게 망ᄒᆞ고 우리나라에셔 북편으로 졉ᄒᆞᆫ동만쥬에는 아라사가 군항을
비셜ᄒᆞ니 이때에 독립권을 보젼ᄒᆞ는 쟈는 대한과 일본과 쳥국ᄲᅮᆫ이라 그러나
이 세나라도 조곰만 잘못ᄒᆞ면 몃시각이 못되여 마자 ᄇᆡᆨ인죵의게 멸ᄒᆞᆷ을 당
ᄒᆞᆯ지라 원슈가 눈압헤잇으되 덜미에잇거놀 우리나라와 쳥국은 ᄉᆞᄉᆞ로 눈이
멀고 싱각이막혀 졍ᄉᆞ를 잡은관원들은 ᄉᆞᄉᆞ욕심으로 ᄇᆡᆨ셩이나 압졔ᄒᆞ고 긁
어다가 호광과 교만이 극진ᄒᆞ고 당패를지어 권리다톰만 일삼고 그외ᄇᆡᆨ셩들
은 무식ᄒᆞ고 어리셕어 외국의 형세가 이러케 급ᄒᆞᆫ지아니ᄒᆞᆫ지 아모것도모르
고 새일을 시작ᄒᆞᄌᆞ는 말만들어도 큰 변괴줄노만알고 젼에힝ᄒᆞ는 버릇만됴
화ᄒᆞ여 눈도 코도업는 독갑잇치 옹질거리면서 내나라일을 내가잘ᄒᆞ여 안으
로는 국권을 흔흔이ᄒᆞ고 박그로는 외국형셰를 막고자ᄒᆞ는 싱각은 도모지업
는지라

월남망국ᄉᆞ 셔 일

현채에 의해 국한문체로 번역되었던 『월남망국사』는 주시경에 의해 국문체로 다시 번역되었다. 국문을 보급하기 위한 독본 성격이 강했던, 주시경의 『월남망국사』는 문체의 변화를 통해 더 많은 대중성을 확보할 수 있었다.

『월남망국사』의 국문체 표기에서 가장 두드러진 특징은 형태주의에 근거한 정서법이다. 주시경은 국문연구소 활동에서 "어떤 국어를 어떤 국문으로 기록하든지간에, 그 말의 본음을 쓰고 자연스러운 음의 이치대로 읽는 것이 고금천하에 통하는 상식이로다"[44]라고 주장하였다. 즉, '본음'과 '임시의 음'을 구별했던 주시경은 음운의 환경에서 변화하는 '임시의 음'이 아니라 원래의 '본음'에 근거한 표기를 강조했다. 따라서

44 원문을 밝히면 다음과 같다. "何國語를何國文으로記ᄒᆞ든지其語의本音으로書ᄒᆞ고自然ᄒᆞᆫ音理대로讀ᄒᆞᆷ이古今天下에通同ᄒᆞᆫ常例라." 이기문의 『개화기의 국문연구』에는 저자가 발굴한 『국문연구소 보고서』가 함께 영인되어 있다. 이기문, 『개화기의 국문연구』, 일조각, 1970/1981, 286쪽.

'버스면, 버드면, 차즈면, 조츠면, 마트면, 싸흐면'과 같은 발음이 아닌 '벗으면, 벋으면, 찾으면, 좇으면, 맡으면, 쌓으면'과 같은 본래의 음(벗-, 벋-, 찾-, 좇-, 맡-, 쌓-)에 기초한 정서법을 사용해야 한다고 논의했다.[45] '쏘다져'(쏟아져), '붓흔'(붙은), '놉흐신'(높으신) 등과 같은 일부 표기에서 『월남망국사』는 음소적 정서법을 노출시키고 있지만, 대체로 형태주의적 정서법에 근거하여 표기되고 있다. 평소 주시경의 국문 연구 활동을 염두에 둘 때, 이는 결코 우연적 행위 혹은 당시 매체의 영향 등으로 간과할 수 없는 부분이다.

국한문체는 그동안 국문체와 더불어 근대적 '국문' 의식을 표현하는 문체로 인식되어왔다. 대표적인 저항 매체였던 『황성신문』, 『대한매일신보』 등을 비롯하여 이 시기 대부분의 교과서가 국한문체를 사용했기 때문이다. 국한문체는 한문체로 대표되는 전근대성과 결별한다는 상징적인 의미를 지닌다. 그러나 근대적 '국문' 의식이 평등화된 국민 개념을 토대로 형성된 것이라고 할 때, 여전히 일부 식자층만 해독이 가능한 국한문체의 차별성은 문제시되어야 한다. 이러한 측면에서 국문체를 바탕으로 한 주시경의 '국문' 시도는 모든 국민들이 읽고 쓸 수 있다는 점에서 근대적 '국문' 의식의 진정성을 획득한다. 특히, 「국어와 국문의 필요」에서 주시경이 "그런즉 내 글이 다른 나라만 못ᄒᆞ다 흘지라도 내 나라 글을 슝상ᄒᆞ고 잘 곳쳐 죠흔 글이 되게ᄒᆞᆯ 거시라"[46]라고 주장한 것은 아직 확립되지 않은 국문체의 의미적 혼란을 핑계로 일부 식자층이 한문체에 가까운 국한문체를 사용하는 것에 대한 반성 촉구와 더불어 '국문'으로서의 국한문체가 지닌 허구성에 대해 비판하고 있는 것이라고

45 『국문연구소 보고서』, 293쪽.

46 주시경, 앞의 글, 22쪽.

할 수 있다.

4. 자본의 욕망, 그 계몽적 논리의 한계

번역물은 문명의 전파라는 시대적 역할 못지않게 출판사의 판매 목록으로도 매력적인 대상이었다. 이전의 지식 체계와 차별되는 새로운 지식군(群)에 대한 이 시기의 열망은 번역에 대한 수요를 증가시켰던 것이다. 번역어의 통일성 결여에 대해 "오호ㅣ라 이거슨 문명ᄉᆞ업이라 가탁ᄒᆞ야 리나 취ᄒᆞᆯ 뜻으로 사ᄅᆞᆷ을 속이ᄂᆞᆫ 거시 아닌가"[47]라고 한 말은 당시 문명과 이익이라는 양면성을 노정했던 번역에 대한 비판이었다.

그러나 번역을 통한 출판의 이익은 그렇게 녹록한 것만은 아니었다. 당시 침체된 출판 산업에 대해 『대한매일신보』의 한 「논설」은 다음과 같이 분석하고 있었다. "일인의 서칙젼을 보건ᄃᆡ 한인ᄒᆞᆫ테 풀니ᄂᆞᆫ 수효가 날노 증가ᄒᆞ고 또 한인이 동경 대판등지에셔 직접으로 사다보ᄂᆞᆫ 쟈도 점점 만ᄒᆞᆫ지라"[48] 당시 한국에 진출했던 일본의 출판 산업은 선진적인 인쇄 기술과 거대한 자본을 토대로 하고 있었다. 대표적인 일인 회사였던 일한도서인쇄주식회사는 자본금 50만 원에 한국인 종업원 145명과 일본인 27명으로 구성된 인쇄 회사였다. 뿐만 아니라, 1900년경부터 설립되기 시작했던 일본인 인쇄소는 1907년에 이르러 10여 개로 증가했으며 그것도 전국 곳곳에 위치하고 있었다.[49]

---

47 「서적계를 한번 평론함」, 『대한매일신보』(국문판), 1909. 7. 9.

48 「일본서칙의 세력」, 『대한매일신보』(국문판), 1909. 9. 30.

49 김봉희, 『한국개화기 서적 문화 연구』, 이화여자대학교출판소, 1999, 50~54쪽에서 인용.

한편, 식자층을 중심으로 한 한문문화권의 지속 또한 출판 산업을 어렵게 만드는 이유 가운데 하나였다. 개별적인 독립국가의 탄생이라는 정치적 흐름과는 무관하게 한문 문화권은 유지되고 있었다. 그러므로 식자층의 도서 구입은 근대적인 국가의 경계에 얽매일 필요가 없었던 것이다. 『월남망국사』가 현채에 의해 번역되기 이전부터, 조선의 식자층에게 읽힐 수 있었던 이유 또한 여기에 있었다. 이러한 상황에서 열악한 기술과 자본을 토대로 한 한국인 출판사들의 생존이란 결코 쉬운 일이 아니었다.

전경화된 계몽의 논리 속에는 항상 자본의 욕망이 자리 잡고 있다. 문명개화를 통해 부국강병을 꿈꿨던 개화기의 현실에서도 자본의 욕망은 부정할 수 없는 현실이었다. "계몽에서 핵심적인 과정은 사업 즉, 장사에 있다"라고 직설적으로 계몽의 논리를 비판했던 황호덕은 『황성신문』이 정부에서 반포한 문체 규정(1894년 11월 21일 반포된 '공문식 14조')을 의도적으로 오독(誤讀)하면서까지 국한문체를 선택했던 이유 또한 국문체 신문 체제에서 소외되었던 식자층을 새로운 독자군으로 형성함으로써 자본의 욕망을 충족시키기 위한 것이라고 논의했다.[50] 현채 또한 무역을 통해 막대한 부를 축적했던 역관 집안 출신이었다. 김영경의 연구에 따르면, 현채 역시 다른 역관들처럼 사무역에 종사했으며, 이때 축적한 경제력은 이후 '현씨가'라는 독자적인 판매소를 두고 발행자로서 서적을 출판할 수 있는 밑거름이 되었다.[51] 현채 그리고 그의 아들 현공렴에 이르기까지 지속된 출판 산업은 총 318종의 서적을 저·역술 및 발행하기에 이른다.[52]

50 황호덕, 앞의 글, 326~331쪽.

51 김영경, 앞의 글, 22쪽, 31쪽 참고.

52 정은경, 「개화기 현채가의 저·역술 및 발행서에 관한 연구」, 『서지학연구』 14권, 1997, 331쪽 참고.

발행한 서적의 양과 종류 그리고 판매소까지 겸했다는 사실은 순수하게 계몽의 논리만을 염두에 두었다고 하기에는 무리가 있다.

『월남망국사』의 번역 또한 자본의 욕망으로부터 결코 자유로울 수 없었다. 양계초라는 편저자의 아우라, 월남이라는 친숙한 국가의 망국사, 시시각각으로 현실화되고 있는 망국의 이미지 등은 『월남망국사』의 흥행을 위한 좋은 조건들이었다. 여기에 신문 매체를 통한 끊임없는 광고 효과는 『월남망국사』의 흥행을 이끌어내는 데에 결정적 역할을 했다. 번역본 『월남망국사』는 주로 『황성신문』을 통해서 광고가 이루어졌다. 1906년 11월에 현채의 역본이 출판된 이후, 『황성신문』은 1907년 1월 5일부터 2월 4일까지 약 한 달간 24회에 걸쳐 다음과 같은 문안과 함께 일단 광고를 게재하였다.[53]

> "오호 슬프구나. 고금천하에 가장 두렵고 가장 슬픈 것은 망국의 민족보다 더한 것이 없다. 우리 아시아의 이웃 국가였던 월남은 마침내 오늘에 이르러 프랑스의 식민지가 되었도다. 이는 국민된 자들이 타산지석으로 삼아야 하는 일이도다. 이 책은 월남이 망하게 된 과정과 근세의 정세에 대해 상세히 기록하고 있는 바 당시 프랑스인의 압제의 참상을 명료하고 알기 쉽게 기록하였으니, 나라를 사랑하는 뜻있는 선비는 반드시 읽어보아야 할 것이다."[54]

이 광고는 망국의 참상을 계몽하고자 하는 논리를 전경화하고 있다.

---

53 번역판 『월남망국사』에 대한 『황성신문』의 광고는 단독 광고 이후, 출판사의 서책 광고를 통해 다른 책들과 함께 판매목록으로 1908년 7월 7일까지 지속되었다.

54 원문은 다음과 같다. "嗚呼古今天下에最可畏可哀者ㅣ莫過於亡國之民族而盖越南은我亞洲之鄰國으로竟爲今日法人之版圖ᄒᆞ엿스니此爲國民者之所鑑戒而此書에詳載越南亡國之事蹟及近世情形ᄒᆞ야當時法人의蹂躪之慘狀을瞭然知得케ᄒᆞ엿ᄉᆞ오니惟願愛國志士ᄂᆞᆫ必試一讀焉" 『황성신문』, 1907. 1. 5.

하지만 이러한 계몽의 논리는 광고의 끝부분에 가서 "반드시 읽어보아야 한다"(必試一讀焉)라는 판매의 욕망과 접속되어 있다. 특히, "나라를 사랑하는 뜻있는 선비"(愛國志士)라는 조건은 『월남망국사』의 독서 유무를 애국과 비애국의 경계와 연결시킴으로써, 『월남망국사』의 독서 자체를 강제하고 있다. 이상과 같은 조건들에 의해 『월남망국사』의 역본들은 상당한 상업적 이익을 이끌어냈을 것으로 추측된다. 재판까지 발행되었던 현채의 번역본, 삼판까지 발행되었던 주시경의 번역본 그리고 현채본, 주시경본, 이상익본이 동일한 시대에 함께 공존하면서 판매 경쟁을 벌였다는 사실 등이 이를 짐작케 한다.

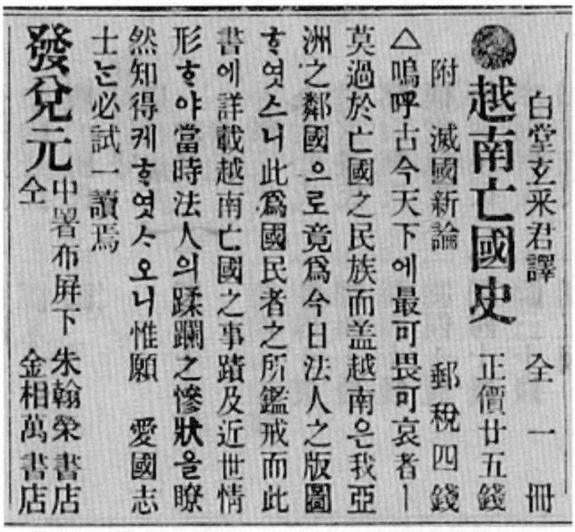

이 사진은 『황성신문』과 『대한매일신보』에 게재된 『월남망국사』에 대한 광고다. 광고는 『월남망국사』가 당시 가장 지배적인 망국사가 될 수 있었던 여러 요인들 가운데 하나였다.

번역본 가운데 일반 독자들에게 가장 먼저 선보인 것은 현채의 역본이다. 현채의 역본은 1906년 11월에 초판이 나온 이후, 1907년 5월 27일에 재판이 나왔다. 초판과 재판의 주요 출판 사항 가운데 두드러진 차이점은 발행사의 변화다. 초판에서 발행사는 보성관이었으나 재판에서 발행사는 현공렴 개인으로 바뀌었다. 이 시기 '현채가'는 다양한 서적들을 저·역술할 뿐만 아니라 발행자로서의 면모도 함께 보였다. 주로 아들 현공렴에 의해 전개되었던 서적 발행 활동은 1910년 이후 대창서원이라는 발행사의 명칭을 내걸기 전까지 지속되었다.[55] 1907년의 다른 저서들을 보면 출판사항에 '저작 및 판권소유' 혹은 '복제불허' 등과 같은 근대적인 판권 개념을 드러내고 있다. 그러므로 현채본 『월남망국사』의 초판과 재판 사이에는 단순히 서적 발매 부수의 확대라는 측면뿐만 아니라 소유권 이전을 통한 막대한 판매 수입의 확보라는 현채가의 경제적 욕망도 함께 내재해 있었던 것이다.

한편, 주시경에 의해 국문체로 번역된 『월남망국사』는 1907년 11월에 박문서관에서 출판되었다. 노익형이 서문에서 "이럼으로 한문을 모르는 이들도 이 일을 다 보게ᄒᆞ랴고 우리 셔관에셔 이ᄀᆺ치 슌국문으로 번역ᄒᆞ여 젼파ᄒᆞ노라"[56]라고 밝혔듯이, 박문서관에서 출판된 『월남망국사』의 변별적 가치는 국문체였다. 『황성신문』이 기존의 식자층을 새로운 독자군으로 형성하기 위해 국한문체를 선택했듯이, 박문서관에서 출판된 『월남망국사』 또한 일반 대중을 새로운 독자군으로 형성하기 위해 국문체를 선택한 것이다. 그리고 주시경 역본 『월남망국사』는 현채 역본 『월남망국사』와 발매소의 부분에서 또 다른 변별성을 갖는다. 현채 역본의 발매소는 주로 서울에 위치했던 대동서시, 김상만서사, 주한영서사, 김효연서사가 전부인 반면 주시경 역본의 발매소는 전국적인 유통망을 형성하고 있었다. 주시경 역본 삼판의 출판 사항에 기록된 발매소를 살펴보면 다음과

55 정은경, 앞의 글, 327~328쪽.

56 주시경 역, 『월남망국사』, 한국학문헌연구소 편, 『역사·전기소설』 5권, 아세아문화사, 1979, 103쪽.

같다.

◎ 발ᄆᆡ쇼는 남만안 샹동 박문서관 로익형 칙ᄉᆞ

포병하 광학서포　구리ᄀᆡ 박학서관　죵로 고금서ᄒᆡ관

광교 회동서관　남문외 신구서림　동관월편 즁앙서관

죵로 대동서시　안동 안현서관　삼화증남포 김홍식칙ᄉᆞ

곽산흥암 리은서　션쳔읍 안쥰　평양 예수교서원

인쳔항 ᄀᆡ신칙ᄉᆞ　부산항 한흥서관　ᄒᆡ쥬 해서선관

젼동 광동서국　ᄀᆡ셩 강죠원　황쥬읍칙ᄉᆞ 최영륜[57]

주시경 역본의 발매소는 서울 외에도 평양, 해주, 인천, 부산, 개성, 곽산군, 선천읍, 황주 등과 같은 전국의 주요 지역에 걸쳐 있었다. 또한 전문 책사뿐만 아니라 개인까지 『월남망국사』를 보급하기 위한 유통의 거점으로 활용하고 있었다.

그리고 주시경 역본은 20전으로 25전인 현채 역본보다 5전이나 싸다. 주시경 역본은 현채의 『월남망국사』를 원본으로 해서 번역되었다. 그럼에도 불구하고 국한문체보다 쉬운 국문체로 서술되었으며 더구나 5전이나 싸다는 사실은 주시경 역본이 대중성을 겨냥하고 출판되었다는 사실을 암시한다. 동일한 내용을 보다 쉽게, 그리고 보다 싸게 접할 수 있는 매력은 주시경 역본이 대중성을 무기로 현채 역본이 지배하고 있는 『월남망국사』의 시장을 새롭게 재편하겠다는 출판 전략에서 비롯되었다는 사실을 보여준다.

57 주시경 역, 『월남망국사』, 192쪽.

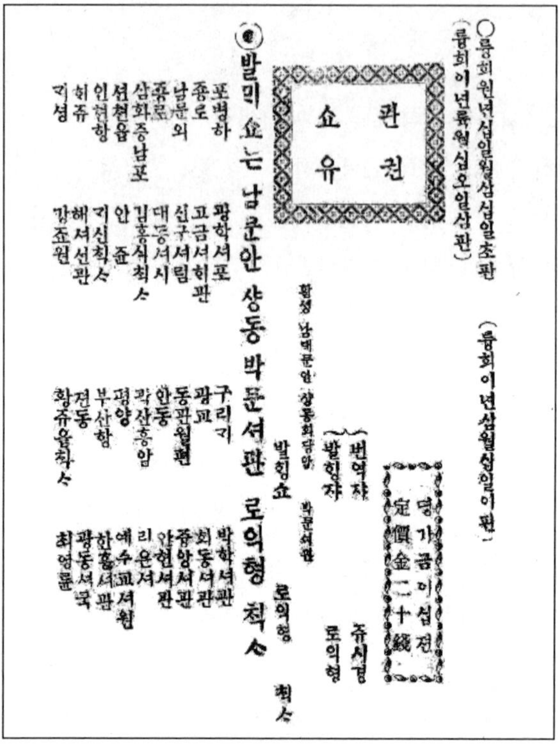

이 사진은 주시경의 『월남망국사』 맨 뒤에 붙어 있는 판권지(간기면)다. 이 판권지에는 주시경의 『월남망국사』를 구입할 수 있는 판매소가 기재되어 있다. 현채의 번역본에 비해 주시경의 『월남망국사』는 보다 전국적인 유통망을 형성하고 있었다. 이러한 유통망은 문체적 특성과 함께 주시경의 『월남망국사』를 더욱 대중적인 독서물로 만드는 데에 기여했다.

문체의 혁신, 유통의 확대 그리고 가격 혁명은 주시경의 『월남망국사』를 3개월 단위[58]로 재판을 거듭하게 만드는, 그래서 가장 지배적인 『월남

---

58 주시경의 『월남망국사』는 1907년 11월 30일 초판, 1908년 3월 10일 이판, 1908년 6월 15일 삼판이 발행되었다. 재판의 간격은 거의 3개월 수준으로 당시 국문판 『월남망국사』의 폭발적 수요를 짐작케 한다. 그러나 삼판 이후에는 일제의 서적 압수 등의 현실적 이유에

망국사』로 만드는 데에 기여했다. 주시경 역본이 출판되기 전까지 재판을 거듭했던 현채 역본이 더 이상 출판되지 않았다는 사실은 이를 증명한다.

국문판 『월남망국사』는 주시경 역본 외에도 이상익 역본이 있다. 이상익 역본 『월남망국사』는 1907년 12월에 출판된 것으로 알려져 있다. 다른 역본들이 90쪽 내외인 반면, 이상익 역본은 71쪽 분량 정도다. 이에 대해 송엽휘는 "원본을 많이 축약하고 있어 일종의 보급본 형식을 띠고 있다"라고 평가했다.[59] 현채 역본과 주시경 역본이 존재하는 상황에서 이상익 역본이 새롭게 출판되었다는 사실은 쉽게 납득하기 어렵다.

그런데 여기서 주목할 사실은 이상익 역본 『월남망국사』의 첫 페이지에 "리샹익 역술 현공렴 교"라고 기술된 부분이다. 발행자로서의 현공렴이 이상익 역본 『월남망국사』에 관여하고 있다는 사실이다. 이를 통해 두 가지 추측이 가능하다. 첫째, 발행자로서의 현공렴은 국한문판 『월남망국사』의 성공 이후, 국문판 『월남망국사』의 출판을 통해 새로운 상업적 이익을 도모했다는 사실이다. 문체의 선택이 상업적 이득과 긴밀한 관련성을 맺고 있다는 사실을 발행자로서의 현공렴은 알고 있었던 것이다. 둘째, 주시경 역본 『월남망국사』를 견제하기 위한 일종의 전략적 측면이다. 주시경 역본의 상업적 성공은 곧 현채 역본을 출판하는 발행자 현공렴의 상업적 손실을 뜻한다. 이를 만회하기 위해 이상익 역본의 또 다른 국문판 『월남망국사』를 발행하게 된 것이다. 하지만 이후의 과정을 볼

의해 더 이상 출판이 이루어지기가 어려웠다. 『대한매일신보』 1908년 7월 24일자 '셔칙수탐'이라는 기사에는 다음과 같은 내용이 게재되어 있다. "작일 경시쳥에서 한일슌사가 활판소에 잇는 여러 가지 셔칙을 슈탐ᄒᆞᄂᆞᆫᄃᆡ 그즁에 을지문덕젼과 월남망국ᄉᆞ와 리태리삼걸젼과 음빙실ᄌᆞ유서와 다른셔칙 몃 가지를 각각 ᄒᆞᆫ질식 거두어 갓다더라." 이를 통해 봤을 때, 『월남망국사』는 1909년 5월 정부에 의해 금서 처분이 되기 이전부터 다른 저서들과 더불어 일제의 감시의 시선에 놓여 있었다고 할 수 있다.

59 송엽휘, 「'월남망국사'의 번역 과정에 나타난 제문제」, 『어문연구』 34권 4호, 2006, 193쪽.

때, 이상익 역본은 주시경 역본의 상업적 주도권을 되찾지는 못했던 것으로 보인다.

『월남망국사』의 번역은 당대의 국민들에게 망국의 참상을 일깨워줌으로써 국가를 구심점으로 한 단결의 필연성을 강조하는 계기가 되었다. 그러나 이러한 계몽의 논리에도 자본의 욕망은 스며 있다. 현채 역본의 재판 발행 과정에서 발행자가 바뀐 상황, 더 많은 사람들에게 읽히게 하기 위해서 순국문으로 번역했다는 논리 속에 감춰진 대중화 전략, 석연치 않은 또 다른 국문판의 존재 등은 『월남망국사』를 둘러싼 경제적 헤게모니의 경쟁 과정을 보여준다.

5. 번역된 망국을 둘러싼 욕망들의 접속

번역은 문화적 소통의 과정이다. 그러나 소통의 문제는 항상 다양한 문제들을 함축하기 마련이다. 애국계몽기 『월남망국사』의 번역 과정 또한 다양한 문제들이 중첩되는 하나의 장(場)이었다. 이 장에서는 역본의 내용, 문체 그리고 출판 및 유통 과정에 초점을 맞춰 『월남망국사』를 둘러싼 다양한 욕망들의 접속에 대해 다음과 같이 고찰했다.

첫째, 역본의 내용적 측면에 대한 고찰이다. 이는 주로 현채의 역본과 광지서국판 『월남망국사』를 대조하는 가운데 이루어졌다. 근대적 국가 개념에도 불구하고 여전히 한문문화권은 지속되었다. 이러한 상황에서 거의 한문체에 가까운 국한문체로 번역된 현채의 『월남망국사』는 번역의 주된 기능인 언어적 의미 전달의 차원으로 이해될 수 없다. 현채가 언어적 변별성이 떨어짐에도 불구하고 굳이 번역을 시도한 이유는 광지서국판

『월남망국사』가 '중국의 월남'을 상정해두고 씌어졌기 때문이다. 즉, 현채의 역본은 중국의 『월남망국사』에서 대한제국의 『월남망국사』로 전유하기 위한 과정이었다. 광지서국판 『월남망국사』에 내재해있는 중화주의적 요소와 중국의 입장을 배제하고 대한제국의 입장에서 필요한 부분만을 번역, 보충함으로써 현채의 『월남망국사』는 대한제국의 맥락에 적합한 텍스트로 탄생하게 된 것이었다. 현채의 『월남망국사』에 의해, 『월남망국사』에 형상화되어 있는 망국의 참상은 곧 대한제국이 체험할 수도 있는 가능성으로 전환되었으며 이를 통해 선험적인 '국가' 개념은 구체적인 것으로 인식될 수 있었다.

둘째, 역본의 문체적 측면에 대한 고찰이다. 현채의 번역은 국한문체로 이루어졌다. 그러나 현채가 사용한 국한문체가 진정한 국문의식에서 기원했는지는 의문이다. 왜냐하면 현채 역본의 서문과 초판에만 수록되어 있는 「부월남제독유영복격문」 등은 한문체로 서술되어 있기 때문이다. 뿐만 아니라 현채의 여타의 저서들 또한 서문 혹은 범례가 한문체로 기술되어 있다. 현채의 국한문체 사용은 어학 학습서를 통해 언문체 혹은 언한문체에 익숙했던 역관 계층의 문자생활과 개화기 새로운 지배계층으로 부상했던 역관 계층의 신분 상승 욕망과 관련되어 있었다. 국문체를 사용했던 일반 국민들과 차별하기 위해 역관 계층이 사용했던 문체가 바로 국한문체였던 것이다. 근대적 국문의식에서 기원한 문체의 사용은 주시경에 이르러 가능해졌다. 주시경은 국문체를 보급하기 위해 '자전', '문법', '독본'의 필요성을 주장했는데, 주시경의 『월남망국사』는 모든 국민이 공통적으로 사용할 수 있는 문자 의식에서 탄생하게 된 독본적 성격이 강했다. 이를 통해 주시경은 국문체의 의미적 혼란을 핑계로 일부 식자층에서 사용하고 있는 국한문체에 대한 반성 촉구와 더불어 '국문'으로서의 국한문체가 지닌 전근대성에 대해 비판하고 있는 것이다.

셋째, 『월남망국사』 번역에 내재되어 있는 자본의 욕망에 대한 고찰이다. 현채의 역본은 1906년 11월에 초판이 출판되고 1907년 5월에 재판이 발행되었다. 그러나 약 6개월이라는 짧은 시간적 간격에도 불구하고 발행자는 보성관에서 현공렴으로 바뀌어 있었다. 약 6개월 만에 재판이 발행되었다는 사실은 현채의 역본이 상업적으로 큰 이득을 보았다는 사실과 더불어 경제적 이익을 둘러싼 판권 경쟁이 있었다는 사실을 암시한다. 그러나 『월남망국사』를 통한 본격적인 상업적 전략은 주시경 역본의 출판 과정에서 나타났다. 국문체의 선택이라는 문체의 혁신, 전국적인 유통망의 확보, 보다 저렴한 가격 책정 등은 주시경 역본을 가장 지배적인 『월남망국사』로 변모시켰다. 이는 주시경 역본이 출판된 이후 삼판을 거듭하는 동안, 현채의 역본이 더 이상 재발간되지 않았다는 사실에서도 짐작할 수 있었다. 현채의 역본이 지배적인 상황에서 대중성을 무기로 주시경의 역본이 『월남망국사』의 시장을 새롭게 재편한 것이었다. 이후, 현공렴의 관여 속에 이상익을 역자로 내세운 국문판 『월남망국사』가 새롭게 출판되었지만 주시경 역본의 상업적 성공을 제지할 수는 없었다.

『월남망국사』는 당시 여러 망국사들 가운데 가장 널리 읽힌 망국사였다. 『월남망국사』가 이처럼 독보적인 위치를 점할 수 있었던 이유는 단순히 양계초가 편저자여서, 혹은 월남이라는 친숙한 국가의 망국사였기 때문만은 아니다. 내용에서부터 문체에 이르기까지의 세심한 번역의 전략들 그리고 여러 역본들의 경제적 이익을 위한 경쟁 체제가 갖추어졌기 때문에 가능한 현실이었다.

제3부
역사·전기소설과 주제학

제7장
여성의 국민화 기획과 그 상상된 국민의 실체

1. 확대된 국민, 여성의 국민화

여성에 대한 교육의 강조는 개화기에 이르러 구체화되었다. 제국주의의 확대 속에서 비롯된 국가의 위기는 국민의 외연을 여성으로까지 확대했기 때문이다. 유길준은 『서유견문』에서 '서양의 유명한 학자'의 말을 인용하여 "여자도 가르치지 않으면 사람의 일을 어찌 할 수 있단 말인가. 여자가 남자와 다르다고 하지만 역시 사람이 아닌가. 그런 까닭에 여자를 가르치지 않는 나라는 국민의 총인구가 1천만에 이른다 하더라도 실상은 5백만밖에 되지 않는 셈"[1]이라고 주장했으며, 19세기 말 여학교 설립을 여러 차례 주장했던 『독립신문』 또한 「녀인교육」이라는 논설에서 "녀인의 교육을 힘쓰는 나라는 점점 흥왕ᄒᆞᄂᆞᆫ 것은 구미 각국을 보아도 알겟도다"[2]라고 밝히고 있다. 이 시기 여성 교육의 필요성은 남녀평등의

1 유길준, 채훈 역주, 『서유견문』, 명문당, 2003, 378쪽.

차원이 아니라 국가의 존망 문제와 관련해서 제기되었다.

그러나 선언적 내용이 실현되는 과정은 지난(至難)했다. 최초의 여성단체인 '찬양회'는 『독립신문』 등에 「여학교 설시 통문」(1898년 9월 1일)을 발표하고 여학교 설립의 중요성을 강조했지만 실천적인 측면에서는 큰 성과를 거두지 못했으며[3] 스크래튼 여사에 의해 설립된 이화학당(1886년 5월)이 1908년에 이르러서야 비로소 최초의 졸업생을 배출했다는 사실[4] 등은 19세기 말에 제안되었던 여성 교육의 필요성이 큰 실효를 거두지 못했다는 사실을 보여준다.

여학교 설립은 1905년 이후에야 본격적으로 활성화될 수 있었다. 1905년부터 1910년 사이에 설립된 여학교 수는 총 174개교에 이른다.[5] 을사조약 체결로 국가의 존재 여부에 대한 위기감이 확산되면서 그동안 '국민기획'에서 소외되었던 여성들을 위한 본격적인 교육 과정이 실시되었던 것이다.

그러나 국가와 민족을 강조한 여성 교육의 목적은 여성들에게 국민으로서의 의무만을 강조하게 되고 이는 궁극적으로 여성들을 국가와 민족의 주변인으로 위치시키는 결과를 초래했다.[6] 이는 당시 여성들을 교육하기 위한 교과 편성에 가정생활을 꾸려나가는 데에 필요한 재봉, 자수, 가사 등이 포함되어 있다는 사실에서 확인할 수 있으며 또한 여성들을 가르치기 위해 별도로 출판되었던 독본류의 내용들이 현부(賢婦)와 현모(賢母)의

---

2 『독립신문』, 1898. 9. 13.

3 신남주, 「개화기 여성연구: 사회참여를 중심으로」, 『한국여성교양학회지』 1권, 한국여성교양학회, 1994, 105~106쪽.

4 김종박, 「한국 개화기 여성의 근대화와 교육에 대한 고찰」, 『새마을연구』 6권, 상명대학교 새마을연구소, 1988, 65쪽.

5 박용옥, 『한국근대여성운동사연구』, 정신문화연구원, 1984, 114쪽.

6 전경옥 외, 『한국여성 정치사회사』, 숙명여자대학교 아시아여성연구소, 2004, 210쪽.

자질에 관한 것이라는 사실[7]에서도 쉽게 추측할 수 있다. 즉, 남성인 국민의 아내로서 그리고 장차 국민으로 성장하게 될 자녀의 어머니로서의 역할을 국민의 의무로 부여받은 것이다.

개화기 여성들에 대한 근대적 인식에 담긴 이러한 전근대성은 기존 논의들이 주목한 부분이다. 19세기 말에 일어났던 여학교 설립 운동과 1905년 이후 제기되었던 여학교 설립 운동을 각각 '1차 여학교 설립 운동'과 '2차 여학교 설립 운동'으로 구분하고 있는 홍인숙은 '2차 여학교 설립 운동'의 성공에 대해 "여학교라는 존재의 사회적 승인은 가부장적 질서의 온존과 가족 제도 내에서의 '아내', '어머니'로서의 효과적인 역할 수행에 있을 때에만 가능했던 것"이라고 평가했으며[8] 신소설에 형상화된 여성상을 고찰한 이영아는 신소설이 여성들에게 교육을 권장하면서도 사회가 아닌 가정생활에 충실할 것을 요구한 것은 국가의 흥망과 관련된 우등한 자녀의 생산과 양육에 교육받은 여성들이 전념하도록 하기 위해서라고 논의했다.[9]

이처럼 국가의 위기로 확대된 여성에 대한 교육이 현부와 현모의 역할로 고정되었음에도 불구하고 일부 여성들에 의한 사회적 주체로서의 활동은 전대 사회에서 볼 수 없었던 새로운 양상이었다. 기생 신분인 초월은 독립협회 주관으로 개최되었던 만민공동회에 참석해서 "츙군 익국ᄒᆞ던 사름 십칠 인이 방숑되엿단 말이 잇스니 깃븜을 견ᄃᆡ지 못ᄒᆞ야

7 여성을 위한 독본의 내용이 가정생활 위주로 씌어졌다는 사실은 매우 중요하다. 여타의 교과목과 달리 독본은 읽기와 쓰기의 과정을 연습하는 교재다. '읽고 쓰는 행위'는 내면화의 과정이기 때문에 무엇을 읽고 쓰느냐의 문제는 곧 주체화의 문제와 긴밀하게 관련된다. 그러므로 개화기 여성 독본류의 주된 내용들이 현부와 현모에 관한 일이 지배적이라는 사실은 곧 당시 여성의 주체화의 방향과 내용을 암시한다고 할 수 있다.

8 홍인숙, 「근대계몽기 여성담론 연구」, 이화여자대학교 박사학위논문, 2007, 121~122쪽.

9 이영아, 「신소설의 개화기 여성상 연구」, 서울대학교 석사학위논문, 2000, 66~67쪽.

와셔 보ᄋᆞᆸ고 츙ᄋᆡᄒᆞᆷ을 만분지 일이라도 위로ᄒᆞ노라"[10]라고 말했으며 국채보상운동의 전국적 확산은 패물폐지부인회, 대안동 국채보상부인회 등 여성 단체의 적극적인 참여에 의해 이루어졌다.

이때, 을사조약 이후 전개된 여성의 사회 참여 모델은 바로 『애국부인전』과 『라란부인전』을 통해 형상화된 여성 영웅이었다. 『대한매일신보』에 게재된 「녀ᄌᆞ교육」이라는 논설에서 장경주는 "신쇼셜 ᄋᆡ국부인젼과 라란부인젼을 볼지라도 그 사ᄅᆞᆷ도 ᄯᅩᄒᆞᆫ 일개 녀ᄌᆞㅣ로ᄃᆡ 이ᄀᆺ치 큰 ᄉᆞ업을 셩취ᄒᆞ엿스니 그 사ᄅᆞᆷ들은 엇지 무식ᄒᆞᆫ 녀ᄌᆞ로 이를 ᄒᆞ엿스리오"라고 말하면서 여자가 큰 업적을 이루기 위해서는 『애국부인전』과 『라란부인전』의 여성 영웅처럼 교육을 받아야 한다고 주장하였다.[11] 또한 여러 신문 매체에 게재되었던 『애국부인전』과 『라란부인전』의 광고 문안이 직접적으로 '여성 독자'를 언급하고 있다는 사실[12]을 보더라도, 당시 사회가 『애국부인전』과 『라란부인전』을 여성들의 전범(典範)으로 생각하고 있었음을 짐작케 한다.

『애국부인전』은 프랑스의 전쟁 영웅 잔다르크에 대한 전기이며, 『라란부인전』은 프랑스혁명 때 지롱드파에서 활동했던 롤랑부인에 대한 전기다. 두 소설에서 형상화하고 있는 여성은 현부와 현모보다는 국가에 충성하는 사회적 주체로서의 여성이다. 대부분의 신소설이 여성의 정조를 서사 전개의 주된 요소로 설정하면서 여성 교육의 측면을 장식적 요소로 전락시킨 데 반해, 『애국부인전』과 『라란부인전』의 여성은 사회

10 『매일신문』, 1898. 11. 15.

11 『대한매일신보』(국문판), 1908. 8. 11.

12 『황성신문』과 『대한매일신보』에 게재된 서적 광고를 보면 『서사건국지』나 『이태리건국삼걸전』과 같은 역사·전기소설에 대한 독자는 '유지군자'와 '첨군자'로 설정되어 있는 반면에, 『애국부인전』과 『라란부인전』의 독자는 '무론남녀'와 '유지한 남자와 부인'으로 되어 있다.

적 주체로서의 면모를 강조함으로써 여성의 사회적 참여를 보다 강조하고 있다.

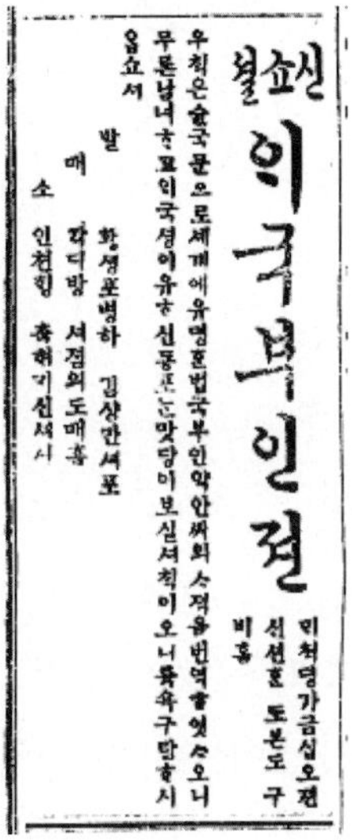

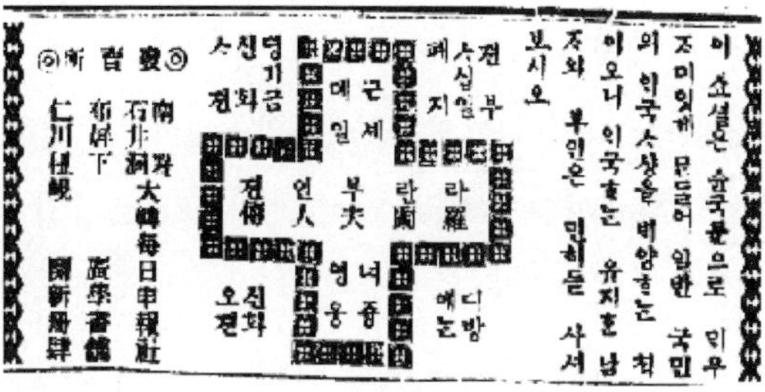

이 사진은 『대한매일신보』에 게재되었던 『애국부인전』과 『라란부인전』에 대한 광고다. 애국계몽기에 애국부인과 라란부인은 여성이 가장 이상적인 모범으로 삼아야 할 여성상의 전형이었다.

가정 내의 주체로서의 여성과 사회적 주체로서의 여성은 상호모순적이다. 『애국부인전』에서 약안(잔다르크)이 전쟁에 참여하려고 할 때, 그녀의 부모가 던진 말은 이를 상징적으로 보여준다.

> 네가 광풍이 들렷└냐 네가 규즁에 싱장흔 녀즈로서 엇지 젼장에 나아가 칼과 총을 쓰리오 만약 이 ㄱ티 용이홀 것 ㄱ트면 허다흔 남즈들이 벌서 ㅎ엿슬지라 엇지 너 ㄱ튼 ㅇ녀즈에게 맛기리오 우리 지원은 네가 슬하에 잇서 늙은 부모를 밧들고 젼장에 나아가 공업 이루기를 원치 안이ㅎ노니

만약 불힝ᄒᆞ면 남에게 욕을 당ᄒᆞᆯ ᄲᅮᆫ 안이라 우리집 죠션 이ᄅᆡ로 말은 덕힝을 들업힐것이요 ᄯᅩᄒᆞᆫ 우리 부쳐가 다른 혈륙이 업고 슬하에 다만 너 한아 ᄲᅮᆫ이어ᄂᆞᆯ 네가 집을 ᄯᅥ나면 늙은 부모를 누가 봉양ᄒᆞ겟ᄂᆞ냐 너는 효슌ᄒᆞᆫ ᄌᆞ식이 되고 호걸 녀ᄌᆞ가 되지말라[13]

'효순한 자식'과 '호걸 여자'로 상징되고 있는 여성의 역할에서 개화기 여성에 대한 교육적 측면과 신소설은 '효순한 자식'으로서의 여성상을 강조했다. 그러나 역사·전기류의 『애국부인전』과 『라란부인전』이 보여주고 있는 여성의 역할은 '호걸 여자'로서의 여성상이다.

개화기 여성 담론을 주도했던 언론 매체와 신소설들이 강조하고 있는 여성상은 가정 내의 존재인 데 반해, 역사·전기소설인 『애국부인전』과 『라란부인전』이 형상화하고 있는 여성상은 국가와 사회의 문제에 직접적으로 참여하는 사회적 주체로서의 여성이다. 그러므로 이 장에서는 일련의 개화기 여성 담론과 다른 양상을 보이고 있는 『애국부인전』과 『라란부인전』을 고찰함으로써, 개화기 때 형성되었던 또 다른 여성상의 의미를 살펴보고 이를 통해 국가·국민 개념 속에서의 여성의 역할과 더 나아가 국민으로서의 여성의 의미에 대해 논의해보고자 한다. 특히, 『애국부인전』과 『라란부인전』은 국가주의와 여성주의가 접속하는 초기 형태를 보여주고 있다는 점에서 충분히 논의할 가치가 있다.[14]

13 장지연, 『애국부인전』, 광학서포, 1907, 10쪽.

14 일반적으로 역사·전기소설은 '천개소문전', '을지문덕', '강감찬전' 등처럼 영웅의 이름을 따라 표제를 정한다. 그러나 『애국부인전』은 영웅의 이름을 딴 '약안정덕전'이 아닌 '애국부인전'으로 되어 있다. 이에 대해 이재선은 '애국'이라는 서술자의 교훈적 집필 의도를 직접적으로 제시하기 위한 의도라고 평가했다(이재선, 『한국소설사: 근·현대편 I』, 민음사, 2000, 206쪽 참고). 뿐만 아니라, '애국부인전'이라는 제목은 당시 여성에 대한 국민으로서의 인식을 담고 있는 것이라고도 할 수 있다. 즉, '애국'과 '부인'을 결합시킴으로써 '국민으로서

2. 남성화된 여성 영웅과 거세된 여성성

『애국부인전』은 위암 장지연이 '숭양산인'이라는 필명으로 1907년에 광학서포에서 발행한 번안 작품이다. 순국문으로 이루어져 있으며, 다른 역사·전기소설류와는 달리 독자를 '남녀'로 상정하고 있다. 한편, 『라란부인전』은 『대한매일신보』에 일부 연재되다가 1907년에 단행본으로 박문서관에서 출판된 작품이다. 『애국부인전』과 마찬가지로 순국문으로 씌어졌으며 광고 문안에서 엿볼 수 있듯이, 독자를 '유지한 남자와 부인'으로 설정하고 있다. 번안자는 알 수 없으며, 1908년에 재판이 나왔을 만큼 많은 독자들에게 향유되었던 작품으로 추정된다. 순국문이라는 문체의 특성과 여성 인물을 주인공으로 내세웠다는 인물 유형의 특성은 당시 소설의 지배적 향유 계층인 여성을 대상으로 『애국부인전』과 『라란부인전』이 번안되었다는 사실을 짐작케 한다.

프랑스 전쟁 영웅 약안(잔다르크)의 일대기를 그리고 있는 『애국부인전』의 서사 전개는 약안의 여성성과 남성성의 교차로 설명될 수 있다. 유년 시절 여성으로서의 약안은 주변 사람들에게 안타까움의 대상이었다. 사람들은 "앗갑도다 경덕이 만약 남ᄌᆞ로 싱겻드면 반ᄃᆞ시 나라를 위ᄒᆞ여 큰 ᄉᆞ업을 일울 것이어ᄂᆞᆯ 불힝이 녀ᄌᆞ가 되엿다"[15]라는 말을 했지만 정작 약안이 상제의 계시를 받고 전사로서의 모습을 갖춰나갈 때, 주변

의 여성'을 자연스럽게 드러낸다. 그러므로 『애국부인전』은 그 제목에서부터 이미 국가와 여성의 관련성 문제를 직접적으로 환기한다고 할 수 있다.

15 장지연, 『애국부인전』, 1~2쪽.

사람들은 "밋친 녀ᄌᆞ"라고 비난했다.

장지연이 번안한 『애국부인전』은 프랑스의 전쟁 영웅 잔다르크에 관한 전기다. 잔다르크는 비록 여성이지만 여성성보다는 남성성을 강조하고 있는 인물로 형상화되어 있다.

그러나 여성의 남성성에 대한 비판은 약안의 애국심에 의해 무마된다. 약안이 전장으로 떠나면서 부모께 "비록 녀ᄌᆞ오나 엇지 법국의 빅셩이 안이리가 국민된 칙임을 다 ᄒᆞ여야 바야로 국민이라 이를지니 엇지 나라의 란을 당ᄒᆞ여 가만이 안자 보고 구ᄒᆞ지 안이ᄒᆞ리오"[16]라고 말하는 모습은 곧 국민이라면 여성이라도 그 의무를 다해야 한다는 사실을 보여준다. 그러나 여성을 국민으로 호명할 때, 이는 여성성으로의 여성이 아니라 남성성으로서의 여성을 호명하는 것이다. 전쟁에서 국민의 의무

16 장지연, 『애국부인전』, 10~11쪽.

를 다하고 있는 약안의 모습은 남성화된 여성의 전형이다.

> 이날 왕이 그 패병 삼천 명으로 약안의 휘하에 부티시고 약안을 봉ᄒᆞ여 대원슈 녀장군을 삼으시며 황금 갑쥬와 비단 국긔와 쏘 몸 긔 한아를 주시니 그 몸 긔에는 텬쥬의 화상을 그리어 ᄆᆡ양 진즁에 들 쌔마다 손에 드는 긔라 약안이 원융의 단에 올라 황금 갑쥬와 ᄇᆡᆨ은포를 입고 우슈에 장검을 들고 좌슈에 몸 긔를 잡아 엄연히 대장긔 알에 안자스니 그 긔에 황금 대ᄌᆞ로 대법국 대원슈 녀장군 약안이라 삭여더라 원슈 비록 안약ᄒᆞᆫ 녀ᄌᆞ의 몸이나 무늬와 융장을 단속ᄒᆞ고 장단에 노피 오르니 그 위엄이 엄슉ᄒᆞ고 풍ᄎᆡ가 름름ᄒᆞ여 진시 녀장부의 풍신이 인는지라 이날 졔장 군졸을 불러 일졔히 뎜고ᄒᆞ고 무긔를 조련ᄒᆞ니 군ᄉᆞ가 다 원슈의 신통ᄒᆞᆫ 도략을 복죵ᄒᆞ여 용ᄆᆡᆼ이 ᄇᆡᆨᄇᆡ나 쓸치니 보는 사람마다 ᄎᆡᆨᄎᆡᆨ 칭찬 안이ᄒᆞᆯ 이 업더라[17]

황금갑주를 입고 백은포를 두른 모습에서 풍기는 엄숙한 위엄과 늠름한 풍채 그리고 군사들을 지휘하는 통솔력은 약안이 더 이상 여성이 아닌 남성이라는 사실을 환기한다. 실제로 전쟁은 여성들에게 남성화하도록 요구하고 있다. 전쟁을 '남성의 영역'이라고 명명한 조지 모스는 전쟁에 참여하는 여성들은 스스로 자신의 근본(여성)을 포기하기 때문에 성별 간의 차이를 흐리게 만들지 않는다고 주장했다.[18] 그러므로 일상생활에서 남성화된 여성의 활동은 용납될 수 없지만, 그것이 국가를 위하는 활동이라면 남성으로서의 여성의 참여는 실현 가능한 현실이 된다.

그러나 전쟁은 지속될 수 없으며, 따라서 일시적으로 여성에게 허용된

---

17 장지연, 『애국부인전』, 17~18쪽.

18 조지 모스, 서강여성문학연구회 역, 『내셔널리즘과 섹슈얼리티』, 소명출판, 2004, 176~177쪽 참고.

남성성 또한 회수될 수밖에 없다. 위기에 빠진 국가와 국가를 상징하는 황제를 구원한 후, 약안은 고향으로 돌아가려고 황제에게 눈물을 흘리면서, "오날은 고향에 돌아가 부모를 섬기랴 ᄒᆞ오니"[19]라고 말한다. 귀향에 대한 의지와 눈물은 약안이 사회적 주체로서의 활동을 그만두고 가정 내의 주체로 회귀하겠다는 소망을 드러낸 것이다. 약안이 남성적인 여성이기를 그만두고 고향으로 되돌아가겠다는 것은 약안 스스로가 선택한 주체적인 결정인 것처럼 보인다. 그러나 보다 근본적인 이유는 종전(終戰)으로 인해, 전쟁이라는 울타리가 마련해준 남성적인 여성의 참여 공간이 더 이상 허용되지 않았기 때문이다.

약안의 죽음은 종전(終戰)으로 인해 거세된 남성성을 인위적으로 취했기 때문에 맞이하게 된 비극적 결말이다. 전쟁 이후에 약안이 취해야 할 모습은 '효순한 자식' 혹은 현부와 현모로서의 여성상이며 이는 곧 남성적 사회가 여성들에게 강요했던 이상적인 여성상이다. 프랑스혁명 때, 자유를 상징했던 마리안느의 역동적 이미지는 혁명 이후, 인민의 어머니로서의 모습으로 변화했으며, 독일에서 일어난 해방전쟁에서 기병으로 활약했던 여성은 자신의 신분이 노출되자 군대를 떠나 본연의 역할로 되돌아갔다.[20] 그러나 귀향이 좌절된 약안이 적의 포로로 잡힌 상태에서 보여준 행위는 전쟁 동안 자신이 보여주었던 남성성에 대한 향수다.

> 그 겨테 ᄉᆞ환ᄒᆞ는 계집 ᄋᆞ히 근졀이 쳥ᄒᆞ여 가ᄅᆞᄃᆡ 랑ᄌᆞ게서 저러ᄒᆞᆫ 의복을 입고 법국왕을 볼어 가실 ᄶᅵ 그 풍치의 웅장ᄒᆞ심을 셰상이 다 흠탄ᄒᆞ고 사람마

---

19 장지연, 『애국부인전』, 34쪽.

20 조지 모스, 앞의 책, 159~182쪽 참고.

다 한번 보기를 원훈다 훈오니 원컨디 랑즈는 저 복장을 한번 입으시면 닉 한번 랑즈의 넷날 풍치를 보고자 훈누이다 직삼 근청훈거늘 약안이 그것을 계관쥴 알지 못훈고 그 의복을 갖초아 입고 그림즈를 돌아 보며 스스로 어엿비 역여 노래훈고 춤추며 신셰를 슬퍼훈더니 영인이 그 겻틔서 엿보다가 일로 요슐의 증거를 잡아 드듸어 좌도요망으로 사람을 혹훈게 훈고 법교를 패란케 훈다는 법률에 쳐훈여 로앙시에 보닉어 화형에 쳐훈니 곳 일쳔스빅삼십일 년 구월이라21

적의 농간이라는 서술자의 설명에도 불구하고, 약안 스스로가 남복을 한 자신의 모습에 대해 "스스로 어엿비 역여 노래훈고 춤추며 신셰를 슬퍼"한 것은 분명하다. 거세된 남성성에 대한 나르시스적 욕망은 사회적으로 용납될 수 없었으며, 따라서 약안은 화형이라는 비극적 최후를 맞이했다.

사회적으로 용인될 수 없는 남성성의 견지로 인해 결국 죽음에 이르는 것은 라란부인(롤랑부인) 또한 마찬가지다. 라란부인은 어렸을 때부터 교회에서 몰래 '포이크긔의 영웅전'(플루타크 영웅전)을 읽으면서 '항샹 그 즁에 영웅'으로서 자신을 상상했다. 라란부인은 어렸을 때부터 '훈 큰 혁명훌 뜻'을 품고 있었던 남성적인 여성의 전형으로 형상화된다.

그후에 능히 셤셤약질노 빅 가지 어려온 것살 당훈여도 의심이 업고 스싱을 림훈여도 굴치 아니하엿스니 캄캄훈 법국 대혁명훌 싱각이 골속에 훈 문명훈고 찬란훈 쏫이 픠계훈 거슨 다 이 정신과 이 혼력으로 된 겻이러라 더가 포이특긔의 영웅전을 읽으믹 마음이 희랍과 라마의 공화정치에 쥐훈엿고 또 대셔양 건너편 히안에셔 영국 헌법을 모방훈야 새로 셰운 미국을 그윽히 엿보며

21 장지연, 『애국부인전』, 37쪽.

그 발달진보됨이 속흔 것을 놀납게 녁이고 이에 평등을 스랑흐며 즈유를 스랑흐며 공정과 의리를 스랑흐며 간약홈과 쉬인 것을 스랑흐는 싱각이 졈졈 타는 듯흐고 솟는 듯흐야[22]

생사의 순간에도 대범함을 잃지 않았던 라란부인은 프랑스혁명을 통해 구체적으로 공화주의를 실현할 사상을 품고 있었으며 또한 평등과 자유를 사랑하는 여성으로 묘사되어 있다. 전통적인 여성의 역할을 염두에 둘 때, 라란부인의 모습은 남성성을 향한 일종의 일탈이다. 이러한 일탈은 당대의 사회가 혁명이라는 혼란기였기 때문에 가능한 현실이었다.

모든 혁명적 가능성이 소멸되고 감옥 안에 갇혔을 때에도 라란부인의 남성성은 여성성과 함께 공존한다. 라란부인은 딸의 소식에 어머니로서 눈물짓는 여성이면서도 자신이 죽는 모습에 다른 사형수가 놀라 두려워할까봐 맨 나중에 단두대에 오를 수 있도록 순서를 바꿔주었던 의연한 남성이었다. 그러나 전쟁 혹은 혁명과 같은 특수한 상황은 여성들에게 사회 참여 등과 같은 새로운 기회의 장(場)이면서도 젠더 의식이 강화되는 역설적 공간이다.[23] 이는 라란부인에게도 동일하게 적용된다. 즉, 혁명이 마무리되는 시점에서 사회적으로 더욱 강화된 젠더 의식은 라란부인이 보여준 혼성적 양상을 용납할 수 없었다. 혁명 후, 라란부인은 혁명의 시기에 보여주었던 남성성과 결별하고 여성성으로 되돌아와야만 했던 것이다.

전쟁 혹은 혁명과 같은 혼란기는 여성들을 국민으로 호명하게 만든 결정적 계기였다. 그러나 우에노 치즈코가 언급한 것처럼, 국민이라는

22 『라란부인젼』, 박문서관, 1908, 4~5쪽.

23 이임하, 「한국전쟁과 여성성의 동원」, 『역사연구』 14호, 2004, 107쪽.

것은 평준화의 환상을 제공하면서도 반드시 차별과 서열을 동반한다.[24] 국민으로 호명된 여성이 감내해야 할 자리는 남성과 동일하지 않다. 그런데 전쟁 혹은 혁명과 같은 혼란기는 일시적으로 남녀의 차이가 소멸된 듯한 환상을 준다. 그래서 약안과 라란부인은 각각 전사와 혁명가로서 한 시대를 풍미할 수 있었다. 그러나 이것은 전쟁과 혁명이 요구한 남성성에 여성이 적극적으로 호응했기 때문에 가능했던 현실이다. 그러므로 궁극적으로 전쟁과 혁명은 보다 철저하게 여성성을 배제한 공간으로 구성된다. 전쟁과 혁명은 국민이라는 이름으로 여성성을 거세한 남성화된 여성 영웅을 탄생시켰다. 그러나 이러한 영웅의 탄생은 역설적이게도 국민으로부터 소외된 여성을 상징적으로 형상화하는 과정이다.

3. 남성화된 전쟁과 여성 영웅의 비극성

여성 영웅의 존재는 개화기 소설 독자들에게 낯선 것이 아니었다. 조선후기부터 유행했던 『박씨전』, 『정수정전』, 『홍계월전』 등은 모두 여성 영웅의 형상화를 통해 다양한 소설적 욕망을 충족시켰다. 전용문에 따르면, 여성 영웅소설의 작품은 수십 종이 넘으며, 그것의 이본으로 발굴된 것만 해도 40여 종이 넘는다.[25] 이러한 여성 영웅의 전통은 『애국부인전』과 『라란부인전』의 형성과도 결코 무관하지 않다. 실제로 강영주는 장지연이 번안한 『애국부인전』이 형식적인 측면에서 병자호란 이후의

24 우에노 치즈코, 이선이 역, 『내셔널리즘과 젠더』, 박종철출판사, 1999, vi쪽.

25 전용문, 「여성영웅소설의 문학사적 위치」, 사재동 편, 『한국서사문학사의 연구 IV』, 중앙문화사, 1995, 1341쪽.

군담소설과 긴밀한 관련성을 지니고 있다고 주장했다.[26]

그러나 전대 여성 영웅소설과 개화기 여성 영웅소설은 분명한 차이를 가진다. 이재선이 "조선조소설 가운데서도 영웅을 다룬 소설은 많다. 그러나 이들 영웅들은 결국 부귀공명이나 입신양명을 성취하는 가공적인 영웅들이다. 그러나 개화기 전기문학에 있어서 지배적으로 등장하는 영웅은 보다 국가의 운명과 결속되어 있을 뿐만 아니라 역사적 우의의 방법으로 끌어온 실재 인물들이다"[27]라고 논의한 것처럼, 전대 여성 영웅소설의 주인공들에게 붙여졌던 '영웅'이라는 호칭은 가문의 영광과 개인의 출세를 상징하는 것이었지만, 개화기 여성 영웅소설의 주인공들에게 붙여졌던 '영웅'은 국가를 위한 영웅을 의미한다. 『박씨전』의 박씨부인이 병자호란의 치욕을 소설적으로 치유함으로써 궁극적으로 얻게 되는 것은 가문의 영광이었으며, 『홍계월전』의 계월이 겪은 유년 시절의 시련과 전쟁의 위기는 결국 개인의 성취로 승화된다. 그러나 『애국부인전』의 약안이 전쟁에 참여하게 된 동기는 "법국의 위급홈을 구ᄒᆞ고자" 하는 것이었으며 『라란부인전』의 라란부인이 혁명에 뛰어든 것은 "법국을 ᄉᆞ랑ᄒᆞᄂᆞᆫ ᄶᅡ닭"이었다. 개화기에 이르러, 여성 영웅들의 궁극적 욕망의 대상이 국가로 변모했다.

또한 개화기 여성 영웅소설의 특징은 비극성의 고조다. 전대 여성 영웅소설들이 시련과 위기에도 불구하고 결국에는 행복한 결말을 성취하는 데 반해, 개화기 여성 영웅소설의 주인공들은 모두 화형과 사형이라는 비극적 죽음을 맞이한다. 역사적 사실과의 긴장 관계에서 비롯된 소설적 진실일 수도 있지만, 개화기 때 번안되었던 여성 영웅들에 관한 전기들이

26 강영주, 「개화기의 역사·전기문학(1)」, 『관악어문연구』 8집, 1983, 96~97쪽.
27 이재선 외, 『개화기문학론』, 한국학술정보, 2002(형설출판사, 1978), 179~180쪽 인용.

하필 모두 비극성을 고조시키고 있다는 사실은 우연성만으로는 설명될 수 없다.

왜냐하면 장지연의 『녀ᄌᆞ독본』에 수록된 서구의 여성들 가운데는 궁극적으로 행복한 결말을 맺고 있는 경우들도 있기 때문이다. 터키 해협을 공격했던 러시아에 맞서 화친을 이끌어냈던 프랑스 여성 영웅 로이미셰ᄋᆞ(路易美世兒)는 옥에 갇히는 시련을 겪기도 했지만 노년까지 활발한 행동을 전개했으며[28] 교풍회를 조직하여 미국의 풍속을 교정했던 부란지ᄉᆞ(扶蘭志斯) 또한 많은 사람들의 애도와 축복을 받으며 행복한 죽음을 맞이하였다.[29]

번역의 최종 결정자는 번역자다. 번역자는 번역의 목적, 의도, 필요성을 최종적으로 판단해서 번역의 여부를 결정하게 된다. 그러므로 이러한 번역의 논리를 생각할 때, 굳이 죽음을 맞이하는 여성 영웅들만을 번안한 사실은 개화기 여성들에 대한 사회적 인식의 단면을 검토할 수 있게 하는 토대가 된다.

여성 영웅들의 죽음으로 인해, 고조된 비극성의 전략은 여성 영웅들의 죽음 이후의 상황과 관련지을 때 명확히 드러난다. 다음은 약안의 죽음 이후에 나타난 일련의 상황들이다.

> 화형에 쳐ᄒᆞ니 곳 일천ᄉᆞ빅삼십일년 구월이라 그 후에 법국왕이 약안의 죽음을 듯고 슬퍼홈을 마지 아니ᄒᆞ여 그 가족을 불러 벼슬을 주어 귀족이 되게ᄒᆞ고 휼금을 주시니 법국 사람이 ᄯᅩᄒᆞᆫ 각각 지물을 ᄂᆡ어 빗나고 굉쟝ᄒᆞᆫ 비를 그 죽던 ᄯᅡᆼ에 세워 그 공덕을 긔렴ᄒᆞ고 법국 ᄇᆡᆨ셩이 지금ᄭᆞ지 약안을 노피고

28 장지연, 『녀ᄌᆞ독본』, 『한국개화기교과서총서』 8권, 아세아문화사, 1977, 211~216쪽.
29 장지연, 앞의 책, 240~249쪽.

ᄉᆞ모홈이 부모ᄀᆞ티 역임을 말지 아니ᄒᆞ더라[30]

약안의 죽음은 약안에 대한 새로운 이미지 창출의 계기로 작용한다. 그녀가 죽은 이후, 왕은 그녀 가족의 지위를 귀족으로 격상시켰으며, 프랑스 사람들은 그녀의 무덤에 공덕비를 세웠다. 더욱 중요한 것은 전쟁 영웅인 약안이 프랑스 사람들로부터 "부모ᄀᆞ티 역임"을 받은 것이다. 처녀라는 희생의 순결성을 상징했던 약안이 전쟁 이후 프랑스의 부모, 즉 국모로 추앙받게 된 것이다. 이제 약안의 죽음은 개인의 희생이 아니라 국가의 수난과 동일시되며 국가의 구심점으로 기능하게 된다. 약안의 죽음을 포장하고 있는 비극성은 궁극적으로 국민의 단결이라는 집단주의적 발상을 위한 토대로 작용한 것이다.

비극적 죽음을 맞이한 여성을 영웅으로 추대하는 것은 역설적으로 여성을 남성들을 위한 주변인으로 전락시키는 것이다. 특히, 적에게 피해를 당한 여성의 존재는 남성들의 분노를 이끌어내는 담론으로 활용된다. 황현의 『매천야록』에서 인정과 반감의 대상이었던 민비는 을미사변 이후 명성황후라는 국모로 부활한다.[31] 민비의 죽음은 개화기 조선이 겪었던 수난과 동일시되어 이후 일제에 대한 저항의 구심점으로 작용한다. 중일전쟁 때 공산당원으로 활약했던 딩링의 작품 『천포』를 분석하고 있는 이선이는 일본군에게 강간당한 후 집으로 돌아온 천포를 앞에 두고 복수를 다짐하는 아들을 언급하면서 "강간이 여성의 인권 침해이기보다는 국가, 민족의 유린이라는 '민족'의 문제로 이야기되고 있다"라고 주장하였다.[32]

---

30 장지연, 『애국부인전』, 37쪽.

31 권행가, 「명성황후와 국모의 표상」, 『미술사연구』 7권 1호, 2007, 218쪽 참고.

전쟁에서 여성 개인이 겪는 문제가 국가 혹은 민족의 문제와 결부되기 시작한 것은 근대로 들어서면서부터이다. 이때부터 여성의 경험은 주로 비극적인 죽음과 강간의 이미지로 획일화되기 시작한다. 왜냐하면 여성의 불행은 국가 혹은 민족 문제와 접속함으로써 남성들의 분노를 자극하기 위한 촉매제로 활용되기 때문이다. 전쟁에서의 여성의 이러한 경험들에 대해 와카쿠와는 "전쟁의 치어리더들"이라고 명명했다.[33] 남성적인 전쟁의 공간에서 여성들이 할 수 있는 일이란 결국 남성들의 유·무형의 전투력을 향상시키는 데에 기여하는 것이었기 때문이다.

약안이 전쟁에 참여하기로 결심했을 때, 그녀의 부모는 "네가 광풍이 들렷ᄂᆞ냐 네가 규중에 ᄉᆡᆼ장ᄒᆞᆫ 녀ᄌᆞ로서 엇지 젼장에 나아가 칼과 총을 쓰리오 만약 이 ᄀᆞ티 용이ᄒᆞᆯ 것 ᄀᆞᄐᆞ면 허다ᄒᆞᆫ 남ᄌᆞ들이 벌서 ᄒᆞ엿슬지라 엇지 너 ᄀᆞᄐᆞᆫ ᄋᆞ녀ᄌᆞ에게 맛기리오"[34]라고 만류했다. 그러나 이것은 전쟁에서 여성의 죽음이 가져올 수 있는 효과를 간과한 것이다. 약안은 살아서가 아니라 죽음으로써 남성들이 할 수 없는 일을 했다. 전쟁을 수행하는 남성들의 분노를 자아내고 이를 통해 궁극적으로 국가와 민족의 이데올로기를 강화하는 역할은 여성의 죽음이 아니면 쉽게 달성할 수 없는 목표다. 역사·전기소설 『애국부인전』 또한 이러한 역할을 충실히 해나가고 있다. 소설 말미에 서술자가 덧붙여놓은 논평, 즉 "슬프다 우리 나라도 약안 ᄀᆞᄐᆞᆫ 영웅호걸과 ᄋᆡ국충의의 녀ᄌᆞ가 혹 잇는가"[35]는 약안의 죽음을 국가 이데올로기를 강화하는 수단으로 활용하고 있는 전형적 사례이다.

---

32 이선이, 「근대중국의 민족주의와 여성주의」, 『여성과 역사』 1호, 2004, 160쪽.

33 우에노 치즈코, 앞의 책, 86쪽에서 재인용.

34 장지연, 『애국부인전』, 10쪽.

35 장지연, 『애국부인전』, 39쪽.

4. 남성 '국민'을 위한 여성의 국민화

1905년 을사조약 이후, 여성에 대한 교육열은 여학교 설립 확대로 나타났다. 그러나 근대적 교육 제도와는 별개로 교육 내용은 여전히 여성에 대해 전근대적 역할을 강조하기에 이른다. 다음은 여성을 교육하기 위해서 따로 편찬된 장지연의 『녀ᄌᆞ독본』 가운데 일부분이다.

> 어머니 된 쟈ㅣ 누가 그 ᄌᆞ식으로 ᄒᆞ여곰 착ᄒᆞᆫ 사ᄅᆞᆷ이 됨을 원치 아니ᄒᆞ리오마는 미양 ᄋᆡ졍에 싸져 그 ᄌᆞ식의 악ᄒᆞᆫ ᄒᆡᆼ실을 기르ᄂᆞ니 아바지 된 쟈ㅣ 그 ᄌᆞ식으로 멀니 학교에 보내고져 ᄒᆞ여도 그 어머니나 혹 그 조모가 ᄋᆡ졍에 못니져 반ᄃᆡᄒᆞᄂᆞᆫ 쟈ㅣ 만흐니 이거슨 다 녀ᄌᆞ의 학문이 업서 그러홈이니라[36]

교육을 위해, 자식을 타지로 유학시키려는 아버지와는 달리 할머니와 어머니는 순간의 감정을 이기지 못하고 자식을 붙잡고 있다. 이러한 장면은 근대적 가치의 분배가 성별에 따라 차등을 두고 있다는 사실을 보여준다. 즉, 아버지는 감성보다는 이성에 근거해 자식의 교육에 관여하는 반면, 어머니는 이성보다는 감성에 근거해 자식을 대하고 있다는 것이다. 합리적 이성을 강조하는 근대적 가치관을 염두에 둔다면, 남성은 근대적 가치관에 의해 선택된 반면 여성은 배제될 수밖에 없다.

그러나 여성은 배제될 수 있지만 자식을 근대적 국민으로 양육해야 하는 어머니는 배제될 수 없다. 당시 신문의 논설 등에서 "녀ᄌᆞᄂᆞᆫ 국민될

---

36 장지연, 앞의 책, 11쪽.

쟈의 어미될 사름이오 가뎡교육의 쥬장될 사름인즉 불가불 교육에 한숙ᄒᆞ여야 그 ᄌᆞ녀로 ᄒᆞ여곰 문명ᄒᆞᆫ 국민의 지식을 ᄀᆡ도ᄒᆞᆯ 모범이될지니 엇지 녀ᄌᆞ교육이 급션무가 아니리오"[37]라고 여성 교육의 시급함을 밝혔듯이, 개화기 여성들은 '어머니'가 되기 위해서 교육을 받아야 했다. 그러므로 여성에 대한 교육을 곧 근대적 지표로 인식해서는 안 된다. 왜냐하면 여성 교육을 통해 궁극적으로 구현하고자 하는 것은 '주체적 여성'이 아니라 국민을 양육하는 '합리적 어머니'로서의 여성상이기 때문이다.

자녀 교육에 있어서 여성의 역할이 강조된 것은 개화기에 이르러 나타난 현실이다. 이영아의 논의에 따르면, 개화기 가정은 부자관계가 아닌 부부관계를 중심으로 구성된 '사적 영역'으로 사회라는 '공적 영역'과 대비된다.[38] '사적 영역'으로서의 가정의 재구성은 아내와 어머니로서의 역할에 더욱 충실한 여성을 요구하게 된다.

남편을 위한 내조자로서의 아내의 전형은 『라란부인전』을 통해 그 구체적 모습을 살펴볼 수 있다. 라란부인은 프랑스혁명에서 주도적인 역할을 수행했던 여성 영웅임에도 불구하고 그녀의 활동은 항상 남편의 내조자로서의 활동으로 국한되었다.

> 로역왕 십륙이 이에 부득이ᄒᆞ야 나라흘 그릇쳐린 이젼 신하들을 빅척ᄒᆞ고 민당으로써 ᄃᆡ신ᄒᆞ니 이에 라란이 물망의 도라감으로써 공쳔홈을 닙어 ᄂᆡ무대신이 되미 이ᄣᆡ는 일쳔칠백구십이년 삼월이라 ……(중략)…… 밤이면 몸을 굽혀 정성을 다ᄒᆞ여 가쟝의 ᄉᆞ무를 도으니 라란이 ᄆᆡ양 동관으로 더부러

37 『대한매일신보』, 1908. 8. 11.

38 이영아, 앞의 책, 10~11쪽.

의론홀 일이 잇스면 반드시 부인을 쳥ᄒᆞ여 갓치 좌셕에 참예ᄒᆞ게 ᄒᆞ고 ᄂᆡ무대신의 공ᄉᆞ 칙상 우희 랑쟈히 산갓치 싸힌 긴요ᄒᆞᆫ 문부를 낫낫치 다 부인의 손을 지ᄂᆞᆫ 후에야 비셔관의게 ᄂᆞ리고 의회와 ᄂᆡ각 회의에 데출홀 모든 보고셔도 다 부인으로 말ᄆᆡ암아 긔초ᄒᆞ고 졍부에셔 출간ᄒᆞᄂᆞᆫ 관보도 다 부인으로 말ᄆᆡ암아 그 방침을 지휘ᄒᆞ며 그 ᄉᆞ무를 감독ᄒᆞ니 그ᄯᅢ 신졍부의 활동력으로 ᄒᆞ여곰 날마다 공화 ᄉᆞ상에 나아가게 ᄒᆞᆫ 것은 다 라란부인의 ᄒᆞᆫ 것이라 법국 ᄂᆡ무대신의 인쟝을 가진 이ᄂᆞᆫ 비록 라란이나 그 큰 권셰ᄂᆞᆫ 실노 이 녀ᄌᆡ상의 쟝악 가온ᄃᆡ 잇더라[39]

이 부분은 라란부인의 영웅적 면모를 드러내기 위해 의도적으로 서술된 부분이다. 리앙의 공업감독관이었던 남편 라란(장 마리 롤랑)이 사람들로부터 존경을 받도록 도움을 주었던 라란부인의 내조는 라란이 공직에 진출한 이후 절정을 이룬다. 라란이 내무대신으로서 해야 하는 모든 역할의 배후에는 라란부인이 있었다. 이러한 라란부인의 역할에 대해 서술자는 "법국 ᄂᆡ무대신의 인쟝을 가진 이ᄂᆞᆫ 비록 라란이나 그 큰 권셰ᄂᆞᆫ 실노 이 녀ᄌᆡ상의 쟝악 가온ᄃᆡ 잇더라"라고 평가했다.

그러나 서술자의 평가와는 달리, 서술되고 있는 라란부인의 활동은 남편을 내조하는 부인 모습의 전형을 보여준다. 앞에 나서지 않으며 뒤에서 조용히 일처리를 거드는 모습은 내조자로서 남편을 대하는 기본적 예의다. 이러한 태도는 라란부인의 의식에도 각인되어 있었다.

이에 부부가 셔로 잇끌고 파려에 류ᄒᆞᆫ지 일곱달이라 뎌들이 파려에 이르ᄆᆡ 그 려관이 문득 유지쟈의 공회쟝이 되엿ᄂᆞᆫ지라 친구 포렬ᄉᆞ와 비디아와 포과와 라발ᄉᆞ비 등이 셔로 동지쟈를 인도ᄒᆞ야 셔로 쇼ᄀᆡᄒᆞ고 ᄆᆡ양 간일ᄒᆞ야 라란의

39 『라란부인젼』, 12~13쪽.

려관에 회집ᄒᆞ니 부인이 그ᄯᅢ에 거동이 엇더ᄒᆞ뇨 뎌가 항샹 ᄉᆞᄉᆞ로 긔록ᄒᆞ야 갈ᄋᆞᄃᆡ ᄂᆡ가 ᄉᆞᄉᆞ로 녀ᄌᆞ의 본분을 아ᄂᆞᆫ고로 비록 날마다 ᄂᆡ 압헤 모혀 긔회ᄒᆞ나 ᄂᆡ 결단코 의론 슺헤 망녕되히 참예치 아니ᄒᆞ겟ᄉᆞ나 그러나 모든 동치의 일동일정과 일언일ᄉᆞ를 ᄂᆡ가 다 ᄌᆞ셰히 듯고 단단히 긔록ᄒᆞ야 ᄲᅡ진 것이 업고 ᄯᅢ로 혹 말ᄒᆞ고 십흔 것이 잇ᄉᆞ나 ᄂᆡ가 반다시 혀를 물고 ᄉᆞᄉᆞ로 억제ᄒᆞ노라 ᄒᆞ얏더라[40]

'여자의 본분'을 잘 알고 있다고 말하는 라란부인은 그래서 남자들의 논의에 참여하지 않고 그 곁에서 그들의 말을 기록하는 일에 충실하고자 다짐한다. 남녀 교육의 차등 문제에 관한 토론에 참석했던 개화기의 부인네들은 "춍명이 ᄒᆞᆫ ᄀᆞᆺ 남ᄌᆞ의게ᄆᆞᆫ 잇ᄂᆞᆫ 것이 아니라 녀ᄌᆞ도 ᄯᅩᄒᆞᆫ 춍명ᄒᆞᆫ ᄌᆡ질인직 학문과 동등권을 가져 남ᄌᆞ를 더욱 리롭게 도을지라"[41]라고 주장했다. 여성 또한 교육을 받아야 남자들을 보다 잘 내조할 수 있다는 이러한 주장은 곧 라란부인의 현명한 내조 방식을 통해 그 전형을 획득한다고 할 수 있다.

개화기 여성 교육의 확대는 곧 여성에 대한 인식의 변화를 상징하는 것처럼 보인다. 실제로 여성 교육은 남성과의 평등을 주장하는 가운데 행해졌기 때문이다. "나라를 남ᄌᆞ의 나라이라ᄒᆞ며 귀족의 나라이라ᄒᆞ며 졍부의 나라이다ᄒᆞ야 남ᄌᆞ와 평등ᄉ되ᄂᆞᆫ 녀ᄌᆞ와 ᄯᅩ 남ᄌᆞ 즁에 대다수되ᄂᆞᆫ 로동쟈의 동포들은 모다 ᄇᆡ쳑ᄒᆞ야 나라의 셩쇠흥망 치란을 일졀 뭇지도 못ᄒᆞ게 ᄒᆞᆷ은 태고ᄉ적에 어리석은 말이오 악ᄒᆞᆫ 풍습이라"[42]라는 발언은 국가의 개념을 통해 국민으로서 남성과 여성 더 나아가 귀족과 노동자가

40 『라란부인젼』, 9쪽.

41 「론셜」, 『독립신문』, 1898. 1. 4.

42 「론셜」, 『대한매일신보』(국문판), 1908. 12. 29.

평등하다고 주장하는 것이다. 이러한 선언적 주장은 『애국부인전』과 『라란부인전』을 통해 사회적 주체로 직접 국가의 문제에 참여하는 여성들의 형상화를 통해 남녀의 평등이 실제적으로 가능한 것처럼 구체화된다.

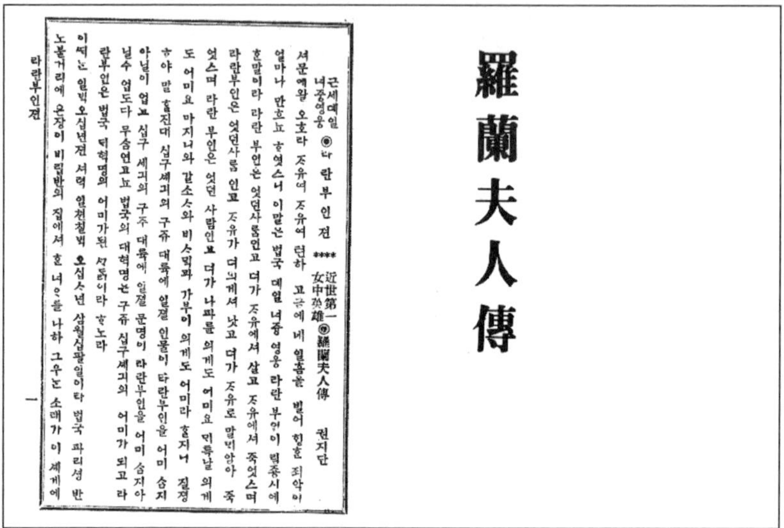
羅蘭夫人傳

근세뎨일 녀중영웅 ◉나란부인젼 **** 近世第一女中英雄◉羅蘭夫人傳 권지단

셔문에왈 오호라 ᄌᆞ유여 ᄌᆞ유여 텬하 고금에 네 일홈을 빌어 힝ᄒᆞᆫ 죄악이 얼마나 만흐뇨 ᄒᆞ엿스니 이말ᄉᆞᆷ 법국 뎨일 녀중 영웅 라란 부인이 림죵시에 ᄒᆞᆫ말이라 라란 부인은 엇던사ᄅᆞᆷ인고 뎌가 ᄌᆞ유에셔 살고 ᄌᆞ유에셔 죽엇스며 라란부인은 엇던사ᄅᆞᆷ 인고 ᄌᆞ유가 뎌의게셔 낫고 뎌가 ᄌᆞ유로 말ᄆᆡ암아 죽엇스며 라란 부인은 엇던 사ᄅᆞᆷ인뇨 뎌가 나파륜의게도 어미요 메트날 의게도 어미요 마지니와 갈소ᄉᆞ와 비ᄉᆞ믹과 가부이 의게도 어미라 ᄒᆞᆯ지니 질정ᄒᆞ야 말ᄒᆞᆯ진대 십구셰긔의 구쥬 대륙에 일졀 인물이 타란부인을 어미 삼지 아닐이 업ᄂᆞ니 십구 셰긔의 구주 대륙에 일졀 문명이 라란부인을 어미 삼지아닐수 업도다 무ᄉᆞᆷ연고뇨 법국의 대혁명ᄂᆞᆫ 구쥬 십구셰긔의 어미가 되고 라란부인은 법국 대혁명의 어미가된 연고ㅣ라 ᄒᆞ노라

이ᄯᅢᄂᆞᆫ 일빅오십년젼 셔력 일쳔칠빅 오십ᄉᆞ년 삼월십팔일이라 법국 파리셩 반노불거리에 ᄋᆞᆫ장이 비립반의 집에셔 ᄒᆞᆫ 녀ᄋᆞ를 나하 그ᄋᆞᄂᆞᆫ 소래가 이 셰계에

라란부인젼 一

『라란부인전』은 프랑스혁명 때 활약했던 롤랑부인에 관한 전기다. 라란부인은 그 자체로도 총명하고 뛰어난 인물이었지만, 남성을 보좌하는 여성의 역할에서도 다른 여성의 귀감이 되는 인물로 형상화되어 있다.

그러나 외적으로 드러난 현상이 반드시 본질과 일치하지만은 않는다. 여성 교육이 여성의 주체화가 아닌 가정 내에서의 보다 원활한 여성의 역할, 즉 어머니와 아내로서의 남성을 위한 조력자로서의 역할을 강조하기 위한 수단에 불과하다면, 국가 개념을 통해 확산된 평등은 어디까지나 상상된 것에 불과하다. 전시 체제에서의 일본의 여성운동을 분석한 우에노 치즈코가 주장했듯이, 근대가 낳은 주체로서의 개인이 '남성'을 모델로 해서 구성되었다면 여성 교육 혹은 국민화를 통한 여성 개인의 탄생은

불가능하다.[43]

5. 사회적 주체로서의 여성의 정체성과 그 한계

개화기 신소설이 여성의 순결을 전제로 성립된 가정이라는 사적 영역에 관심을 기울였다면 역사·전기소설은 국가의 위기와 관련된 공적 영역에 초점을 맞췄다. 특히, 여성 영웅을 주인공으로 형상화하고 있는 역사·전기소설은 국가의 위기와 함께 확대된 여성의 국민화 과정을 보여주었다. 그러므로 역사·전기소설은 신소설 등에서 형상화되었던 여성상과는 상이한 사회적 주체로서의 여성상을 창출하고 있다. 그러나 『애국부인전』과 『라란부인전』을 대상으로 여성 영웅의 특성을 고찰한 결과, 사회적 주체로서의 여성의 참여를 곧 주체화된 여성과 동일시하기에는 무리가 있었다.

첫째, 역사·전기소설에서 전쟁 혹은 혁명에 참여하여 주도적 역할을 수행했던 여성 영웅들의 성적 정체성 문제다. 프랑스 전쟁 영웅 약안이 전장에서 보여주었던 모습은 남성성의 전형이었다. 평소 구국의 신념으로 전사로서의 모습을 갖춰나갈 때, 사람들은 그녀를 비난했지만 정작 전쟁이라는 남성화된 공간에서의 약안의 모습은 영웅으로 칭송되었다. 여성 영웅이란 여성성의 거세를 통해 남성화된 여성에게 부여된 호칭이었다. 그러므로 여성성의 거세를 통해서만 실현 가능한 사회적 주체로서의 여성 영웅에게서 여성의 발견은 불가능한 것이다.

---

43 우에노 치즈코, 앞의 책, 94~95쪽 참고.

둘째, 역사·전기소설에서 여성 영웅들이 획일적으로 비극적 죽음을 맞이하는 것과 관련된 문제다. 전대의 여성 영웅소설들이 행복한 결말을 맞이하는 데 반해, 개화기 역사·전기소설의 여성 영웅들인 약안과 라란부인은 화형 혹은 사형이라는 극단적인 비극적 결말을 맞는다. 여성 영웅의 죽음은 국가의 문제와 접속하면서 이후, 국가의 통합을 위한 이데올로기로 기능한다. 여성 영웅의 죽음은 국가의 수난사와 동일시되면서 국민을 분노하게 하고 단결시키는 구심점으로 작용한다. 남성화된 전쟁이 요구하는 여성이란 살아 있는 존재로서의 여성이 아니라 '희생된 여성' 혹은 '죽은 여성'이다. 전쟁에 참여한 국민으로서의 여성이 국가를 위해 할 수 있는 일이란 죽음 이외는 없다.

셋째, 역사·전기소설의 여성 영웅들이 보여주고 있는 모습과 관련된 문제다. 라란부인은 프랑스혁명을 이끌었던 위대한 혁명가다. 그러나 그녀가 보여주고 있는 모습은 남편 라란의 활동을 보좌하는 역할에 불과하다. 여성의 역할(?)을 인식하고 있었던 라란부인은 남성들의 대화에 참여하지 않았으며 그 곁에서 그들의 논의를 기록하는 일을 자처했다. 개화기 여성 교육의 확대가 궁극적으로 국민(국민으로 성장할 자녀와 국민인 남편)을 보좌할 제2국민의 양성에 있었다는 사실을 라란부인은 다시 한 번 강조하고 있는 셈이다. '국민을 위한 국민'의 논리 속에서 사회적 주체로서의 여성은 존재할 수 없다.

역사·전기소설에서 형상화하고 있는 여성 영웅은 애국의 논리와 여성성의 문제가 서로 충돌하는 지점이었다. 제국주의의 확대에서 비롯된 개화기의 위기는 근대적 개념들을 모색하는 계기가 되었다. 신분제 폐지 등을 통한 근대 국가의 창출은 외적으로는 국민이라는 평등 개념을 제시하는 듯하면서도 내적으로는 남성과 여성이라는 차등의 논리가 엄연히 존재했다. 『애국부인전』과 『라란부인전』은 바로 이 충돌하는 개념들의 경계선 위에 존재한다. 국가와 여성이라는 쉽게 화해할 수 없는 두 개념의 갈등은 이후 역사에서 지속적으로 되풀이되었다. 왜냐하면 국가의 해방이 곧 여성의 해방과 동일시될 수 없었기 때문이다. 그러므로 『애국부인전』과 『라란부인전』을 대상으로 국가와 여성에 대한 고찰은 근대 이후 지속되어온 문제의식의 기원을 탐색하는 과정이었다고 할 수 있다.

제8장
다양한 '민족' 개념과 소설의 형상화

1. 다양한 민족 개념의 가능성

서구에서 유입된 '네이션'이라는 용어의 번역은 단순히 언어의 문제가 아니라 사회문화적 지형도를 새롭게 구성하는 일련의 과정들이었다. 19세기 말, 일본에서 네이션의 번역어로 '민족'이라는 새로운 조어가 제출된 이후, 한국에서 민족의 개념은 다양하게 전개되었다. 민족이라는 용어의 초기 사용 형태를 보여주는 『황성신문』에서는 1900년 1월 23일자 '외보'에서 영국 군대와 전쟁을 벌이고 있는 트란스발인들에 대해 네이션 개념으로서의 민족이라고 지칭하는가 하면, 1900년 1월 12일자 「서세동점의 기인」이라는 '기서'에서는 '동방민족', '백인민족' 등과 같은 인종 개념의 민족이라는 용어를 사용하고 있다.

이러한 개념의 혼종은 식민화의 위협이 본격화되었던 애국계몽기에도 여전히 지속되었다. 1907년 11월 19일자 『대한매일신보』에 게재되었던 「보종보국론」에서는 "인죵을 보젼ᄒᆞ기만 구ᄒᆞ려다가는 그 나라를 보젼치 못ᄒᆞ고 그 인죵이 ᄯᅡ라 망홀 거시니"라고 논의함으로써 네이션으로서의 민족 개념이 중첩된 인종이라는 어휘를 사용하고 있다.

민족 개념의 혼란은 서구로부터 전파된 용어를 당대의 현실에 맞게 재맥락화하는 과정에서 필연적으로 발생할 수밖에 없다. 그러나 권보드래가 논의했듯이, 민족이라는 용어는 다양한 활용에도 불구하고 점차 "국가체제 부재의 상황에서도 존재할 수 있는 국가의 원형적 집단을 가리키는 개념"[1]으로만 선택적으로 사용되었다. 그러나 민족 개념의 선택지가 점차 축소되었다고 하더라도 여전히 문제는 남는다. 1908년 7월 30일자 『대한매일신보』에 게재되었던 '론셜' 「민족과 국민의 구별」에서는 민족을 다음과 같이 규정하였다.

> 민족이란 거슨 다만 ᄀᆞᆺ흔 조상의 ᄌᆞ손에 ᄆᆡ인 쟈ㅣ며 ᄀᆞᆺ흔 디방에 사ᄂᆞᆫ 쟈ㅣ며 ᄀᆞᆺ흔 력ᄉᆞ를 가진 쟈ㅣ면 ᄀᆞᆺ흔 종교를 밧드ᄂᆞᆫ 쟈ㅣ며 ᄀᆞᆺ흔 말을 쓰ᄂᆞᆫ 쟈ㅣ 곳 이 민족이라 칭ᄒᆞᄂᆞᆫ 바ㅣ어니와 국민이라ᄂᆞᆫ 거슬 이와 ᄀᆞᆺ치 히셕ᄒᆞ면 불가ᄒᆞᆫ지라

새로운 유행어인 민족을 국민과 구별하고 있는 이 논설은 민족의 기준에 대해 '동일한' 조상, 지역, 역사, 종교, 언어를 조건으로 내세우고 있다. 이는 민족의 개념을 '부족', '인종' 그리고 '국민' 등과 구별시켰지만, 민족을 정의내리기 위한 조건은 여전히 논쟁적일 수 있다는 사실을 보여주고 있다. 즉, 민족의 시조, 지역, 역사, 종교, 언어에 대한 상이한 견해에 따라 민족의 범위는 얼마든지 달라질 수 있다는 것이다.

---

1 권보드래, 「근대 초기 '민족' 개념의 변화」, 『민족문학사연구』 33호, 민족문학사연구소, 2007, 206쪽.

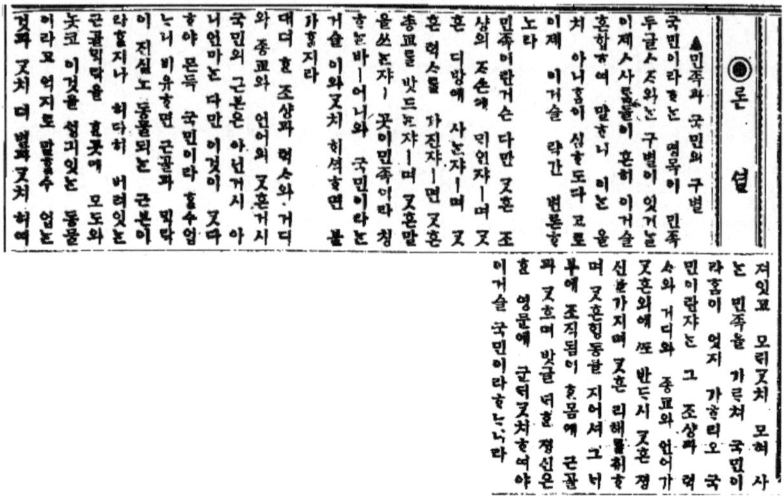

◉론설

▲민족과 국민의 구별

국민이라ᄒᆞᄂᆞᆫ 명목이 민족 두글ᄌᆞᄌᆞ와ᄂᆞᆫ 구별이 잇거ᄂᆞᆯ 이제ᄉᆞ사ᄅᆞᆷ들이 흔히 이거ᄉᆞᆯ 혼합ᄒᆞ여 말ᄒᆞ니 이ᄂᆞᆫ 올치 아니홈이 심ᄒᆞ도다 고로 이제 이거ᄉᆞᆯ 략간 변론ᄒᆞ노라

민족이란거슨 다만 ᄀᆞᆺ흔 조상의 ᄌᆞ손에 ᄆᆡ인자ㅣ며 ᄀᆞᆺ흔 디방에 사ᄂᆞᆫ자ㅣ며 ᄀᆞᆺ흔 력ᄉᆞ를 가진자ㅣ면 ᄀᆞᆺ흔 종교를 밧드ᄂᆞᆫ자ㅣ며 ᄀᆞᆺ흔말을 쓰ᄂᆞᆫ자ㅣ 곳 민족이라 칭ᄒᆞᄂᆞᆫ바ㅣ어니와 국민이라ᄂᆞᆫ 거ᄉᆞᆯ 이와ᄀᆞᆺ치 히셕ᄒᆞ면 불가ᄒᆞ지라

대뎌 ᄒᆞᆫ 조상과 력ᄉᆞ와 거뎌와 종교와 언어의 ᄀᆞᆺ흔거시 국민의 근본은 아닌거시 아니언마ᄂᆞᆫ 다만 이것이 ᄀᆞᆺ다ᄒᆞ야 믄득 국민이라 ᄒᆞᆯ수업ᄂᆞ니 비유ᄒᆞ면 근골과 ᄆᆡᆨ락이 진실노 동물되ᄂᆞᆫ 근본이라ᄒᆞᆯ지나 허다히 버려잇ᄂᆞᆫ 근골ᄆᆡᆨ락을 ᄒᆞᆫᄃᆡ에 모도와 놋코 이것을 섬기잇ᄂᆞᆫ 동물이라고 억지로 말ᄒᆞᆯ수 업ᄂᆞᆫ 것과 ᄀᆞᆺ치 더 벌과ᄀᆞᆺ치 허여져잇고 모릐ᄀᆞᆺ치 모혀 사ᄂᆞᆫ 민족을 가ᄅᆞ쳐 국민이라 홈이 엇지 가ᄒᆞ리오 국민이란자ᄂᆞᆫ 그 조상과 력ᄉᆞ와 거뎌와 종교와 언어가 ᄀᆞᆺ흔외에 ᄯᅩ 반드시 ᄀᆞᆺ흔 졍신을 가지며 ᄀᆞᆺ흔 리해를 취ᄒᆞ며 ᄀᆞᆺ흔 ᄒᆡᆼ동을 지어셔 그 니부에 조직됨이 ᄒᆞᆫ몸에 근골과 ᄀᆞᆺᄒᆞ며 밧글 ᄃᆡᄒᆞᆫ 졍신은 ᄒᆞᆫ 영문에 군ᄃᆡᄀᆞᆺ치ᄒᆞ여야 이거ᄉᆞᆯ 국민이라ᄒᆞᄂᆞ니라

'민족'이라는 용어는 개화기에 이르러 새롭게 전파되었다. 따라서 '민족'의 개념에 대한 다양한 논의들이 존재했다. 「민족과 국민의 구별」이라는 논설 역시 당시 '민족'이라는 용어를 중심으로 전개된 개념의 혼란을 보여준다.

그러나 다양한 민족 개념의 가능성에도 불구하고, 애국계몽기 민족 개념은 가시화된 제국주의라는 타자를 염두에 두면서 구성될 수밖에 없었다. 국가들의 생존경쟁, 우승열패라는 진화론적 지형도 속에서 민족은 생존을 위한 구심점 역할을 수행했다. 단결을 위한 구심점으로서 상상된 민족은 단군이라는 동일한 시조, 4천 년이라는 동일한 역사, 한국이라는 동일한 생활 영역, 동일한 의식 등으로 표상되었다.[2] 다양한 조건들의 순혈성을 강조하는 민족주의는 곧 당시 제국주의에 저항하는 유일한 방안으로 인식되었기 때문이다.

2 「국민의 칙임」, 『대한매일신보』(국문판), 1910. 6. 22.

신채호와 박은식은 일본 제국주의라는 타자와의 관계 속에서 저항적 민족주의 담론을 구체화했던 인물들이다. 신채호는 『독사신론』, 『조선상고사』 등의 집필을 통해 민족을 주체로 한 민족사학의 토대를 마련하는 동시에 『을지문덕』, 『이순신전』, 『최도통전』과 같은 역사·전기소설의 창작을 통해 민족 영웅을 중심으로 한 현실의 극복 가능성을 서사화했다. 박은식 역시 『대동고대사론』, 『한국통사』 등과 같은 민족을 단위로 한 역사에 대한 관심뿐만 아니라 『몽배금태조』, 『천개소문전』, 『명림답부전』 등과 같은 역사·전기소설을 통해 민족의 독립을 모색했다.

그러나 신채호와 박은식이 화두로 삼고 있는 민족은 비슷한 개념을 내포함에도 불구하고 시조, 지역, 역사, 종교, 언어 등과 같은 민족을 정의내리는 구체적인 조건들에 의해 그 지칭하는 실체가 달랐다. 이는 민족이라는 용어가 내포한 개념이 특정한 의도에 의해 기획된다는 사실을 드러냄과 동시에 역사적 상황 속에서 민족의 개념이 다양하게 규정될 수 있다는 사실을 보여준다.

한편, 신채호와 박은식의 민족 개념은 단순히 개념 그 자체로 끝나는 것이 아니라 이들이 창작했던 역사·전기소설의 서사적 특징으로 구체화되었다. 역사·전기소설은 민족을 화두로 전개되었던 서사물이다. 그러므로 신채호와 박은식의 민족에 대한 인식의 차이는 곧 민족을 구체화했던 역사·전기소설의 변별적 특징으로 나타날 수밖에 없다. 그러므로 신채호와 박은식의 민족 개념 고찰과 이를 토대로 한 그들의 역사·전기소설의 특징에 대한 고찰은 특정한 개념과 서사적 특징을 함께 아우른다는 의의를 지닌다.

2. 구성된 민족 개념과 그 실체

1차 한일협약(1904), 을사조약(1905)은 그동안 묵시적으로 인지되었던 일제의 침략적 의도가 분명하게 드러나는 계기였다. "優勝劣敗는 人事의 常이며 弱肉强食은 現世의 例"[3]라는 당시 지배적이었던 진화론적 논리에서 이는 피할 수 없는 현실이었다. 그러나 진화론적 사유가 반드시 강자의 입장에서만 필요한 것은 아니었다. 왜냐하면 생존에 대한 절박감은 약소국의 변화를 촉진하는 계기가 되었기 때문이다. 제도, 교육 등의 개혁은 망국의 낌새를 부정하고자 하는 노력이었으며 동시에 패자의 분위기를 쇄신하여 승자로서 생존하고자 하는 열망이었다.

이러한 노력과 희망은 민족주의라는 화두를 통해 구체화되었다. "뎨국쥬의를 져항ᄒᆞᄂᆞᆫ 방볍은 무엇인가 ᄀᆞᆯ오ᄃᆡ 민족쥬의"[4]라는 논의는 민족을 당대 현실을 타개하기 위한 구심점으로 인식하게 만들었다. 그러나 앞에서도 언급했듯이, 단결의 중심을 이루었던 민족의 개념 자체는 논자들마다 상이했다. 애국계몽기 대표적인 민족주의자였던 신채호와 박은식의 민족 개념을 조망하는 가운데 당시 유행했던 민족 개념의 지형도를 살펴보도록 하겠다.

1) 민족 경쟁과 강화된 순혈성

신채호는 "국가의 역사는 민족의 소장성쇠(消長盛衰)의 상태를 살펴 서술한 것이라. 민족을 버리면 역사가 없을 것이며 역사를 버리면 민족의 그 국가에 대한 관념 또한 크지 않을 것이니"[5]라고 논의함으로써, 민족을

3 윤효정, 「생존의 경쟁」, 『대한자강회월보』 11호, 대한자강회, 1907, 6쪽.
4 「뎨국쥬의와 민족쥬의」, 『대한매일신보』(국문판), 1909. 5. 28.

주체로 한 역사 서술의 필요성을 제기했다. 그러나 민족을 주체로 한 역사 서술에 앞서 해결되어야 할 문제는 민족의 실체를 규정하는 것이었다. 민족이라는 용어는 명확하지만, 앞에서 언급했던 시조, 지역, 역사, 종교, 언어와 같은 민족을 규정하는 구체적인 조건들과 접속되면, '민족'이라는 개념의 모호성은 커질 수밖에 없기 때문이다.

그래서 신채호는 민족을 주체로 한 새로운 역사서의 면모를 보여주고 있는 『독사신론』에서 가장 먼저 민족의 실체에 대해서 규명하고자 했다. 신채호는 동국민족을 선비족, 부여족, 지나족, 말갈족, 여진족, 토족으로 구분하고 있다. 이외에도 신채호는 몽고족과 일본족에 대해서도 언급하지만 이들은 "우리나라 역사상의 대부분 사건들"과 관련되지 않았다고 해서 배제했다. 따라서 신채호가 규정한 동국민족이란 동국이라는 지리적 조건 속에서 발생한 역사적 사건에 직접적으로 관여하고 있는 민족을 의미하는 것이다. 따라서 신채호의 논리에 따르면, 한국 민족은 여섯 민족의 통합체로 구성되어 있다고 할 수 있다.

그러나 신채호는 여섯 민족을 통합체 대신 경쟁 체제로 인식했다. 신채호는 지배와 복종의 논리를 내세워 "다른 다섯 민족을 정복하고 다른 다섯 민족을 흡수하여 동국민족의 지위를 계승했던"[6] 부여족을 주족(主族)으로 인식하고 나머지 다섯 민족을 객족(客族)으로 규정했다. 뿐만 아니라 "단군의 적통이 전해져온 부여왕조가 있으니, 설령 당시 우리 조선에 열 개의 국가가 있었을지라도 그 주족은 부여이며, 백 개의

5 원문은 다음과 같다. "國家의歷史ᄂᆞᆫ民族消長盛衰의狀態ᄅᆞᆯ閱叙ᄒᆞᆯ者ㅣ라民族을捨ᄒᆞ면歷史가無ᄒᆞᆯ지며歷史ᄅᆞᆯ捨ᄒᆞ면民族의其國家에對ᄒᆞᆫ觀念이不大ᄒᆞᆯ지니" 신채호, 『독사신론』, 『단재신채호전집』 3권, 독립기념관 한국독립운동사연구소, 2007, 5쪽.

6 원문은 "他五種을征服ᄒᆞ며他五種을吸收ᄒᆞ야東國民族世位에據ᄒᆞᆫ者"이다. 신채호, 『독사신론』, 6쪽.

국가가 있었을지라도 그 주족은 부여이며, 천 개, 억만 개 국가가 있었을지라도 그 주족은 부여다”[7]라고 논의함으로써 여섯 민족 가운데 하나인 부여족의 적통성(嫡統性)을 강화하였다. 따라서 신채호가 시조, 지역, 역사 등과 같은 구체적인 조건들에 의해 구성한 민족의 실체란 곧 부여족을 의미하는 것이었다.

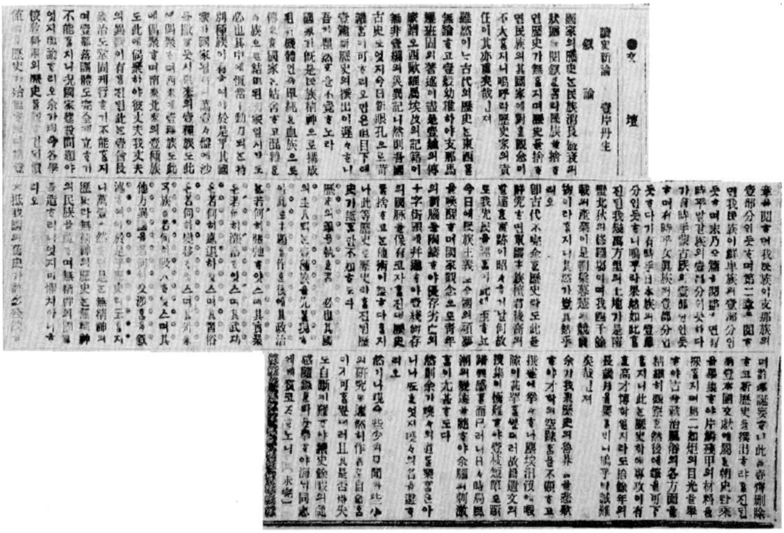

신채호의 『독사신론』은 개화기에 이르러 새롭게 전파된 ‘민족’이라는 개념을 중심으로 해서 집필된 역사론이다.

신채호가 민족의 실체를 부여족으로 규정하고 동국민족을 통합체 대신 부여족을 중심으로 한 경쟁 체제로 인식한 것은 당시 전파되었던

7 원문은 다음과 같다. “檀君嫡統의傳次훈扶餘王朝가昭在훈니設或當時我東에拾國이有훌지라도主族은扶餘가是며百國이有훌지라도主族은扶餘가是며千國 億國이有훌지라도主族은扶餘가是니” 신채호, 『독사신론』, 13쪽.

진화론적 사고에서 기인한다. 진화론은 처음부터 경쟁이라는 개념과 함께 했다. 일본에서 만들어진 '경쟁'이라는 어휘를 초기에 도입했던 유길준은 「경쟁론」(1883)에서 "무릇 인간 만사가 경쟁에 의지하지 않은 것이 없으니 크게는 천하와 국가의 일에서부터 작게는 일신(一身)과 가족의 일에 이르기까지 모두 경쟁으로 인하여 비로소 능히 진보하는 것이다"[8] 라고 언급하면서 진보의 근본 원인을 경쟁에서 찾고 있다. 경쟁의 중요성은 애국계몽기에도 여전히 지속되었다. 다윈의 진화론을 소개하고 있는 『대한매일신보』의 한 논설은 "날마다 진보ᄒᆞ고 날마다 변홈은 ᄯᅩ 무엇을 인ᄒᆞ여 되ᄂᆞᆫ 쟈ㅣ뇨 ᄶᅡ위인씨가 이 문뎨에 ᄃᆡᄒᆞ야 히셕ᄒᆞᆫ 말이 잇스니 곳 경징 두 글ᄌᆞ로 결단ᄒᆞ여"[9]라고 논의했다.

신채호는 이러한 경쟁에 기초한 진화론적 사유를 역사 서술에 적극 도입했던 것이다. 그래서 동국민족 가운데 부여족을 '아'(我)로 규정하였고 이 부여족의 끊임없는 투쟁사를 한(韓)민족의 역사로 대체했다. 이는 『독사신론』에 형상화된 단군의 모습에서부터 보다 명료하게 드러난다.

> 허다한 추장들이 서로 자웅을 겨루고, 대등한 실력으로 서로 다투더니 이때에 성인이 나타나 신이한 공덕과 성스러운 덕으로 무수한 나라들을 통일하고 이들을 신하로 삼았으니, 그 처음 일어난 땅은 장백산이며 그 정치의 중심은 졸본부여였다.[10]

---

8 유길준, 「경쟁론」, 『유길준전서』 4권, 일조각, 1971, 47쪽. 원문은 다음과 같다. "大凡人生의萬事가競爭을依持ᄒᆞ지아니ᄒᆞᆫ者가엄ᄉᆞ니大ᄒᆞᆫ則天下國家의事로붓터小ᄒᆞᆫ則一身一家의事에이르러悉皆競爭을因ᄒᆞ야始能進步ᄒᆞᄂᆞᆫ者이라"

9 「경징의 진보」, 『대한매일신보』(국문판), 1909. 8. 11.

10 원문은 다음과 같다. "許多酋長들이彼雌此雄ᄒᆞ며地醜德齊ᄒᆞ야互相頡頏ᄒᆞ더니于時에聖人이作擧ᄒᆞ사神功盛德으로無數ᄏᆞ邦을統壹ᄒᆞ야此ᄅᆞᆯ臣服ᄒᆞ니其初起의地ᄂᆞᆫ長白山下가是며其政治의中心點은卒本扶餘가是니라" 신채호, 『독사신론』, 10쪽.

『독사신론』에 형상화된 민족의 시조인 단군은 수많은 추장들이 난립하는 무질서를 신공과 성덕으로 복종시켜 하나의 질서를 창조하는 정복 영웅의 모습으로 형상화되었다.[11] 정복 영웅으로서의 단군의 형상화는 이민족과 맞섰던 부여와 고구려로 계승되어 강인한 유전자를 소유한 민족의 계보를 구성하게 만들었다. 또한 이는 비아(非我)에 대한 지속적인 정복에 의해 아(我)를 확인하는 과정으로서, 이후 "我와 非我의 투쟁"이라는 역사에 대한 정의로 구체화되었다.

경쟁을 기본적인 역사 발전의 원동력으로 인식하고 있는 신채호의 역사 서술은 다음 두 가지 사항을 강조하는 효과를 낳는다. 첫째, '경쟁에서 살아남은 승자'라는 민족에 대한 환상이다. "개인이든지 국가든지 '나'(我)가 '적'(彼)에게 이기지 못하면 반드시 '적'(彼)의 세력에 굴복하여 종종 멸망에 이른다"[12]라고 논의했던 윤효정은 경쟁에서의 우열관계가 곧 생존과 멸망을 좌우하게 된다고 강조했다. 따라서 생존 자체는 곧 경쟁에서 우위를 점해왔다는 증거가 된다. 그러므로 신채호의 역사 서술은 부여족으로 대표되는 한(韓)민족이 주변과의 끊임없는 경쟁에서 결국 현재까지 지속적으로 생존해온 승자였다는 사실을 증명하는 것이었다. 이러한 승자로서 구성된 과거에 대한 인식은 당시 가시화된 식민화의 위험을 극복하고자 한 의도에서 기인했다.

11 정복 영웅으로서의 단군의 모습은 이미 이만열에 의해서 논의되었다. 이만열은 『독사신론』, 『조선문화상고사』, 『조선상고사』 속에서 형상화된 단군의 모습이 정복 영웅, 자주문화의 상징, 종교적 존재로 각각 다르게 표상된다는 사실에 주목하였다. 이만열, 「단재 신채호의 고대사 인식」, 강만길 편, 『신채호』, 고려대학교 출판부, 1990, 157~163쪽 참고.

12 윤효정, 앞의 글, 6쪽. 원문은 "個人이든지 國家이든지 我가 彼를 制勝키 不能한 同時에는 반다시 彼의 下風에 屈趨하야 種種滅亡에 至함"이다.

둘째, 민족의 순혈성에 대한 강조다. 신채호가 언급했던 동국민족은 주족인 부여족 이외에도 지나족, 선비족 등이 포함된 복수 민족으로 구성되어 있다. 그러나 부여족을 주족으로 선택한 순간, 동국민족은 복수 민족 형태가 아니라 부여족만의 단일 민족으로 변모한다. 그래서 "토지의 역사만 있는 줄 알고 민족의 역사가 있는 것은 모른다"[13]라고 비판했던 신채호는 동국이라는 지리적 조건 위에서 활동했던 기자(箕子)를 비롯하여 위만, 최리 등에 대해 "다른 인종, 다른 민족"이라는 이유로 배제해버렸다. 부여족 이외의 민족들이 동국민족에서 객족 그리고 객족에서 이민족으로의 격하는 부여족의 순혈성을 강화하는 계기가 되며, 동시에 앞에서 언급했던 아(我)와 비아(非我)의 경쟁을 위한 토대를 구성하게 된다. 앙드레 슈미드에 의하면, 이러한 주족 중심의 역사는 부계 혈통 중심의 족보 서술과 크게 다르지 않다.[14] 부계 혈통을 통해 가문의 순수성을 강조했던 족보 서술처럼, 신채호 또한 주족을 통해 주변 민족들을 배제함으로써 민족의 순혈성을 높이려고 했던 것이다.

일본의 제국주의 침략 속에서 민족을 중심으로 저항하고자 했던 신채호는 전파된 민족의 개념을 역사를 통해 새롭게 구성하고자 했다. 동국이라는 지리적 조건 속에서 활동했던 여러 민족들 가운데 부여족에게만 한(韓)민족의 정체성을 부여했으며 동시에 부여족과 나머지 민족들 간의 경쟁과 투쟁을 형상화함으로써 한(韓)민족의 역사를 구성하였다. 신채호에게 있어서 역사란 곧 부여족인 한(韓)민족이 항상 생존의 승자로서 현재에 이르렀다는 사실을 증명하는 것이라고 할 수 있다.

---

13 원문은 "土地歷史의有ᄒᆞᆷ만知ᄒᆞ고民族歷史의有ᄒᆞᆷ을不知ᄒᆞᆷ"이다. 신채호, 『독사신론』, 19쪽.

14 앙드레 슈미드, 정여울 역, 『제국 그 사이의 한국』, 휴머니스트, 2007, 429쪽.

2) 확대된 민족 개념과 강조된 국혼

박은식은 경술국치 이후, 해외로 망명한 기간 동안 『한국통사』(1915), 『한국독립운동지혈사』(1920)를 집필했다. 『한국통사』는 1864년부터 1911년까지를, 『한국독립운동지혈사』는 1884년부터 1920년까지를 다루고 있다. 이는 『한국통사』와 『한국독립운동지혈사』가 한국 근대사를 최초로 다룬 역사서라는 사실을 말해준다. 애국계몽기에 교육과 식산을 통해 자강의 논리를 강조했던 박은식은 한일합방 이후부터 본격적으로 역사 편찬에 주목하기 시작했다. 역사를 강조했던 박은식의 의도는 『한국통사』 '서언'을 통해 엿볼 수 있다.

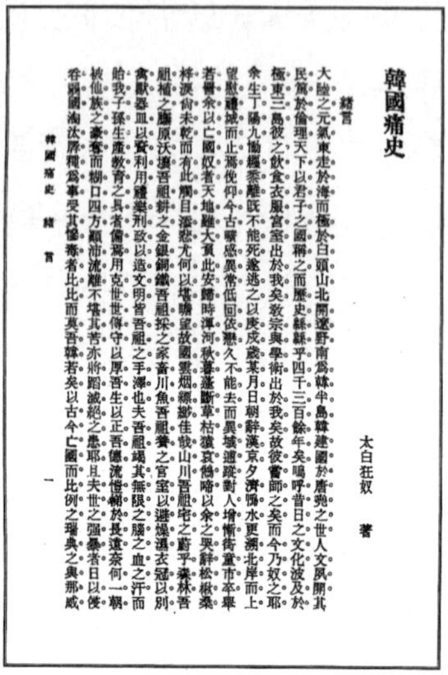
韓國痛史

緖言

太白狂奴 著

大陸之元氣東走於海而極於白頭山北開遼野南爲韓半島韓建國於唐堯之世人文夙開其民篤於倫理天下以君子之國稱之而歷史蘇蘇乎四千三百餘年矣嗚呼昔日之文化波及於極東三島彼之飲食衣服宮室出於我矣敎宗與學術出於我矣故彼嘗師之矣而今乃奴之耶余生丁陽九慟纒黍離既不能死遂逃之以庚戌歲某月日朝辭漢京夕濟鴨水更溯北岸而上望慰禮城而止焉俛仰今古曠感異常低回依戀久不能去而異域遭蹤對人增慚街童市卒畢若嘗余以亡國奴者天地雖大負此安歸時渾河秋暮邊斷草枯猿哀鵂啼以余之哭辭松楸桑梓淚尙未乾而有此觸目添悲尤何以堪瞻望故國雲烟縹緲佳哉山川吾祖宅之蔚乎桑林吾祖補之膴原沃壤吾祖耕之金銀銅鐵吾祖採之家畜川魚吾祖養之宮室以避燥濕衣冠以別禽獸器皿以資利用禮樂刑政以造文明皆吾祖之手澤也夫吾祖竭其無限之腦之血之汗而貽我子孫生產敎育之具者備焉用克世世傳守以厚吾生以正吾德流愷悌於長遠奈何一朝被他族之豪奪而糊口四方顚沛流離不堪其苦亦將蹈滅絕之患耶且夫世之强暴者日以優呑弱國淘汰爲稱爲事受其慘毒者比比而莫吾韓若矣以古今亡國而比例之瑞典之奧那威

韓國痛史 緖言 一

1915년 중국에서 출판된 박은식의 『한국통사』는 한국 최초의 근대사라는 평가를 받고 있다. 미주 한인 신문이었던 『신한민보』에도 국문으로 번역, 게재되었던 『한국통사』는 일제 식민지 시기에 민족에 대한 자긍심을 고취시키는 구심점 역할을 했다.

> 옛사람이 이르기를 나라는 멸할 수가 있으나 역사는 멸할 수가 없다고 하였으니, 그것은 나라는 형(形－形體)이고 역사는 신(神－精神)인 때문이다. 이제 한국의 형체는 허물어졌으나 정신만이 독존할 수는 없는 것인가. 이것이 통사를 저작하는 소이이다. 신이 보존되어 멸하지 아니하면 형(국가)은 부활할 시기가 있을 것이다.[15]

---

15 이 예문은 『백암박은식전집』에 수록되어 있는 국역본을 인용한 것이다. 이 국역본의 원문은

신용하의 논의에 따르면, 박은식은 혼(魂)과 백(魄)의 결합으로 이루어졌다는 개인유기체에 대한 이해를 민족과 국가로 확대하여 국혼과 국백의 개념을 새롭게 구성했다. 국혼이 '국교, 국학, 국어, 국문, 국사' 등과 같은 정신적 가치를 의미하는 것이라면, 국백은 '전곡, 군대, 성지, 함선, 기계'와 같은 물질적 가치를 의미한다.[16] 여기서 박은식은 국혼을 보다 본질적인 것으로 인식했다. 그래서 국백에 해당하는 국가가 멸망했다 하더라도 국혼이 존재한다면 언제든지 국가는 다시 부활할 수 있다고 믿었다. 그래서 박은식은 "신이 보존되어 멸하지 아니하면 형(국가)은 부활할 시기가 있을 것이다"라고 주장했던 것이다.

국혼에 대한 강조는 민족 개념을 새롭게 정립하는 것에서부터 시작되었다. 박은식은 신채호와 더불어 민족주의 사학을 개척한 인물로 인식되지만, 신채호의 민족 개념과는 달리 통합적이고 광의적인 개념으로 민족이란 용어를 정의했다. 이는 한(韓)민족의 고대사를 다루고 있는 『대동고대사론』에서 보다 명료하게 제시되었다.

『대동고대사론』은 '독립기념관소장', '도산안창호문서' 속에서 최근에 발굴한 박은식의 사론(史論)이다. 논자들은 이 저서를 대략 1914년을 전후하여 저술된 것으로 인식하고 있다.[17] "민족이 있은 이후에 역사가 있으나 역사가 없으면 민족도 없게 된다"라는 구절로 시작하고 있는 『대동고대사론』은 '제왕의 족보' 혹은 '개인의 행장'과 같은 과거 역사를

다음과 같다. "古人云國可滅史不可滅蓋國形也史神也今韓之形毁矣而神不可以獨存乎此通史之所以作也神存而不滅形有時而復活矣" 박은식, 『한국통사』, 『백암박은식전집』 1권, 동방미디어, 2002, 724쪽.

16 신용하, 『박은식의 사회사상 연구』, 서울대학교 출판부, 1982, 212~216쪽 참고.

17 윤병석, 「백암박은식전집 4권 해제」, 『백암박은식전집』 4권, 동방미디어, 2002, 20쪽.

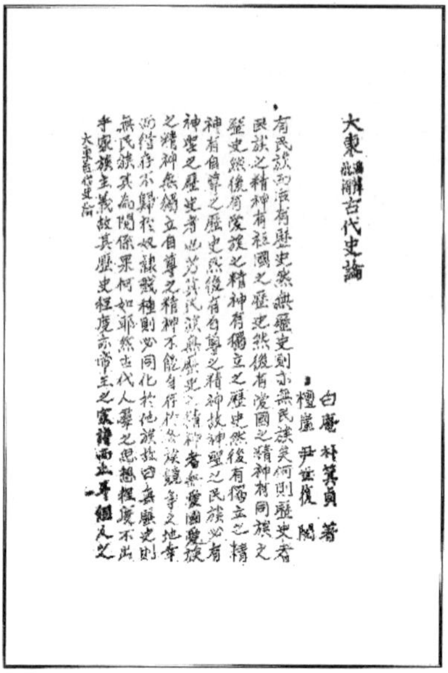

大東古代史論

白庵 朴箕貞 著
檀崖 尹世復 閱

有民族而後有歷史然無歷史則亦無民族矣何則歷史者民族之精神有祖國之歷史然後有愛國之精神有同族之歷史然後有愛族之精神有獨立之歷史然後有獨立之精神有自尊之歷史然後有自尊之精神故神聖之民族必有神聖之歷史者也苟我民族無歷史之精神者無愛國愛族之精神無獨立自尊之精神不能自存於生存競爭之地者而惟存不歸於奴隸戰種則必同化於他族故曰無歷史則無民族其為關係果何如耶然古代人羣之思想程度不出乎家族主義故其歷史程度亦帝王之家譜而止耳細又之

大東古代史論 一

大東古代史論 全

『대동고대사론』은 독립기념관소장 도산안창호문서 속에서 최근에 발굴된 것이다. '한민족'을 넘어서 '대동민족'이라는 새로운 개념을 주창했던 사론으로 평가된다.

비판하고 민족을 주체로 한 역사 서술의 필요성을 강조하고 있다. 박은식은 『대동고대사론』에서 민족을 명확히 해야 하는 이유에 대해 다음과 같이 밝히고 있다.

> 천지의 진화가 날로 새로워지고 인지의 진보도 날로 발전함에 따라 가족주의는 민족주의로 발전하였는데 이는 민족경쟁의 시대 산물이다. 타인과의 경쟁이 있으면 동족 사이의 상호부조를 구하지 않을 수 없게 되며 동족의 부조를 구하자면 자신의 본원과 혈통을 명백히 하여 동족 사이의 사랑의 정을 불러 일으켜야 한다. 이런 이유로 현재 많은 민족은 조상의 역사를 발달시켜 자강과 자주의 정신으로 경쟁에 대항하는 데 도움을 얻고자 한다.18

신채호와 마찬가지로 박은식 역시 당대를 진화론적 경쟁의 시대로 인식하고 있다. 그러나 동일한 시대 인식에도 불구하고 박은식이 생각했던 해결책은 신채호와 달랐다. 신채호가 주변 민족과의 경쟁의 역사를 통해 승자로서의 민족의 역사를 구성했다면, 박은식의 역사 서술은 주변 민족 간에 같은 민족으로서의 동일성을 확인하는 역사를 구성했다. 왜냐하면 박은식은 자(自)민족에 대한 인식을 토대로 같은 민족끼리 생존을 위해 단결할 때 비로소 이민족과의 경쟁에서 승리할 수 있다고 생각했기 때문이다. 따라서 『대동고대사론』에서 구성된 민족은 통합적이고 광의적인 개념으로 구성된다.

이러한 민족 그리고 역사 만들기의 일환으로 기획된 『대동고대사론』에서 박은식은 먼저 순혈성에 대한 인식부터 파괴했다. 박은식은 "단군과 기자의 후예를 놓고 보아도 수천년간 피가 섞이고 동화되어 기자의 후예를 단군의 후예가 아니라고 할 수 없다"[19]라고 논의했다. 즉, 기자(箕子) 등과 같이 비록 파계가 다른 객족이라고 하더라도 주족과 동화된다면 같은 민족이라는 논리로 민족의 외연을 확대했던 것이다. 박은식의 이러한 논리는 부여족을 단군의 적통을 계승한 주족으로 규정하고 기자, 위만 등과 같은 중국에서 이주한 종족을 이민족으로 규정하여 민족의 계보에서 배제했던 신채호의 민족 개념과는 상이하다.

---

18 이 예문은 『백암박은식전집』에 수록되어 있는 국역본을 인용한 것이다. 이 국역본의 원문은 다음과 같다. "天地之進化日新而人智之進步日增家族主義進而爲民族主義者以其爲民族競爭之時代故也卽有對他之競爭不可不求吾同族之相助矣求吾同族之相助不可不遡吾○自出之本原以明其血統之關聯以發其親愛之情根此現世各族皆以發達其祖先歷史爲自强自主之精神爲對○競爭之而力者也" 박은식, 『대동고대사론』, 『백암박은식전집』 4권, 동방미디어, 2002, 383쪽.

19 원문은 "檀箕之裔言之數千年干旣已混血同化則箕子之裔未有不爲檀君之裔者"이다. 박은식, 『대동고대사론』, 384쪽.

순혈성을 파괴함으로써 민족의 외연을 확대했던 박은식은 당시 민족을 규정하는 세부 조건으로 인식되었던 언어, 풍속 등에 대해서도 크게 염두에 두지 않았다. 박은식은 만주족과 한(韓)족에 대해 "언어도 통하지 않고 풍속도 다르니 어찌 동일한 민족이라 할 수 있겠는가"라고 하면서도, "모두 단군에서 나왔다"라는 검증되지 않는 이전의 역사서에 의거하여 만주족과 한(韓)족을 동일한 민족으로 인식했다. 만주에 기원을 두고 있었던 예맥, 숙신, 말갈, 여진 등에 대해서도 박은식은 '단군'이라는 확인되지 않은 기원의 동일성을 토대로 동족으로 간주했다.[20]

순혈성을 동화(同化)로 대체하고 민족의 세부조건을 단군이라는 기원으로 단일화한 박은식의 민족 구상은 단군의 자손을 퉁구스족과 동일시하기에 이른다. "단군은 신성한 조화로 인류사회의 문명을 맨 처음 열고 하늘의 뜻을 능히 받들 수 있었기에 왕성한 덕으로 갚음이 영묘하고 오래 지속되고 자손이 번창하고 영예가 밝게 빛났다. 이것이 퉁구스족이 성대하게 세계의 명족이 될 수 있었던 것이다. 신성의 후손이 아니라면 어찌 이렇게 될 수 있겠는가."[21] 이러한 박은식의 민족 구상에 따르면, 한(韓)족은 이제 한반도라는 지리적 한계에 갇혀 일제의 지배를 받는 열등한 민족이 아니라, 한반도를 넘어선 광활한 지역에 분포하면서 단군이라는 기원을 공유하고 있는 거대하고 강인한 민족으로 등장하게 된다.

신채호가 민족을 부여족으로 개념화하고 나머지 다섯 민족(선비족, 지나족, 말갈족, 여진족, 토족)을 지배했던 부여족의 강인함을 통해 민족의 유전자를 구성했다면, 박은식은 민족의 개념을 대동민족으로 확대하는

20 박은식, 『대동고대사론』, 386~387쪽.

21 원문은 다음과 같다. "檀君以神聖之化肇開人文克享天心故盛德之報修久靈長子孫繁昌榮譽烜爀此通古斯種蔚然爲世界名族苟非神聖之后何以有此哉" 박은식, 『대동고대사론』, 387쪽.

데에 초점을 맞췄다. 이민족과 경쟁하기 위해서 자민족끼리 상호부조해야 한다는 박은식의 주장을 염두에 둘 때, 확대된 민족의 경계는 상호부조를 통해 이민족과의 경쟁력을 높일 수 있다.

특히, 민족의 개념을 만한(滿韓)민족으로 구성된 대동민족으로 확대함으로써 한(韓)민족은 정복 민족으로 탈바꿈된다. 왜냐하면 대동민족의 개념 속에는 중국 중원에 금(金)을 세웠던 여진족과 청(淸)을 세웠던 만주족도 단군을 조상으로 하는 동일한 민족이기 때문이다. 신채호가 중국과의 대결 속에서 형상화했던 을지문덕과 같은 민족의 영웅을 넘어, 박은식은 아예 여진족과 만주족을 대동민족에 포함시킴으로써 한(韓)민족의 유전자를 중국을 정복·지배했던 민족으로 탈바꿈시켰던 것이다.

한(韓)민족을 대동민족으로 형상화함으로써 얻는 민족의 강인함은 비단 여기에서 그치지 않는다. 북방의 수많은 종족들이 정복했던 그 넓은 영토 또한 대동민족으로 표현되는 한(韓)민족의 고토가 된다. "이상의 여러 설에 의거하여 기자조선이 유주지역에 있었다는 것을 증명할 수 있다"라고 박은식이 논의했을 때, 유주(幽州)는 지금의 랴오닝성에 해당하는 중국의 영역이다. 신채호가 기자를 배제한 반면, 박은식은 기자(箕子)를 한(韓)민족에 복속시킴으로써 자연스럽게 한(韓)민족의 영토를 중국으로까지 확대하고 있는 것이다.

박은식은 "우리 대동민족은 신성한 신조(神祖)가 있고 신성한 문화가 있고 신성한 무풍(武風)도 있으니 유독 신성한 정신이 없겠는가"라고 논의했다. 박은식의 논리에서 역사를 통해 드러난 신성한 신조, 문화, 무풍 등은 곧 신성한 정신, 즉 국혼을 증명할 수 있는 근거가 된다. 박은식이 민족의 외연을 확대하여 강인했던 여러 종족의 역사를 한(韓)민족의 역사로 편입시킨 궁극적 이유는 바로 한(韓)민족의 국혼을 강조하기 위한 것이었다. 왜냐하면 국혼의 존재는 당시 실체가 존재하지 않는 국백, 즉 국가를 부활시킬 수 있는 유일한 원천이라고 박은식은 인식했기 때문이다.

3. 민족 개념의 차이와 민족 영웅의 서사화

신채호와 박은식은 역사·전기소설을 통해 역사적 인물을 당대의 현실로 호출했다. 호출된 전쟁 영웅들은 민족영웅으로 변모하면서 민족의 생존을 위해 기여했던 인물들로 형상화되었다. 신채호는 『을지문덕』, 『이순신전』, 『최도통전』을 창작했으며 박은식은 『천개소문전』, 『명림답부전』, 『몽배금태조』를 집필했다. 모두 당대의 영웅들이었으며 동시에 애국계몽기 민족 영웅으로 새롭게 재구성되었다는 공통점을 가지고 있다.

그러나 앞에서 언급했던 것처럼, 신채호와 박은식이 구성한 민족 개념은 상이하다. 따라서 상이한 민족 개념을 토대로 형상화된 민족 영웅들은 서로 다른 특징을 내포할 수밖에 없다. 신채호와 박은식의 역사·전기소설을 대상으로, 인물의 특성을 형상화하는 서사화 과정에서 상이한 민족 개념에 의해 드러나는 변별적 특징에 대해 살펴보도록 하겠다.

1) 민족사와 개인사의 결합을 통한 민족 영웅의 탄생

신채호의 민족 개념은 경쟁이라는 진화론적 사고를 전제로 성립된 개념이다. 단군으로 표상되는 정통성의 표지를 간직한 부여족이 주변의 선비족, 지나족, 말갈족, 여진족, 토족 등과의 지난(至難)한 경쟁에서 생존해온 역사를 통해, 신채호는 부여족을 승자로서의 민족으로 구성했다.

경쟁과 이를 통한 승자로서의 민족 개념은 신채호가 창작한 역사·전기소설에서도 서사를 추동하는 기본적인 전제가 된다.

애국계몽기 시기에 신채호가 창작한 『을지문덕』, 『이순신전』, 『최도통전』은 기본적으로 이원화된 서사로 구성되어 있다. 첫째는 민족을 주체로 한 서사이며 둘째는 을지문덕과 같은 인물을 주체로 한 서사다. 다양한 사건들을 하나의 이야기로 구성하는 방식에 의해 서사의 변별적 자질이 드러난다고 할 때,[22] 신채호의 역사·전기소설은 민족을 주체로 한 서사와 인물을 주체로 한 서사를 연결시킴으로써, 특정한 인물을 민족의 영웅으로 형상화한다는 특징을 갖고 있다.

역사·전기소설은 인물에 대한 서사화라는 측면에서 한문학 전통의 전(傳) 양식과 종종 비교된다. 그래서 김찬기는 근대계몽기에 창작된 전 양식이 조선후기의 전 작품의 변모 양상과 크게 다르지 않다고 논의하기도 했다.[23] 그러나 신채호가 창작한 역사·전기소설은 전의 일반적인 입전 방식과는 상이하다. 전은 일반적으로 '인정기술, 행적부, 논찬'을 기본적인 구성으로 취하고 있다. 인정기술 부분에서는 입전하고자 하는 인물의 가계, 신분, 성명, 거주지 등과 관련된 기술이 이루어지는 것이 일반적이다.[24] 그러나 신채호의 역사·전기소설은 인물에 대한 서술이 아니라 민족에 대한 소개를 먼저 하고 있다. 즉, 인물 이전에 민족을 먼저 입전하고 있는 것이다.

『을지문덕』은 '셔론' 이후에 '뎨일쟝 을지문덕 이젼에 한국과 지나의 관계', '뎨이쟝 을지문덕시딕에 고구려와 슈ㅅ나라의 형셰', '뎨삼쟝 을지

22 스티븐 코헨·린다 샤이어스, 임병권·이호 역, 『이야기하기의 이론』, 한나래, 1997, 82쪽 참고.

23 김찬기, 『한국 근대문학과 전통』, 국학자료원, 2002, 24쪽 참고.

24 박희병, 「조선후기 '전'의 소설적 성향 연구」, 서울대학교 박사학위논문, 1991, 9쪽 참고.

문덕시ᄃᆡ에 렬국의 형셰'로 장을 구성하고 있으며, 『최도통전』 또한 '데일쟝 셔론' 이후에, '데이쟝 최도통이젼의우리민족과다른민족'이라는 장을 두어, 인물에 대한 서사에 앞서 민족에 대한 논의를 전경화하고 있다. 다만, 『이순신전』은 민족에 관한 장(章)을 따로 두고 있지 않지만, '셔론' 부분에서 "단군 ᄌᆞ손의 씻친 슈치가 극심ᄒᆞ엿도다", "이제 이왕 일본과 ᄃᆡ뎍ᄒᆞᆫ 이 즁에 죡히 우리나라 민족의 명예를 ᄃᆡ표ᄒᆞᆯ 만ᄒᆞᆫ 거륵ᄒᆞᆫ 인물을 구ᄒᆞ건ᄃᆡ 고ᄃᆡ에ᄂᆞᆫ 두 사ᄅᆞᆷ이니, 첫재ᄂᆞᆫ 고구려 광ᄀᆡ토왕이오, 둘재ᄂᆞᆫ 신라 태종왕이오, 근ᄃᆡ에ᄂᆞᆫ 세 사람이니 첫재ᄂᆞᆫ 김방경이오, 둘재ᄂᆞᆫ 졍디오, 셋재ᄂᆞᆫ 리슌신이니, 모도 다섯 사ᄅᆞᆷ이라"[25]라고 서술함으로써 이순신을 개인이 아니라 단군으로부터 시작되는 민족사의 인물임을 명확히 하고 있다.

신채호의 역사·전기소설에서 인물에 앞서 전개되는 민족의 서사는 다음과 같은 일정한 특징을 가지고 있다. 『을지문덕』에서 전개되고 있는 민족 서사의 특징을 고찰하면 다음과 같다.

(가) 우리 셩조 단군이 지나 당요씨로 ᄒᆞᆫ ᄶᅢ에 나신 이후로 한국과 지나의 두 나라ᄉ민족이 료동ᄯᅡ 동녁과 셔ᄉ녁에 잇셔셔 우리가 강ᄒᆞ면 뎌희가 침로ᄒᆞᆷ을 밧으며 뎌희가 강ᄒᆞ면 우리가 핍박ᄒᆞᆷ을 닙어셔 두 나라이 ᄒᆞᆼ샹 셔로 침로ᄒᆞᆷ을 말지 아니 ᄒᆞ엿스니 고려 이젼 력ᄉᆞ를 보면 그 ᄯᅡ에 연나라 변방 료동 등디에ᄂᆞᆫ 믄득 비린 피와 누른 ᄐᆡᄉ글노 쳔여 년을 지ᄂᆡ엿스니 그 경ᄌᆡᆼ의 혹렬ᄒᆞᆷ을 가히 헤아려 알지로다.[26]

25 신채호, 『리슌신젼』, 『대한매일신보』(국문판), 1908. 6. 11.

26 신채호, 『을지문덕』, 『단재신채호전집』 4권, 독립기념관 한국독립운동사연구소, 2007, 110쪽.

(나) 어시호 우리 민족의 실력이 원만ᄒᆞᆫ ᄃᆡ경에 달ᄒᆞᄆᆡ 신라의 군ᄉᆞᄂᆞᆫ 멀니 바다 밧긔 힘을 펴셔 일본을 세 번이나 졍벌ᄒᆞ엿ᄉᆞ며 ᄇᆡᆨ졔ᄂᆞᆫ 갈말을 여러 번 쳐셔 ᄃᆡ경을 ᄀᆡ쳑ᄒᆞ고 고구려ᄂᆞᆫ ᄉᆞ군을 회복ᄒᆞ야 젼일 슈치를 갑흐며 료동 ᄯᅡ를 취ᄒᆞ야 판도를 확쟝ᄒᆞ엿ᄂᆞᆫᄃᆡ 각각 ᄃᆡ방이 쳔 리에 지나지 못ᄒᆞ고 인구가 ᄇᆡᆨ 만에 넘지 못ᄒᆞᄃᆡ 바다와 륙디로 ᄃᆡ항ᄒᆞᄂᆞᆫ 강뎍을 싸화셔 이긔기를 만히 ᄒᆞ고 패ᄒᆞ기를 적게 ᄒᆞ엿더라[27]

(다) 가히 앗갑도다 그ᄯᅢ에 렬국의 힝동이여 북졔가 슈에게 망ᄒᆞ고 진씨가 슈에게 멸ᄒᆞᆫ 이후로 슈ㅅ나라ᄂᆞᆫ ᄀᆞ쟝 크고 ᄀᆞ쟝 강ᄒᆞ엿스며 렬국은 다 적고 다 약ᄒᆞ엿스니 허다ᄒᆞᆫ 약ᄒᆞ고 적은 쟈의 힘을 합ᄒᆞ야 뎌를 항거ᄒᆞᆯ지라도 오히려 니긔지 못ᄒᆞᆯ가 두리거든 ᄒᆞ믈며 합ᄒᆞ기만 어려울 ᄲᅮᆫ 아니라 모다 스ᄉᆞ로 ᄂᆞᆽ게 ᄒᆞ고 스ᄉᆞ로 굴복ᄒᆞ며 셔로 침로ᄒᆞ고 셔로 경알ᄒᆞ야 슈ㅅ나라의 부용국 되기를 ᄃᆞᆯ게 녁엿도다

신라와 ᄇᆡᆨ졔ᄂᆞᆫ 입살이 업스면 니가 찰 근심을 ᄉᆡᆼ각지 아니ᄒᆞ고 고구려ᄅᆞᆯ 침벌ᄒᆞ라ᄂᆞᆫ ᄉᆞ신이 련쇽ᄒᆞ야 슈ㅅ나라에 왕ᄅᆡᄒᆞ며 고구려의 동졍을 졍탐ᄒᆞᄂᆞᆫ 간쳡이 사쳐에 느러섯스니[28]

(가)는 민족의 서사가 시작되는 첫 부분이다. '단군'과 '당요씨'의 대결 구도가 '한국'과 '지나'의 경쟁 구도로 반복되어 강조된다는 점에서, 신채호가 역사·전기소설에서 진화론적 인식에 기초한 '경쟁'을 전제로 민족의 개념을 구성하고 있음을 알 수 있다. 경쟁 관계 속에서 한(韓)민족은 (나)처럼 주변 민족을 점령하는 승자로 기록되기도 했지만, (다)처럼 주변 민족의 강대함에 의해 패자의 위기에 처하기도 한다. 이는 신채호가

27 신채호, 『을지문덕』, 111쪽.

28 신채호, 『을지문덕』, 115쪽.

창작한 역사·전기소설에서 인물의 서사에 앞서 전개되는 민족 서사가 갖는 일반적 특징이다.

경쟁 개념에 기초해서 민족의 서사가 시작되었다면, 을지문덕과 같은 인물의 서사는 민족의 위기를 전제로 해서 시작된다. 『을지문덕』에서 "이때에 니르러 한국 지나 두 나라ㅅ 민족의 감졍이 더옥 심ᄒᆞ야 피ᄎᆞ 흠씌 셔지 못ᄒᆞᆯ 형셰가 되엿스니 을지문덕은 졍히 이 시ᄃᆡ에 낫더라"[29]라는 인물의 등장은 『이순신전』과 『최도통전』에서 동일하게 반복된다.

인물의 서사에 앞서 전개되는 민족의 서사는 인물을 특정한 인물로 형상화하는 데에 기여한다. 즉, 을지문덕, 이순신, 최도통은 단순한 개인이 아니라 민족의 위기라는 서사 속에 탄생하게 된 민족의 영웅으로 형상화된다는 것이다. 그리고 마침내 이들 인물에 의해 위기에 처했던 민족의 서사는 그 위기를 극복하고 다시 승자로 종결된다. 따라서 신채호의 역사·전기소설은 민족의 위기와 극복이라는 서사 속에 인물의 서사를 삽입시킴으로써, 특정한 인물을 민족의 영웅으로 형상화한다고 할 수 있다. 헨리 제임스가 "사건은 인물의 드러냄이 아니고 무엇이겠는가?"[30]라고 논의했듯이, 승자와 패자로 굴곡진 민족 서사의 전개는 곧 특정한 인물을 영웅으로 형상화하기 위한 일련의 서사적 기획이었다고 할 수 있다.

경쟁에 기초한 민족 개념 속에서, 신채호는 과거의 인물들인 을지문덕, 이순신, 최도통을 민족의 영웅으로 호출할 수 있었다. 따라서 신채호가 호출한 인물들 역시 경쟁 개념을 표상으로 하는 민족 영웅이다. 즉, '영토개척주의자'로서의 을지문덕, 넬슨과 비교되는 이순신 그리고 '북벌정책'을 추진하는 최도통은 생존을 놓고 민족 간에 벌이는 경쟁 개념

29 신채호, 『을지문덕』, 112쪽.

30 제레미 탬블링, 이호 역, 『서사학과 이데올로기』, 예림기획, 2000, 138쪽에서 재인용.

없이는 형상화될 수 없는 인물들이라고 할 수 있다.

2) 민족의 확대된 외연과 민족 영웅의 형상화

신채호와는 달리 주변 민족을 동화시킴으로써 민족의 외연을 확대했던 박은식은 『천개소문전』, 『몽배금태조』 등과 같은 역사·전기소설을 집필했다. "하늘이 만물을 낳아 모두 함께 길러 서로 피해가 없게 한 것이지만 그 물(物)이 스스로 커나갈 힘이 있는 자는 생존을 얻을 것이요, 그렇지 못하면 생존을 얻지 못할 것이다"[31]라는 진화론적 인식 속에서 생존을 얻기 위해 박은식이 선택한 것은 민족의 확대였다.

그러나 민족의 외연이 확대될수록, 민족의 경계는 불명료해질 수밖에 없다. 『몽배금태조』에서 성인의 구세주의를 언급한 금태조는 기자(箕子)를 예로 들면서 "옛날 은이나 주가 번성했을 때 그 땅이 천리에 미치지 못했거늘 기씨조선은 4천여 리에 이르렀으니 해동의 새로운 은나라라고 할 수 있는 것이다"[32]라고 고평했다. 기자가 비록 중국 민족이지만 한(韓)민족과 동화되었기 때문에 같은 민족이 된다는 박은식의 논리는 곧 한(韓)민족의 주변에 위치한 모든 이민족이 잠재적으로 같은 민족이 될 가능성을 인정한 것이다. 그래서 만주족 역시 "풍속이 같지 않게 되고 언어가 통하지 않아 서로 남같이 생각하면서 다른 종족"이 되었지만 단군의 자손이라는 확인할 수 없는 사실에 의해 같은 민족으로 인정된다.

---

31 이 예문은 『백암박은식전집』에 수록되어 있는 직해본을 인용한 것이다. 이 직해본의 원문은 다음과 같다. "天이萬物을生흠의皆其併育ᄒᆞ야相害가無케ᄒᆞᆫ것이지만은其物이自生自育의力이有ᄒᆞᄂᆞᆫ者는生存을得ᄒᆞᆯ것이요自生自育의力이無ᄒᆞᆫ者ᄂᆞᆫ生存을不得ᄒᆞᆯ지라" 박은식, 『몽배금태조』, 『백암박은식전집』 4권, 동방미디어, 2002, 176쪽.

32 원문은 "古者殷周의域이千里에不過ᄒᆞ거ᄂᆞᆯ箕氏朝鮮은四千餘里에至ᄒᆞ얏ᄉᆞ니實로海東의新殷國이라"이다. 박은식, 『몽배금태조』, 192쪽.

박은식의 역사·전기소설은 이러한 불명확한 민족의 경계에 의해 신채호의 소설과는 변별된다. 신채호의 역사·전기소설은 부여족이라는 주족과 주변 민족 간의 생존을 건 투쟁이라는 서사에 인물의 서사를 중첩시킴으로써 과거의 인물을 민족의 영웅으로 구성한 반면, 박은식의 역사·전기소설은 불명확한 민족의 경계에 의해 주변 민족과의 경쟁을 서사의 기본 방향으로 설정할 수 없었다. 따라서 박은식의 역사·전기소설이 기획하고 있는 '민족 영웅 만들기'는 다른 방향으로 전개되었다.

『천개소문전』은 박은식 소설 가운데 과거의 인물을 민족의 영웅으로 구성하는 방법을 전형적으로 보여주고 있는 작품이다. 다음 예문은 『천개소문전』에서 '서론' 이후, '1장 천개소문의 유년 지망(志望)'의 첫 부분이다.

> 천개소문은 또한 이르기를 연개소문이니 고구려 영류왕 때 사람이요, 동부대인의 아들이다. 키가 9척이 넘고, 눈동자가 빛나 사람들이 감히 바라보지 못하였고, 구레나룻의 길이가 3척인 고로 당나라 사람이 일러 구레나룻 털보라 하였다.
>
> 어릴 때부터 병법의 정통함과 무예의 빼어남은 하늘이 내린 재능이었다. 홀로 장백산에 들어가 칼 솜씨를 닦은 지 수년에 드디어 세계 유일이요, 고금 무쌍한 도선(釼仙)이 된 고로 지금에 이르도록 천수백 년 동안 사람들이 연개소문의 무도대를 가리킨다.[33]

33 이 예문은 『백암박은식전집』에 수록되어 있는 직해본을 인용한 것이다. 이 직해본의 원문은 다음과 같다. "泉蓋蘇文은亦曰淵蓋蘇文이니高句麗營留王時人이오東部大人의子라身長九尺餘오龍瞳이閃閃ᄒᆞ야人不敢仰視ᄒᆞ고虯髥이長三尺故로唐人이稱ᄒᆞ야曰虯髥客이라ᄒᆞ니라幼時로부터兵法의精通홈과武藝의絶倫홈이天의才가有ᄒᆞ고獨히長白山에入ᄒᆞ야釼術을演習ᄒᆞᆫ지數年에드듸여世界獨一이오古今無雙ᄒᆞᆫ釼仙이된故로至今千數百年以下의人尙蓋蘇文의舞釼臺를指點ᄒᆞᄂᆞ니라" 박은식, 『천개소문전』, 『백암박은식전집』 4권, 동방미디어, 2002, 344쪽.

구체적인 사건 전개에 앞서 서술되는『천개소문전』의 인물에 대한 묘사는 주로 천개소문의 남성성에 초점이 맞춰져 있다. 천개소문은 9척이 넘는 신체와 구레나룻과 같은 남성성의 표상과 더불어 무예에 능통한 인물로 형상화되어 있다. 이러한 남성적 영웅상은 천개소문이 중원 대륙을 당나라 창업주 이세민에게 양보할 때, "이를 얻지 못할 경우 다른 나라의 신하나 되어 조국을 배반하는 것이 또 어찌 남자의 할 일이리오"라는 내적 독백으로 발현된다.

물론, 천개소문의 행위 가운데, 확장하는 중국의 당나라에 맞서 국가의 경계를 지켜냈다는 민족 영웅적인 면모는 존재한다. 그러나 서사의 시작이 민족 영웅으로서의 면모가 아니라 남성적 영웅이라는 사실은 이후의 서사 전개에서도 반복적으로 구체화된다. 이세민과 천개소문을 "용과 봉황의 모습"으로 비유하고 안시성을 넘지 못하고 결국 물러나게 된 당태종에 대해 "만춘이 성에 올라 인사의 말을 하니 당제가 비단 백필을 내려 그 재용과 충근을 칭송하였다"라는 서술 등은『천개소문전』이 생존을 놓고 민족과 민족 간에 벌어지는 치열한 경쟁이 아닌, 남성과 남성의 명예로운 대결을 전경화하고 있음을 보여준다.

그러나 남성성에 토대를 둔 영웅은 민족 영웅과는 다르다. 이러한 균열을『천개소문전』은 남성과 어린이 그리고 여성과의 차이를 강조함으로써 봉합한다.『천개소문전』의 '결론'에서 서술자는 "어른을 따라서 걸음을 능히 하는 자는 어린이가 아니며, 장부를 따라 거취를 본받는 자는 여자가 아닌가"[34]라고 말하면서 영웅의 조건을 "독립 자주의 힘"이

34 원문은 "長者를隨ᄒᆞ야行步를能히ᄒᆞᄂᆞᆫ者ᄂᆞᆫ稱子가아니며丈夫를從ᄒᆞ야去就를以ᄒᆞᄂᆞᆫ者ᄂᆞᆫ女子가아닌가"이다. 박은식,『천개소문전』, 357쪽.

라고 규정하고 있다. 즉, 어린이와 여성이 아닌 남성 가운데 "독립 자주의 힘"을 가진 자는 능히 영웅이 될 수 있으며, 그 영웅은 "독립 자주의 힘" 때문에 다름 아닌 민족 영웅이 된다는 논리다.

『천개소문전』의 민족 영웅 기획이 서사가 아닌 서술자의 직접 제시(telling)에 의해 형상화될 수밖에 없었던 이유는 불명확한 민족의 경계에 의해, 경쟁에 토대를 둔 민족의 서사를 통해 인물을 형상화할 수 없었기 때문이다. 『천개소문전』이 불명확한 민족의 경계에 의해, 천개소문을 불완전한 민족 영웅으로 호출하는 데에 그쳤다면, 『몽배금태조』는 불명확한 민족의 경계가 가져올 수 있는, 보다 생산적인 측면을 강조하고 있다.

『몽배금태조』는 무치생이 꿈에서 금태조와 만나, 민족의 장래를 위해 논의하는 것으로 서사를 전개하고 있는 몽유록 소설이다. 금태조를 조언의 대상자로 설정한 것은 민족의 외연을 확대했기 때문에 가능한 현실이다. 무치생은 "대금국의 태조황제는 우리나라의 평주 사람 김준의 9세손이요, 그 발상지는 지금의 함경북도 회령군이고 그 민족의 역사로 말하면 여진족은 발해족의 다른 이름으로 발해족은 마한족의 이주자가 많은지라"[35]라고 금태조에 대해 소개하고 있다.

민족의 외연은 금태조를 시작으로 만주족을 아우르고 퉁구스 종족으로까지 확대된다. 이러한 민족의 확대는 역설적이게도 경쟁을 기본으로 하는 진화론적 인식에서 기인한다. "두만강변의 한 작은 부락으로 흥기하여 단숨에 요나라를 멸하고 다시금 북송을 취하여 중국 천지의 주권을 장악"했던 금(金)의 기억, "하늘과 투쟁하여 인내성이 많고 ……(중략)……

35 원문은 "大金國太祖皇帝는我平州人金俊氏의九世孫이오其發祥地는今咸鏡北道會寧郡이오其民族歷史로言ᄒᆞ면女眞族은渤海族의變稱者오渤海族은馬韓族의移住者ㅣ多ᄒᆞᆫ지라"이다. 박은식, 『몽배금태조』, 172쪽.

놀고먹는 게으른 습성이 없이 근면 역작의 민족성을 지닌" 통구스족의 기억을 한(韓)민족의 유전자로 구성하여 우승열패의 시대에서 승자의 위치를 점하겠다는 것이다.[36] 특히, 거란족이 세운 요(遼)의 지배에서 벗어나 중국을 재패한 금(金)의 역사는 한(韓)민족에게는 대단히 매력적인 과거사였다. 왜냐하면 당시 한(韓)민족에게는 일본 제국주의라는 현재의 고통을 갈음하는 강인한 민족의 과거가 필요했기 때문이다.

경쟁에 토대를 둔 진화론적 현실 인식 속에서 박은식은 주변 민족과의 '경쟁' 대신 '상호부조'를 선택했다. 동화된 외래 민족을 동일한 민족으로 인정하고 만주족, 퉁구스족 등으로 민족의 외연을 확대함으로써 광활한 지역을 점령했던 강인한 민족의 고대사를 구성할 수 있었다. 『몽배금태조』는 민족의 외연을 확대함으로써 획득할 수 있었던 긍정적인 측면을 몽유록 형식을 통해 구체화한 소설이다. 『몽배금태조』를 통해, 중국을 재패했던 금(金)의 역사는 한(韓)민족사의 일부가 되었으며 더 나아가 요(遼)의 지배를 받던 패자의 위치에서 중국을 지배하는 승자의 위치로 올라섰던 금(金)을 통해 당시 일제에 의해 패자로서 느껴야 했던 절망감을 극복하고자 했다.

그러나 한편, 확대된 민족의 외연에 의해 흐려진 민족의 경계는 특정한 인물을 민족 영웅으로 구성하는 데는 일정한 한계가 있었다. 그래서 『천개소문전』은 민족이 아닌 남성성으로 과거 인물을 영웅으로 구성했으며 여성과 어린이가 아닌 "독립 자주의 힘"을 가진 남성만이 영웅이 될 수 있다는 모호한 논리를 통해 남성적 영웅과 민족 영웅을 동일시했다.

36 박은식, 『몽배금태조』, 170~172쪽.

4. 종적/횡적 민족 개념과 역사·전기소설의 서사화

이상의 논의는 전파된 민족이라는 용어가 그 개념을 확정하기까지는 내부적으로 다양한 개념들의 지난(至難)한 경쟁이 존재한다는 사실에 착안하여, 신채호와 박은식의 민족 개념의 차이에 대해 조망했다. 또한 민족 개념의 차이를 이들이 창작한 역사·전기소설의 서사적 특징과 연계시켰다. 신채호와 박은식이 논의한 민족 개념의 실체와 이를 토대로 형성된 역사·전기소설의 서사적 특징은 다음과 같았다.

먼저 '민족'은 인종의 개념에서부터 종족의 개념까지 다양한 스펙트럼을 보이는 개념의 혼란에도 불구하고, 최종적으로 종적인 범주와 횡적인 범주로 구분되었다. 종적인 범주의 특성을 강화한 민족 개념은 신채호에 의해 강조되었다. 신채호는 여러 종족들 가운데 부여족을 지배적인 종족으로 인식하여 부여족의 계보로 민족의 계보를 대체했다. 이는 민족의 범주를 종적인 특성을 강화시켜 순혈성을 강화하고 적통성을 높이는 방향으로 민족을 개념화한 것이다. 반면, 횡적인 범주의 특성을 강화한 민족 개념은 박은식의 민족 개념으로 대표된다. 박은식은 민족의 범주를 횡적인 측면으로 강화시켜 한반도뿐만 아니라 탈-한반도에 거주했던 모든 종족을 동화(同化)와 단군이라는 검증되지 않은 기원을 통해 민족의 범주로 포괄했다. 이를 통해, 중국의 중원을 지배했던 여진족, 만주족 등은 모두 대동(大東)민족이라는 차원에서 동일한 민족으로 수렴되었다.

민족 개념의 차이는 이들이 집필한 역사·전기소설에서도 그대로 반복되었다. 신채호는 종적인 민족 개념에 기반을 둔 민족의 서사를 인물의 서사와 중첩시킴으로써 과거의 전쟁 영웅을 민족의 영웅으로 변모시켰다. 이민족과의 경쟁에서 패자의 위기에 처한 민족의 서사를 인물의 서사와 중첩시키고, 인물의 활약에 의해 민족의 위기를 구원함으로써 인물은 자연스럽게 민족 영웅으로 형상화되는 것이다. 주변 민족과의 경쟁을 위해 민족의 순혈성과 적통성을 강조했던 신채호의 민족 개념은 역사·전기소설에 의한 특정한 인물의 민족 영웅화 기획에 의해 보다 자연스러운 개념으로 정립될 수 있었다. 왜냐하면 서사란 항상 당대의 문제적 개념들을 자연스럽게 만드는 일련의 과정들이기 때문이다.

한편, 신채호와 마찬가지로 진화론적 경쟁 체제로 현실을 인식하고 있었던 박은식은 그러나 경쟁보다는 자민족에 대한 확인 작업을 통해 같은 민족끼리의 상호부조를 강조했다. 따라서 박은식이 강조했던 민족 개념은 한(韓)민족이 아니라 대동민족이었다. 민족의 외연을 확대했기 때문에 비로소 동족으로 인정된 금(金)태조와 무치생이 민족의 장래를 위해 논의하고 있는 『몽배금태조』는 곧 박은식이 주장했던 대동민족이 경쟁이라는 현실 속에서 나아갈 방향을 서사화한 것이다. 그러나 주변 민족을 경쟁상대로 인식하는 것이 아니라 잠재적인 동족으로 인식한 결과, 이민족과의 경쟁보다는 남성성을 전경화한 민족 영웅을 형상화할 수밖에 없는 모순을 보이기도 했다.

이상의 논의는 애국계몽기라는 동시대에 통용되었던 '민족'이라는 어휘가 동시대성에도 불구하고 다양한 스펙트럼을 보여주었다는 사실을 드러냄과 더불어 이러한 민족 개념의 차이가 역사·전기소설의 서사적 특징으로 연결되었다는 사실을 밝혔다는 의의를 지닌다.

제9장
기획된 저항적 남성성의 전통과 영웅의 발명

1. 개화기 남성성의 두 가지 유형

개화기 '국가/민족'을 표상으로 한 새로운 패러다임의 전파는 '백성'을 '국민'으로 만드는 기획의 시작이었다. 신분제의 한계에 묶여 있었던 백성을 국민이라는 평등 개념으로 이끌어내기 위한 제도의 정비는 하향식 개혁이라는 추상성에도 불구하고 몇몇 선구적인 실천들을 이끌어냈다. 감리교 선교사였던 스크랜튼에 의해 설립되었던 한국 최초의 여학교에서는 조별단이라는 빈민 출신의 여아와 당대 최고의 권력자였던 박영효의 여아가 같은 공간에서 학습하는 풍경을 연출했으며, 1896년 창간된 한국 최초의 민간 신문인 『독립신문』은 순국문이라는 문체의 선택에 의해 신분의 차이를 넘어선 지식의 대중화를 가져왔다.

기존의 것들과 불연속적인 차이를 만들어내면서 성립되었던 개화의 모습들은 이 시기 새롭게 구성되기 시작한 남성성의 영역에서도 예외는 아니었다. 변화하는 시대상을 읽지 못하거나 사사로운 이익에 집착하는 형상은 '완고'와 '개화'라는 이분법적 틀에 의해 비판의 대상이 되었다. 여성과의 차이에 의해 규정되어 왔던 남성성의 양상이 생물학적인 특성에서 기인하는 것이 아니라 시대적 필요에 의해 구성된다는 측면을 염두에 둘 때, 개화기에 이르러 새롭게 구성된 남성성의 모습은 대략 두 가지 유형으로 정리될 수 있다. 이러한 남성성의 모습은 개화기의 다양한 서사 갈래들을 통해 구성 혹은 재현되었다.

여러 서사 갈래들 가운데 분량 면에서 비교적 길이가 긴 신소설과 역사·전기소설은 개화기 남성성의 양상을 구체적으로 서사화했다. 먼저, 신소설에 형상화된 남성의 모습이다. 역사·전기소설과 대비하여 '여성적 소설'이라는 평가를 받아왔던 신소설[1]에는 이전의 시기와는 구별되는 다음과 같은 남성성이 나타난다.

> (구) 이ᄋᆡ 옥년아 어-실톄하엿구 남의 집 처녀더러 ᄯᅩ ᄒᆡ라 ᄒᆞ얏구나 우리가 입으로 조션말은 ᄒᆞ더ᄅᆡ도 마음에ᄂᆞᆫ 셔양 문명한 풍속이 저젓스니 우리ᄂᆞᆫ 혼인을 ᄒᆞ여도 셔양 사ᄅᆞᆷ과 갓치 부모의 명녕을 좃칠 거시 아니라 우리가 셔로 부부될 마음이 잇스면 셔로 직졉ᄒᆞ야 말ᄒᆞᄂᆞᆫ 거시 오른 일이다 그러나 우션 말부터 영어로 슈작ᄒᆞᄌᆞ 죠션말로 ᄒᆞ면 입에 익은 말로 외싹 ᄒᆡ라ᄒᆞ기 불안ᄒᆞ다.
>
> ……(중략)……
>
> 옥년이ᄂᆞᆫ 아무리 조션 계집 아ᄒᆡ이ᄂᆞ 학문도 잇고 개명한 ᄉᆡᆼ각도 잇고 동셔양으로 ᄃᆞᆫ기면셔 문견이 놉흔지라 셔슴지 아니ᄒᆞ고 혼인 언론 ᄃᆡ답을 ᄒᆞᄂᆞᆫᄃᆡ 구씨의 소청이 잇스니 그 소쳥인즉 옥년이가 구씨와 갓치 몃ᄒᆡ든지 공부를 더 심써 ᄒᆞ야 학문이 유여한 후에 고국에 도라가셔 결혼ᄒᆞ고 옥년이ᄂᆞᆫ 조션

1 권보드래, 「신소설의 성·계급·국가」, 『여성문학연구』 20호, 한국여성문학학회, 2008, 11쪽.

> 부인 교육을 맛투ᄒᆞ기를 청ᄒᆞᄂᆞᆫ 유지한 말이라 옥년이가 구씨의 권ᄒᆞᄂᆞᆫ 말을 듯고 한 죠션 부인 교육할 마음이 간절ᄒᆞ야 구씨와 혼인 언약을 ᄆᆡ지니 구씨의 목적은 공부를 심써 ᄒᆞ야 귀국ᄒᆞᆫ 뒤에 우리ᄂᆞ라를 독일국갓치 연방도를 삼으되 일본과 ᄆᆞᆫ쥬를 ᄒᆞᆫᄃᆡ 합ᄒᆞ야 문명한 강국을 맨들고ᄌᆞ ᄒᆞᄂᆞᆫ(비ᄉᆞᄆᆡᆨ) 갓한 마음이오 옥년이는 공부를 심써 ᄒᆞ야 귀국한 뒤에 우리나라 부인의 지식을 널려셔 남자의게 압제 밧지 말고 ᄂᆞᆷᄌᆞ와 동등 권리를 찻게ᄒᆞ며 또 부인도 나라에 유익한 ᄇᆡᆨ성이 되고 ᄉᆞ회상에 명예 잇는 ᄉᆞᄅᆞᆷ이 되도록 교휵할 마음이라.[2]

위의 예문은 이인직의 『혈의루』에서 인용한 부분으로, 미국 유학 중에 처음으로 만난 아버지 김관일 앞에서 옥련과 구완서가 장래의 일에 대해 논의하는 장면이다. 이때 이전의 가부장적인 남성성과 분명한 차이를 보여주는 구완서의 태도는 혼인을 결정할 때 옥련에게 "셔로 직졉ᄒᆞ야 말ᄒᆞᄂᆞᆫ 것"을 제안한다는 점이다. 혼인이 가문의 관계에서 개인의 관계로 변모한 근대적 측면 외에도 여성을 토론의 대상자로 여기는 태도는 권위적인 전근대적 남성성을 염두에 둘 때 분명 낯선 남성성이다.

토론의 수평성을 강조하는 구완서는 한국말을 사용했을 경우 무심코 나오게 되는 낮춤말을 경계하기 위해 굳이 영어를 사용하자고 제안하였으며 이러한 토론의 형식을 통해 나오게 되는 것이 "ᄂᆞᆷᄌᆞ와 동등 권리"라는 남녀평등이다. 그러므로 조선이 "문명한 강국"이 되기를 바라는 '국가/민족'의 근대적 표지를 보여주고 있는 구완서는 토론이라는 말(言)의 힘에 근거한 근대성을 보여주는 개화기의 새로운 남성성이라고 할 수 있다.

2 이인직, 『혈의 루』, 한국학문헌연구소 편, 『신소설 · 번안(역)소설』 1권, 아세아문화사, 1978, 86~88쪽.

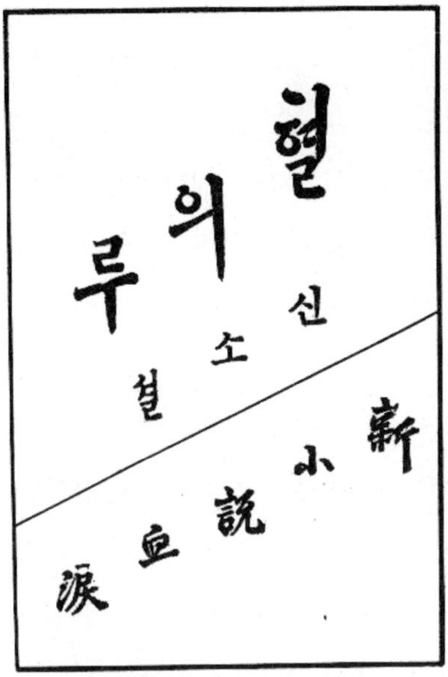

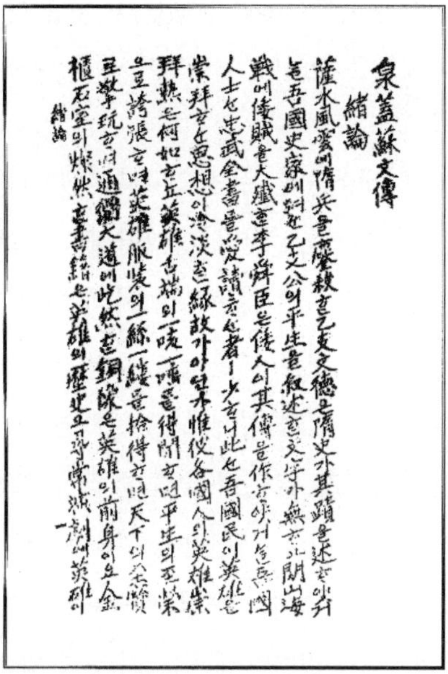

泉蓋蘇文傳

緒論

신소설과 역사·전기소설이 형상화한 남성성은 차이가 있었다. 『혈의 루』에 등장하는 '구완서'는 개화를 표방하는 근대지(智)를 강조하는 남성으로 형상화된 반면, 『천개소문전』의 천개소문은 독립 정신을 표상하는 무인으로서의 남성성을 강조하고 있다.

한편, 역사·전기소설에 형상화된 남성성은 구완서가 보여준 남성성과는 사뭇 다르다.

> 천개소문의 역사로 말하면 석 자 구레나룻에 늠름한 풍채는 당나라 사람의 태평광기(太平廣記)에 쓰여 있으며, 깃발과 병사가 40리를 잇는 당당한 진세(陣勢)는 유공권(柳公權)의 건필로 묘사되었고,
>
> ……(중략)……
>
> 또한 지금까지도 북경·봉천 등지에서 개소문의 역사와 칼 솜씨로 연희(演戲)를 만들어 세상 사람들의 이목을 진동케 하거늘, 우리 나라 사람들 중에 그의 평생을 서술한 글월도 없고, 그의 풍채를 그린 화첩도 없으며 그의 무예와

> 칼 솜씨를 보여주는 연극도 없을 뿐 아니라 단 하나 하는 말이 흉적이라 매도할 뿐이니, 하나로써 백을 덮고 죄로써 공을 가리는 것이 가한가.[3]

『천개소문전』은 경술국치 후 1911년에 박은식이 간도 지방에서 저술한 역사·전기소설이다. 당나라의 이세민과 자웅을 겨루던 영웅으로 형상화되어 있는 천개소문은 그의 모습과 능력에서 역사·전기소설의 전형적 영웅상을 엿보게 한다. "석 자 구레나룻에 늠름한 풍채"를 지닌 것으로 묘사되고 있는 천개소문의 모습은 수염이라는 남성의 생물학적 특성을 전경화하고 있으며 출중한 검술(劍術)을 통해 무인으로서의 남성성을 구현하고 있다. 이러한 남성성은 "천개소문은 개인주의에도 독립 자주자요, 국가주의에도 독립 자주자이니 이는 개자격(個資格)으로 논하면 실로 비할 자가 없다"[4]라는 '국가/민족'의 표상과 접속됨으로써 근대적 남성성으로 재구성된다.

신소설에 등장하는 근대적 남성성의 모습이 말(言)을 전경화한 '토론하는 남성성'이라면 역사·전기소설에서 묘사된 근대적 남성성은 남성의 생물학적 특성을 전경화한 '무인(武人)으로서의 남성성'을 강조하고 있다. '국가/민족'이라는 근대적 표상을 공유함에도 불구하고 사뭇 다르게

---

3 이 예문은 『백암박은식전집』에 수록되어 있는 직해본을 인용한 것이다. 이 직해본의 원문은 다음과 같다. "泉蓋蘇文의歷史로言ᄒᆞ면三尺虯髥에凜凜ᄒᆞᆫ風采ᄂᆞᆫ唐人太平廣記에書出ᄒᆞ얏스며旃旗兵士四十里의堂堂ᄒᆞᆫ陣勢ᄂᆞᆫ柳公權의健筆로描寫ᄒᆞ얏스며 [……] 至于今北京奉天等地에셔蓋蘇文의歷史와釼術로演戲를作ᄒᆞ야世人의耳目을震動케ᄒᆞ거ᄂᆞᆯ吾國人士ᄂᆞᆫ其平生을敍述ᄒᆞᆫ文字도無ᄒᆞ고其風采ᄅᆞᆯ描寫ᄒᆞᆫ畵帖도無ᄒᆞ고其武藝와釼術을陳演ᄒᆞᄂᆞᆫ演劇도無ᄒᆞᆯᄲᅮᆫ아니라但一種口氣가凶賊이라罵ᄒᆞᆯᄲᅮᆫ이니一로써百을蔽ᄒᆞ고罪로써功을掩ᄒᆞᄂᆞᆫ것이可ᄒᆞᆯ가" 박은식, 『천개소문전』, 『백암박은식전집』 4권, 동방미디어, 2002, 341~342쪽.

4 원문은 "泉蓋蘇文은個人主義에도獨立自主者오國家主義에도獨立自主者니此個資格으로論ᄒᆞ면實로倫比ᄒᆞᆯ者ㅣ無ᄒᆞ도다"이다. 박은식, 『천개소문전』, 357쪽.

나타나는 남성성의 유형은 애국계몽기라는 시대적 배경으로 인해 후자인 '무인(武人)으로서의 남성성'이 지배적인 양상을 띠게 된다. 이 장에서는 역사·전기소설을 대상으로 애국계몽기의 시대에 이르러 '무인으로서의 남성성'이 남성성의 전형으로 형상화되는 과정에 대해 고찰하고자 한다.

2. 근대적 신체에 이입된 구국의 영웅

서구에서 신체에 대한 근대적 인식은 신으로부터 일탈한 개인에 대한 자각에서 비롯되었다. '나'라는 준거의 최종 지점으로 신을 대신하게 된 신체는 이제 개인의 특성을 의미화하는 하나의 기호로서 가치를 지니게 된 것이다.[5] 서구의 근대적 신체 개념이 개인으로부터 출발했다면 한국에 전파된 근대적 신체 개념은 정부의 개혁에서부터 비롯되었다.

고종은 1895년 2월 2일에 발표한 「교육입국조서」에서 덕양(德養), 지양(智養)과 더불어 체양(體養)을 교육의 3대 요소로 채택하고 있다. 특히 체양(體養)에 대해 "행동에 항상 유의하고 근면함을 주로 하며 나태함을 탐하지 말고 어려움을 피하지 말라. 너의 체력을 단단하게 하고 너의 몸을 건강하게 하여 건장하고 무병한 즐거움을 향유하라"[6]라고 강조하였다. 일본인 고문과 친일 관료 등에 의해 작성되었다는, 그래서 일본의 근대적 논리를 그대로 답습했다는 한계를 지닌 조서였지만[7] 왕이라는

5 피터 브룩스, 이봉지·한애경 역, 『육체와 예술』, 문학과지성사, 2000, 116~117쪽 참고.

6 원문은 다음과 같다. "動作에常이有ᄒᆞ야勤勵ᄒᆞ므로主ᄒᆞ고惰逸을貪치勿ᄒᆞ며苦難을避치勿ᄒᆞ야爾筋을固케ᄒᆞ며爾骨을建케ᄒᆞ야康壯無病ᄒᆞᆫ樂을享受ᄒᆞ라." 「官報 開國五百四年二月初二日」, 『官報』 2권, 아세아문화사, 87~88쪽.

7 구자황, 「독본을 통해 본 근대적 텍스트의 형성과 변화」, 『상허학보』 13집, 2004, 218~219쪽

국가의 상징을 통해 전파된 체양(體養)은 근대적 국가 기획을 위한 하나의 전략으로 탈바꿈했다.

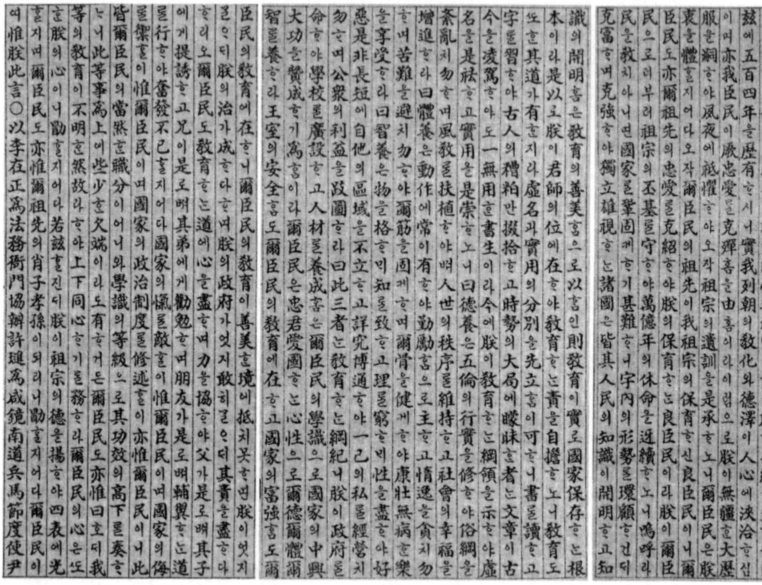
二月初一日癸卯○初二日詔曰朕惟我祖宗이業을創ᄒᆞ사統을垂ᄒᆞ심이
玆에五百四年을歷有ᄒᆞ시니實我列朝의敎化와德澤이人心에浹洽ᄒᆞ십
이며亦我臣民이厥忠愛ᄅᆞᆯ克殫홈을由홈이라이럼으로朕이無疆ᄒᆞᆫ大歷
服을嗣ᄒᆞ야夙夜에祇懼ᄒᆞ야오작祖宗의遺訓을是承ᄒᆞ노니爾臣民은朕
衷을體ᄒᆞᆯ지어다오작爾臣民의祖先이我祖宗의保育ᄒᆞ신良臣民이니爾
臣民도亦爾祖先의忠愛ᄅᆞᆯ克紹ᄒᆞ야朕의保育ᄒᆞ는良臣民이라朕이爾臣
民으로더부러祖宗의丕基ᄅᆞᆯ守ᄒᆞ야萬億年의休命을迓續ᄒᆞ노니嗚呼라
民을敎치아니ᄒᆞ면國家ᄅᆞᆯ鞏固케ᄒᆞ기甚難ᄒᆞ니宇內의形勢ᄅᆞᆯ環顧ᄒᆞ건ᄃᆡ
克富ᄒᆞ며克强ᄒᆞ야獨立雄視ᄒᆞ는諸國은皆其人民의知識이開明ᄒᆞ고知
識의開明홈은敎育의善美홈으로以홈인則敎育이實로國家保存ᄒᆞ는根
本이라是以로朕이君師의位에在ᄒᆞ야敎育ᄒᆞ는責을自擔ᄒᆞ노니敎育도
또ᄒᆞᆫ其道가有ᄒᆞᆫ지라虛名과實用의分別을先立홈이可ᄒᆞ니書ᄅᆞᆯ讀ᄒᆞ고
字ᄅᆞᆯ習ᄒᆞ야古人의糟粕만掇拾ᄒᆞ고時勢의大局에矇昧ᄒᆞᆫ者는文章이古
今을凌駕ᄒᆞ야도一無用ᄒᆞᆫ書生이라今에朕이敎育ᄒᆞ는綱領을示ᄒᆞ야虛
名을是祛ᄒᆞ고實用을是崇ᄒᆞ노니曰德養은五倫의行實을修ᄒᆞ야俗綱을
紊亂치勿ᄒᆞ며風敎ᄅᆞᆯ扶植ᄒᆞ야써人世의秩序ᄅᆞᆯ維持ᄒᆞ고社會의幸福을
增進ᄒᆞ라曰體養은動作에常이有ᄒᆞ야勤勵홈으로主ᄒᆞ고情逸을貪치勿
ᄒᆞ며苦難을避치勿ᄒᆞ야爾筋을固케ᄒᆞ며爾骨을健케ᄒᆞ야康壯無病ᄒᆞᆫ樂
을享受ᄒᆞ라曰智養은物을格ᄒᆞ매知ᄅᆞᆯ致ᄒᆞ고理ᄅᆞᆯ窮ᄒᆞ매性을盡ᄒᆞ야好
惡是非長短에自他의區域을不立ᄒᆞ고詳究博通ᄒᆞ야一己의私ᄅᆞᆯ經營치
勿ᄒᆞ며公衆의利益을跂圖ᄒᆞ라曰此三者는敎育ᄒᆞ는綱紀니朕이政府ᄅᆞᆯ
命ᄒᆞ야學校ᄅᆞᆯ廣設ᄒᆞ고人材ᄅᆞᆯ養成홈은爾臣民의學識으로國家의中興
大功을贊成ᄒᆞ기爲홈이라爾臣民은忠君愛國ᄒᆞ는心性으로爾德爾體爾
智ᄅᆞᆯ養ᄒᆞ라王室의安全홈도爾臣民의敎育에在ᄒᆞ고國家의富强홈도爾
臣民의敎育에在ᄒᆞ니爾臣民의敎育이善美ᄒᆞᆫ境에抵치못ᄒᆞ면朕이엇지
ᄀᆞᆯ오ᄃᆡ朕의治가成ᄒᆞ다ᄒᆞ며朕의政府가엇지敢히ᄀᆞᆯ오ᄃᆡ其責을盡ᄒᆞ다
ᄒᆞ리오爾臣民도敎育ᄒᆞ는道에心을盡ᄒᆞ며力을協ᄒᆞ야父가是로써其子
에게提誘ᄒᆞ고兄이是로써其弟에게勸勉ᄒᆞ며朋友가是로써輔翼ᄒᆞ는道
ᄅᆞᆯ行ᄒᆞ야奮發不已ᄒᆞᆯ지어다國家의愾ᄅᆞᆯ敵ᄒᆞᆯ이惟爾臣民이며國家의侮
ᄅᆞᆯ禦ᄒᆞᆯ이惟爾臣民이며國家의政治制度ᄅᆞᆯ修述ᄒᆞᆯ이亦惟爾臣民이니此
皆爾臣民의當然ᄒᆞᆫ職分이어니와學識의等級으로其功效의高下ᄅᆞᆯ奏ᄒᆞ
ᄂᆞ니此等事爲上에些少ᄒᆞᆫ欠端이라도有ᄒᆞ거든爾臣民도亦惟曰호ᄃᆡ我
等의敎育이不明ᄒᆞᆫ然故라ᄒᆞ야上下同心ᄒᆞ기ᄅᆞᆯ務ᄒᆞ라爾臣民의心은또
ᄒᆞᆫ朕의心이니勖ᄒᆞᆯ지어다若玆ᄒᆞᆯ진ᄃᆡ朕이祖宗의德을揚ᄒᆞ야四表에光
ᄒᆞᆯ지며爾臣民도亦惟爾祖先의肖子孝孫이되리니勖ᄒᆞᆯ지어다爾臣民이
여惟朕此言○以李在正爲法務衙門協辦許璡爲咸鏡南道兵馬節度使尹

이 사진은 『고종실록』에 수록된 「교육입국조서」다. 지·덕·체 함양을 강조했던 고종은 근대적 교육을 '국가를 보존하는 근본'으로 인식했다.

국가주의와 접속된 신체에 대한 강조는 체육론과 위생론을 통해 구체화되었다.[8] 먼저 체육론은 교육이라는 측면에서 운동회 등을 통해 강조되었다. 운동회에서 개최된 경기는 달리기, 체조, 씨름 등의 몇몇 종목에 한정되었지만, 이를 중심으로 형성된 분위기는 '국가'의 축소판 그 자체였

참고.

8 근대적 신체를 체육론과 위생론을 통해 고찰한 최근의 대표적 논의로는 이승원 외, 『국민국가의 정치적 상상력』, 이영아, 『육체의 탄생』, 박노자, 『씩씩한 남자 만들기』 등이 있다.

다. “훈련원 대청 우회는 대한 태극 국긔를 경간에다 놉히 셰우고”, “익국가로 화답ᄒᆞ고 그 다음에 대황데 폐하를 위ᄒᆞ야 만셰”[9]를 부르면서 운동회를 마치는 모습은 ‘국가/민족’과 접속된 신체의 훈육 과정을 드러낸다.

특히, 체조를 중심으로 동일시되는 군인과 학생의 모습[10]은 학생들에게 교육이라는 이름으로 강조되는 체육의 본질적 목적이 국가를 보전하는 데에 있다는 사실을 보여준다. 그러므로 학생들의 운동회가 운동장이 아닌 훈련원에서 개최되는 것은 낯선 것이 아니었으며 또한 운동회 도중 행해지는 연설에서 “오늘 다름박질 내기ᄒᆞᄂᆞᆫ 거시 경계가 셰계에셔 사ᄂᆞᆫ 경계와 ᄀᆞᆺᄒᆞᆫ지라 누구던지 힘을 다ᄒᆞ야 다름질을 ᄒᆞ야 기어히 불근 긔를 몬져 엇으랴 ᄒᆞᄂᆞᆫ 사ᄅᆞᆷ은 셰샹에 남의게 지지 아니 ᄒᆞ랴ᄂᆞᆫ 거슬 보히ᄂᆞᆫ 거시오”[11]라며 당시의 국제 정세와 그 속에서의 국가 생존을 강조하는 것은 당연한 논리로 인식되었다. ‘국가/민족’이라는 근대적 표상에 의해 이 시기 학생들은 ‘학문하는 군인’, ‘군인 아닌 군인’으로서의 역할을 부여받았던 것이다.[12]

한편, 위생론 또한 신체를 통해 ‘국가/민족’과 접속하였다. 이승원의

---

9 『독립신문』, 1899. 5. 1.

10 고종은 아관파천시 육영공원 교원 3명과 학도 98명의 체조를 직접 참관할 정도로 체조에 대해 깊은 관심을 보였다(『독립신문』, 1896. 6. 25). 통치자의 체조에 대한 관심으로 인해, 교육에서의 체조는 필수적인 것으로 인식되었으며 더 나아가 군인들을 대상으로 한 체조 교련 또한 성행하게 되었다. 영국 함변 박사위는 영어 학교 생도와 경무청 순검에게 체조를 가르쳤으며(『독립신문』, 1897. 4. 3) 또한 몇몇 체조에 능한 군사는 각 고을에 보내져 포군들에게 체조를 가르치기도 하였다(『독립신문』, 1897. 5. 4).

11 『독립신문』, 1897. 4. 15.

12 강준만의 논의에 따르면, 대성학교에서는 군대식으로 학생들을 교련했으며, 상동청년학원에서는 학생들에게 군가를 부르게 하고 목총을 메고 군사훈련을 시켰다. 뿐만 아니라 대부분의 학교에서 군대훈련과 다름없는 병식체조(兵式體操)를 강조했다. 이러한 논의들 또한 ‘학문하는 군인’, ‘군인 아닌 군인’으로서의 학생의 면모를 보여주는 것이다. 강준만, 『한국근대사산책』 5권, 인물과사상사, 2007, 121~122쪽 참고.

논의에 따르면, 질병에 감염되었다는 사실은 미개와 문명이라는 이분법 속에서 미개와 의미론적으로 연결되는 것이었다.[13] 그러나 건강과 관련된 위생의 문제는 개인의 청결만으로 해결될 수 있는 문제가 아니다. 왜냐하면 위생이란 개인보다는 개인이 속한 환경과 관련된 문제이기 때문이다. 그러므로 위생론에서 가장 주되게 강조하고 있는 것은 환경 위생이다. "더러온 ᄀᆡ천"을 치우고 "길 가에서 대쇼변"을 보지 않게 하여 깨끗한 도로를 만드는 것[14]뿐만 아니라 "ᄂᆡ외 국민이 정ᄒᆞᆫ ᄃᆡ 가셔 묽은 기운을 마시고 운동을 ᄒᆞ랴면 거긔 가서 쉴"[15] 수 있는 공원과 "ᄒᆡ로온 공긔"를 빨아들이고 "유죠ᄒᆞᆫ 공긔"를 내쉬는 나무들을 많이 심을 것을 권장하고 있다.[16]

그런데 이 풍경들이 낯설지 않다. 환경 위생을 이유로 내세우는 풍경, 즉 깨끗한 개천과 도로, 공원과 숲 등의 모습은 곧 근대적 풍경과 동일하기 때문이다. 국민의 신체 위생을 강조하면서 궁극적으로 도달하고자 하는 것은 바로 이러한 근대적 풍경을 내면화한 국가의 모습이었던 것이다.

신체를 통해 강조되고 있는 '국가/민족'의 논리는 애국계몽기에 이르러 더욱 고조되었다. 을사조약을 통해 가시화된 식민화의 위험은 국민들의 신체를 저항의 거점으로 변모시켰기 때문이다.

이 세 가지 교육 즁에 만일 부득이 ᄒᆞᆫ 일이 잇슬진ᄃᆡ 출ᄒᆞ리 덕과 지혜를

---

13 이승원 외, 『국민국가의 정치적 상상력』, 소명출판, 2003, 26쪽.

14 『독립신문』, 1896. 6. 23.

15 1896년 7월 2일자 『독립신문』에서는 기존의 모화관을 독립 공원지로 만드는 일에 대해 논의하고 있다. 독립 공원의 조성은 독립(청나라로부터의 독립) 사실을 세계에 알리는 계기가 되며 국민의 위생에 도움이 되기 때문에 필요하다고 강조하고 있다.

16 1896년 8월 11일자 『독립신문』에서는 '죵목일'(오늘날 식목일) 제정을 건의하고 있다. 여기에서 위생론은 죵목일을 제정하는 하나의 근거로 제시된다.

ᄇᆞ리고 톄육을 취ᄒᆞᆯ지로다 대개 사ᄅᆞᆷ은 셰계샹에 뎨일 활동ᄒᆞᄂᆞᆫ 물건으로 ᄉᆡᆼ존경ᄌᆡᆼ에 죵ᄉᆞᄒᆞᄂᆞᆫ 쟈인즉 위션 그 신톄가 강쟝ᄒᆞ여야 ᄉᆞ업의 진취를 가히 도모ᄒᆞᆯ지로다

……(중략)……

한국 사ᄅᆞᆷ을 보면 청년들도 혹 얼골이 반씀 누르고 파리ᄒᆞ며 몸은 거반 잔약ᄒᆞ야 닷ᄉᆡ에 ᄒᆞᆫ 번식 고통을 ᄒᆞ야 적이 요부ᄒᆞᆫ 집 ᄌᆞ뎨들은 륙미탕 팔미환이며 이진탕과 보즁익긔탕 등 약으로 신명을 부지ᄒᆞ여 가니 톄력이 이ᄀᆞᆺᄒᆞᆫ 국민이 되고야 무슴도로 경ᄌᆡᆼᄒᆞᄂᆞᆫ 마당에 참예ᄒᆞ리오 그런즉 이 병들고 잔약ᄒᆞᆫ 거슨 근본 대한국 사ᄅᆞᆷ의 텬질인가 그럿치 아니타 이 나라 안에 어린 ᄋᆞᄒᆡ들을 보면 개개 민쳡ᄒᆞ야 외국 사ᄅᆞᆷ의게 뒤지지 아닐듯 ᄒᆞ다가 열오륙셰 되면 ᄒᆞᆫ번 퇴보가 되고 이십셰 삼십셰 되면 더 퇴보가 되여 거연히 ᄆᆡᆼ분과 오확의 ᄌᆞ픔은 젼연히 변ᄒᆞ고 ᄆᆡᆼ교와 가도ᄀᆞᆺ치 집고 파리ᄒᆞᆫ 병이 만흐니 그 원인을 궁구ᄒᆞ면 다 말ᄒᆞᆯ 수 업스나 ᄀᆞ장 큰 원인은 ᄌᆞᄅᆡ 한국에서 톄육을 경홀히 녁인 연고ㅣ라 학쟈 샤회에셔ᄂᆞᆫ 그 몸을 칙상 밋헤 속박ᄒᆞ고 하등 샤회에셔ᄂᆞᆫ 일체 위ᄉᆡᆼ을 알지 못ᄒᆞ며 ᄯᅩ 일반 녀ᄌᆞ들은 안방에 깁히 가두어 ᄒᆞᆫ 거름도 문 밧긔 ᄌᆞ유로 나가지 못ᄒᆞ니 이러ᄒᆞ고 톄력의 강쟝ᄒᆞᆷ을 구ᄒᆞ면 이ᄂᆞᆫ 뒤ㅅ거름 ᄒᆞ면셔 압흐로 나아가려ᄒᆞᆷ과 다름이 업도다 오호ㅣ라 구라파 바람과 일부 비가 머리를 치ᄂᆞᆫ 이 시ᄃᆡ를 당ᄒᆞ야 오히려 편히 안ᄌᆞ셔 동ᄒᆞ지 아니ᄒᆞ고 스ᄉᆞ로 ᄒᆞᄂᆞᆫ 말이 션왕의 옷을 닙고 션왕의 ᄒᆡᆼ실을 ᄒᆡᆼᄒᆞᆫ다 ᄒᆞ야 산음도ᄉᆞ가 ᄆᆞᆫᄃᆞ러 낸 망건으로 머리를 동히고 넓은 옷 긴 소ᄆᆡ에 느러진 거름으로 거만ᄒᆞᆷ을 부리ᄂᆞᆫ 뎌 사ᄅᆞᆷ들이여 문 밧긔 도적이 와셔 엿보니 죠샹의 젼ᄅᆡᄒᆞ던 청젼구물을 무슴 계칙으로 보젼ᄒᆞ려 ᄒᆞᄂᆞᆫ가[17]

애국계몽기에 쓰인 위의 인용문은 체육의 달라진 위상을 잘 보여주고 있다. 근대적 학문 체계의 전파로 인해 겨우 학문의 지위를 획득했던

---

17 『대한매일신보』(국문판), 1908. 2. 11.

체육이 이 시기에 이르러 지육과 덕육을 제치고 가장 중요한 학문으로 자리 잡게 되었다. 이는 체육을 국가의 존망과 관련한 문제로 인식했기 때문이다. "륙미탕, 팔미환, 이진탕, 보즁익긔탕" 등과 같은 약으로 신명을 유지하는 국민이 "무슴도로 경징ᄒᆞᄂᆞᆫ 마당에 참예ᄒᆞ리오"라는 탄식은 건강한 신체를 국가의 보존과 동일시한 결과다. 그러므로 식민화의 위험은 곧 "톄육을 경홀히 녁인" 결과이며 따라서 "문 밧긔 도적"으로 비유된 제국주의의 침략으로부터 시급히 국가를 구하는 길은 체육을 강조하는 데에서 찾아야 한다고 주장하게 된 것이었다.

역사·전기소설에 형상화된 구국의 영웅들은 바로 이러한 신체에 대한 근대적 인식 속에서 탄생하였다. '국가/민족'이라는 근대적 관념이 신체에 대한 중요성과 접속하면서 근대적 구국 영웅으로서의 남성성이 재현된 것이다.

> 슯흐다 시ᄃᆡ에 힝습이 ᄒᆞᆼ샹 됴흔 남ᄋᆞ를 속박ᄒᆞ야 악착ᄒᆞᆫ 범위에셔 아자셔 썩게 ᄒᆞᄂᆞ니 리슌신이 출셰ᄒᆞᆯ 시ᄃᆡ에ᄂᆞᆫ 유림이 일국에 ᄀᆞ득ᄒᆞ고 쳥한ᄒᆞᆫ 담론만 셩힝ᄒᆞᆯ 샌더러 ᄯᅩᄒᆞᆫ ᄌᆞ가의 조여부가 ᄃᆡᄃᆡ로 유림문하 인물이니 리공은 비록 하ᄂᆞᆯ노셔 내신 군인의 ᄌᆞ격이지마ᄂᆞᆫ 엇지 능히 용이ᄒᆞ게 스ᄉᆞ로 발쳔이 되리오 이러모로 ᄇᆡᆨ씨 즁씨 두분을 좃차 ᄃᆞ니며 유도를 ᄇᆡ화 이십 년의 셰월을 허송ᄒᆞ엿도다 그러나 쟝ᄅᆡ에 희샹에셔 ᄒᆞᆫ 조각ᄇᆡ를ᄐᆞ고 뎍국의 인후지디를 막아 호남을 방어ᄒᆞ야 젼국의 대ᄉᆞ령관이 될 인물이 엇지 이런데셔 길이 늙으리오 꺼연히 붓을 던지고 무예를 ᄇᆡ호니 그ᄯᅢ에 나히 이십일 셰러라.
>
> ……(중략)……
>
> 리슌신이 일즉 선영에 셩묘ᄒᆞ러 갓더니 분묘 압헤 장군셕이 넘어졋ᄂᆞᆫᄃᆡ 하인 수십 명이 들어 니르켜 세우려 ᄒᆞ다가 힘이 못자라 슘이 모도 헐썩헐썩ᄒᆞ거ᄂᆞᆯ 리슌신이 소래를 질너 ᄭᅮ지져 물니치고 쳥도포를 닙은 ᄎᆡ 등으로 져다가 제자리에 세우니 보든 쟈들이 대경ᄒᆞ더라[18]

이것은 신채호가 쓴 『을지문덕』 국문판에 삽입되어 있는 그림이다. 역사·전기소설이 강조하고 있는 남성상은 민족애를 간직한 무인(武人)으로서의 남성이다.

역사·전기소설에서 구국의 영웅으로 빈번하게 형상화되었던 고구려 영웅들과는 달리, 이순신은 일본과의 전쟁이라는 시대의 상동성에 의해 구국의 영웅으로 형상화된 인물이다.[19] 그런데 이순신의 영웅으로서의 면모는 "유림", "유도"를 버리고 무예를 익히면서부터 시작되었다. 이순신이 지니고 있었던 애국독립심이 무예라는 신체의 기능과 연결되었을 때, 비로소 이순신은 구국 영웅의 반열에 오를 수 있었다. 그래서 최영의 아버지는 "형아 너ᄂᆞᆫ 무예를 ᄇᆡ호라 나라의 슈치가 이 디경에 니ᄅᆞᄃᆡ 활ㅅ살 ᄒᆞᆫᄃᆡ 쎽혀 도적을 향ᄒᆞ여 쏘ᄂᆞᆫ 쟈ㅣ 업스니 너의 아비ᄂᆞᆫ 셔ᄉᆡᆼ이 되여 무예을 ᄇᆡ호지 못ᄒᆞᆫ 거슬 ᄒᆞᆫᄒᆞ노니 너ᄂᆞᆫ 반ᄃᆞ시 무예를 ᄇᆡ호라"[20]라고 말하면서 자신의 적에 대한 분노가 신체와 결합하지 못함으로써

18 신채호, 『리슌신젼』, 『대한매일신보』(국문판), 1908. 6. 14.

19 역사·전기소설에 형상화된 영웅들은 대부분 고구려 영웅들이었다. 이들 영웅들은 애국독립심과 무인(武人)이라는 공통점 외에도 중국에 대한 야망, 즉 영토를 확장하겠다는 야망을 견지한 인물들이었다. 이에 비해, 이순신은 영토 확장의 욕망보다는 위기에 빠진 국가를 구원했다는 측면이 보다 부각된 영웅으로서 역사·전기소설의 일반적 영웅상과 미세한 거리를 두고 있는 인물이라고 할 수 있다.

20 신채호, 『최도통젼』, 『대한매일신보』(국문판), 1910. 3. 12.

무력해졌음을 한탄했던 것이다.

역사·전기소설에 형상화된 영웅은 모두 무인(武人)이었다. 이는 문인들의 나약함을 국가가 쇠약해진 원인으로 인식한 것과 무관하지 않다. 단군을 중앙에 두고 광개토왕, 연개소문, 을지문덕, 최영, 이순신 등과 같은 무인들만을 거느린 가상의 조정에서 사대주의에 빠진 문인들을 비판하는 모습을 형상화했던 『대한매일신보』의 한 논설[21]은 애국계몽기에 이르러 문인과 무인 사이에 벌어진 가치 전도 현상을 분명하게 보여준다. 그런데 기존의 문인들에 대한 대안으로 구국 영웅으로서의 무인에 대한 상상은 당시 신체에 대한 근대적 인식이 있었기 때문에 가능했던 것이다. 신체에 대한 근대적 인식이 보편화되는 가운데 강조되었던 체양(體養), 이 체양이 선택한 구국의 영웅이 바로 무인이었던 것이다.

3. 번역된 영웅과 전통 만들기

역사·전기소설에 형상화된 구국의 영웅들은 타자, 즉 이국(異國) 영웅들과의 관계 속에서 형상화된 영웅들이었다. 이 시기 영웅들은 식민화의 위기와도 싸워야 했지만 서구에서 건너온 영웅들과의 대결에서도 손색이 없어야 했다. 신채호는 『이순신전』에서 모든 것이 갖추어진 상태에서 승리를 한 넬슨보다 자신의 능력 이외에 아무런 지원도 받지 못한 상태에서 승리한 이순신을 추켜세우며 "오호ㅣ라 뎌 낼손이 비록 영무ᄒᆞ나 만일 오늘날 이십 셰긔에 샹뎍ᄒᆞᆫ 군함 긔계로 히샹에셔 리공과 셔로

21 신채호, 「허다ᄒᆞᆫ 녯사ᄅᆞᆷ의 죄악을 심판ᄒᆞᆷ」, 『대한매일신보』(국문판), 1908. 8. 8.

맛날진딕 필경 쇼양지판과 굿흘진뎌"[22]라고 서술했다. 이는 영웅으로서의 이순신 형상화 과정이 곧 넬슨이라는 타자와 깊은 관련성이 있음을 내포한다.

근대적 문물을 받아들이기 시작하면서, 서구의 역사적 인물에 대한 전기는 신문, 월보, 학보, 회보 등 여러 매체들을 통해 일반 대중들에게 전달되었다. 나폴레옹, 잔다르크, 비스마르크, 피터대제, 워싱턴 등과 같은 낯선 인물들이 '영웅' 혹은 '위인'이라는 이름으로 한국 사회에서 유통되기 시작했던 것이다. 이들은 대부분 '국가의 독립', '구국' 혹은 '강력한 국가의 건설' 등과 같은 '국가'라는 코드와 긴밀한 관련성을 내포한 인물들이었다. 이러한 번역된 인물들 또한 이 시기 개화를 통해 도달하고자 했던 궁극적 목적이 근대적 국가의 기획과 관련되어 있음을 보여준다.

번역된 인물은 단순히 번역으로만 끝나지 않는다. 번역된 타자와 대응하는 새로운 주체를 발견하는 과정을 수반하게 된다. 신채호가 양계초의 『의태리건국삼걸전』을 번역한 이후에, 『을지문덕』, 『이순신전』, 『최도통전』과 같은 창작 역사·전기소설을 서술한 것 또한 같은 맥락에서 이해될 수 있다.[23] 안창호 또한 신채호의 『을지문덕』에 대해 "이천년 후인 오늘에 이르러서야 이러한 저술이 마침내 처음 존재하니"[24]라고 '서'(叙)에서 밝히고 있다. 이는 구국의 영웅, 민족의 영웅이 번역된 인물과의 역학

22 신채호, 『리슌신젼』, 『대한매일신보』(국문판), 1908. 10. 24.

23 양진오, 「고구려 영웅과 역사의 발견」, 『어문학』 95집, 2007, 503쪽 참고.

24 안창호의 서문은 1908년 5월에 출판된 국한문판 『을지문덕』에만 있다. 이후, 김연창에 의해 번역된 국문판 『을지문덕』(1908년 7월 출간)에는 안창호의 서문이 없다. 원문은 "二千年後今日에至ᄒᆞ야此著가乃始有ᄒᆞ니"이다. 신채호, 『乙支文德』, 『단재신채호전집』 4권, 독립기념관 한국독립운동사연구소, 2007, 16쪽.

관계 속에서 비로소 탄생할 수 있었다는 사실을 보여준다.

그런데 이 시기에 창출된 영웅들이 대부분 과거의 인물들이었다는 점에서, 번역된 타자에 대응하는 주체는 역사화라는 과정을 통해 새로운 전통의 발명으로 연결된다. 에릭 홉스봄은 "통상 낡은 것처럼 보이고 실제로 낡은 것이라고 주장하는 이른바 '전통들'은 실상 그 기원을 따져 보면 극히 최근의 것일 따름이며, 종종 발명된 것이다"[25]라고 주장했다. 애국계몽기 역사·전기소설은 구국의 영웅을 과거로부터 호출함으로써 '국가/민족'에 대한 애국심 및 독립심이 마치 한국인에게 고유하게 흐르는 유전자인 것처럼 상상하게 만들었다.

역사·전기소설들을 통해 강조된 영웅의 전통은 과거의 인물들에 대한 선택과 배제의 메커니즘에 의해 완성되었다. 과거의 인물들을 영웅으로 호명하는 선택과 배제의 기준은 애국계몽기의 시대적 욕망과 긴밀한 관련을 맺고 있는 번역된 영웅들의 특징을 통해 확인할 수 있다.

역사·전기소설을 통해 완성된 영웅의 전통은 대부분 고구려의 상무정신을 계승한 무인(武人)들을 중심으로 만들어졌다. 이들의 공통점은 양진오가 지적했듯이, "독립된 근대국민국가의 역사"와 "근대 제국주의 역사"[26]를 구현하고 있는 영웅이라는 점이다. 신채호는 최영에 대해 원나라가 쇠약해진 틈을 타 중국을 지배하고자 했던 "우리나라에 늠은 영웅의 죵ᄌᆞ"[27]라고 논의했으며 박은식 또한 천개소문을 "내가 이 칼을 뽑아들고 빠른 발과 날쌘 팔로 중원(中原) 한 곳을 차지하여 크게 공을 이루어 백성을 구제하는 것이 어찌 장부의 능사(能事)가 아니리오"[28]라고 다짐하

25 에릭 홉스봄, 박지향·장문석 역, 『만들어진 전통』, 휴머니스트, 2004, 19쪽.

26 양진오, 앞의 글, 505쪽.

27 신채호, 『최도통전』, 『대한매일신보』(국문판), 1910. 3. 23.

28 원문은 "余가此釼을提ᄒᆞ고疾足敏腕으로中原一鹿을逐得ᄒᆞ야大獵의功을奏ᄒᆞ고海內生靈

는 영토 확장의 욕망을 간직한 영웅으로 형상화하고 있다.

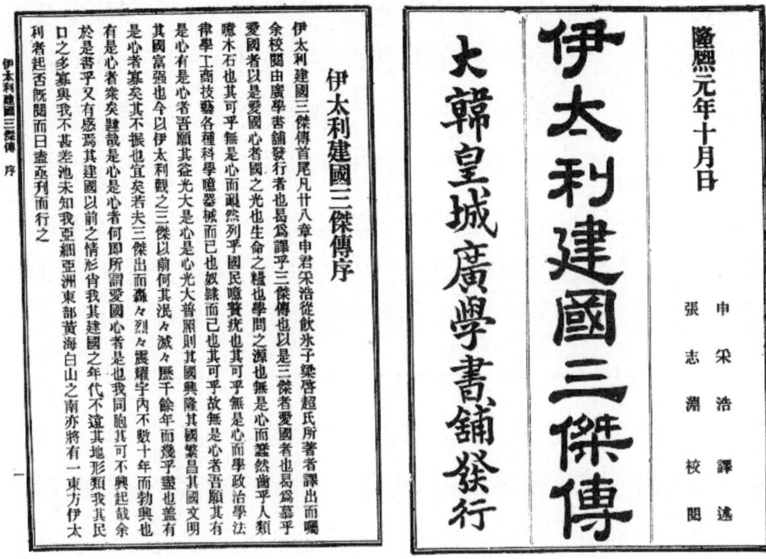
隆熙元年十月日

伊太利建國三傑傳

申采浩 譯述
張志淵 校閱

大韓皇城廣學書舖發行

伊太利建國三傑傳序

伊太利建國三傑傳首尾凡廿八章申君采浩從飲氷子梁啓超氏所著者譯出而囑余校閱由廣學書舖發行者也曷爲譯乎三傑傳也以是三傑者愛國者也曷爲慕乎愛國者以是愛國心者國之光也生命之糧也學問之源也無是心而蠢然齒乎人類噫木石也其可乎無是心而靦然列乎國民噫贅疣也其可乎無是心而學政治學法律學工商技藝各種科學噫器械而已也奴隸而已也其可乎故無是心者吾願其有是心有是心者吾願其益光大是心是心光大普照則其國興隆其國繁昌其國文明其國富强也今以伊太利觀之三傑以前何其泯々滅々歷千餘年而幾乎盡也盖有是心者寡矣其不振也宜矣若夫三傑出而轟々烈々震耀宇內不數十年而勃興也有是心者衆矣雖哉是心是心者何卽所謂愛國心者是也我同胞其可不興起哉余於是書乎又有感焉其建國以前之情形肖我其建國之年代不遠其地形類我其民口之多寡與我不甚差池未知我亞細亞洲東部黃海白山之南亦將有一東方伊太利者起否旣閱而日盡亟刊而行之

伊太利建國三傑傳 序

一

신채호는 『을지문덕』을 집필하기 직전에 양계초의 『의태리건국삼걸전』(意太利建國三傑傳)을 번역했다. 역사·전기소설의 인물은 대부분 이 시기 번역된 인물들과 상호텍스트적 관계를 형성한다.

특히, 제국주의적 야망을 투사한 영웅의 형상화는 『을지문덕』에서 보다 명확하게 드러난다. 신채호는 을지문덕에 대해 "제국주의 사상"을 견지한 "영토확장주의자"라고 주장했다. 그런데 이러한 주장은 저자의 상상과 욕망에 근거한 것이었다. 신채호도 논의하고 있듯이, 을지문덕에 대한 사적 기록은 살수대첩에만 집중되어 있다. 그런데 살수대첩 이후, 고구려가 약화된 수나라를 공격하여 중원을 차지하지 못한 이유에 대해

을救濟ᄒᆞᄂᆞᆫ것이엇지丈夫의能事가아니리오"이다. 박은식, 『천개소문전』, 344쪽.

신채호는 을지문덕의 죽음 때문이라고 가정하고 있다. 을지문덕의 생몰연대가 불명확한 상황에서, 고구려가 수나라를 공격하지 않은 이유를 불명확한 을지문덕의 죽음으로 설명하는 것은 문제가 많다. 역사적 가정이 역사적 사실을 대신해 역사적 진리로 위장하고 있는 것이다. 즉, 신채호의 제국주의적 욕망이 '구국의 영웅'적 면모만을 보인 을지문덕을 '제국주의자', '영토확장주의자'로 승화시킨 것이다. 이러한 저자의 욕망에 의해 을지문덕은 국가의 경계를 수호함으로써 구국 활동을 전개하는 것을 넘어, 제국주의적 야망을 적극적으로 실현하는 영웅으로 형상화되었다.

가시화되는 식민화의 위험 속에서도 오히려 적극적인 제국주의 사상을 드러내고 있는 이러한 영웅들의 모습은 어불성설이다. 일본의 한국에 대한 제국주의 침략이 노골화된 상황에서 오히려 제국주의를 진화론적 사고에 의해 당연시하는 듯한 논리는 일본의 제국주의를 승인하는 듯한 오해를 불러일으킬 수 있기 때문이다. 그러나 현실과 괴리를 지닌 듯한 이러한 제국주의적 영웅의 모습은 결코 낯선 것이 아니었다. 왜냐하면 이 시기 번역된 영웅들이 대부분 영토 확장에 대한 강한 욕망을 가진 인물들이었기 때문이다. 을지문덕, 최영과 비교되고 있는 나폴레옹, 피터대제 등[29]은 모두 황제의 지위에 올라 국가의 기틀을 다진 것은 물론 여러 나라를 침략하여 자국의 위엄을 알린 상징적인 영토확장주의자들이었다.

또한 이 시기 과거로부터 호출된 영웅의 특징 가운데 주목할 것은

29 안창호가 쓴 『乙支文德』의 '서'(叙)에서는 을지문덕을 워싱턴과 나폴레옹에 비유하고 있으며(신채호, 『을지문덕』, 『단재신채호전집』 4권, 독립기념관 한국독립운동사연구소, 2007, 15~16쪽), 『최도통전』에서는 최영을 나폴레옹과 피터대제보다 우월한 영웅으로 형상화하고 있다(신채호, 『최도통전』, 『대한매일신보』[국문판], 1910. 3. 15).

‘국가/민족’의 기획과 접속된 강인한 신체를 소유한 영웅이라면 도덕적 면죄부가 주어졌다는 사실이다.

> 저 영국의 크롬웰과 일본의 풍신수길이 모두 윤리 도덕상 커다란 잘못을 범한 죄가 있는 자이지만, 영국인은 크롬웰을 천인(天人)과 같이 숭배하고, 일본인은 풍신수길을 국조(國祖)와 같이 숭배함을 보지 못하는가. 혹자는 이에 대하여 이르기를 그 나라는 공업(功業)을 존중하고 윤리를 숭상치 아니하기 때문이라 하나, 윤리를 숭상하는 중국의 제일 대사가(大史家) 사마천은 항우의 역사를 제왕 본기에 두지 아니하였는가. 구차하고 곡학하는 선비의 편견과 얕은 학식으로 만세에 둘도 없는 영웅의 정신을 말살한 것이 어찌 애석한 일이 아니겠는가.[30]

박은식은 『천개소문전』의 ‘서론’에서 천개소문이 영웅으로 인식될 수 있는 근거에 대해 설명하고 있다. 이러한 근거가 필요한 이유는 기존의 역사서에서 천개소문은 왕을 죽인 대역 죄인으로 기록했기 때문이다. 김부식은 천개소문에 대해 “잔인 포악한 짓을 마음대로 하여 대역(大逆)을 하기까지 했다”[31]라고 평가했다. 부(父)와 군(君)을 동일시하고 있는 유교적 윤리관에서 천개소문의 행위는 감계(鑑戒)의 대상이었다.

이러한 인물을 박은식이 영웅으로 형상화하면서 내세우고 있는 근거는

---

30 원문은 다음과 같다. “彼英國의克林威爾와日本의豊臣秀吉이皆倫敎上大不韙를冒훈罪案이有훈者이나英人은克林威爾를天人과갓치崇拜ᄒᆞ고豊臣秀吉을國祖와갓치崇拜훔을不見ᄒᆞᄂᆞᆫ가或者ᄂᆞᆫ此에對ᄒᆞ야曰彼國은功業을尊重ᄒᆞ고倫理를崇尙치아니ᄒᆞᄂᆞᆫ緣故라ᄒᆞ나倫理를崇尙ᄒᆞᄂᆞᆫ漢土에第一大史家司馬遷氏ᄂᆞᆫ項羽의史를帝王本紀에列치아니ᄒᆞ얏ᄂᆞᆫ가拘儒曲士의偏見淺識으로萬古無雙훈英雄의精神을抹殺훈것이엇지可惜훌者ㅣ아니리오” 박은식, 『천개소문전』, 342쪽.

31 김부식, 이재호 역, 『삼국사기』 3권, 솔, 1997, 488쪽.

번역된 영웅의 면모에서 찾을 수 있다. 박은식은 천개소문을 크롬웰, 풍신수길과 비교하여 언급했다. 이 인물들은 윤리적 비판에도 불구하고 영웅으로 추앙받는 데 반해, 천개소문은 비도덕적 행동으로 인해 그 영웅적 면모까지 함께 비판받고 있다는 것이다. 여기서 박은식이 언급하고 있는 크롬웰 또한 왕을 처형하고 혁명을 일으켰던 인물로서 혁명가이자 독재자라는 상반된 평가가 공존하는 인물이었다. 그러나 한국으로 전파되는 과정에서 크롬웰은 혁명가[32]로서의 상징성이 강화되었으며 이는 박은식에 의해 천개소문 더 나아가 명림답부[33]라는 인물을 이 시기 영웅으로 호출하는 근거가 되었다.

서구라는 타자와 직면하면서 인위적으로 창조된 전통의 모습은 결코 낯선 것이 아니다. 애국계몽기 역사·전기소설을 통해 창조된 영웅 또한 당시 서구로부터 전파된 번역된 인물에 상응하는 '전통만들기'의 일환으로 기획된 것이었다. 일제에 의해 식민화의 위험에 노출된 현실과 동떨어진 제국주의 영웅상의 구축, 과거의 도덕적 윤리관으로부터 자유로운 영웅상의 발명 등은 모두 번역된 인물에 근거하여 이루어진 1900년대 '영웅의 전통 만들기'에 다름 아니다. 이를 통해 한(韓)민족은 상무 정신과 애국심으로 무장된 유전적 코드를 태생적으로 간직한 민족으로 재탄생하게 되었다.

---

32 1898년 8월 19일자 『독립신문』에서는 크롬웰을 나폴레옹과 견줄 수 있는 영웅으로 언급한 내용이 게재되었으며, 1910년 2월 2일자 『대한매일신보』에서는 크롬웰의 모든 활동을 인민을 위한 것이었다고 평가하고 있다.

33 『명림답부전』 역시 『천개소문전』과 마찬가지로 박은식이 해외로 망명한 이후 저술되었다. 명림답부 또한 천개소문과 동일하게 왕을 시해한 인물이다. 그러나 국가의 안정을 도모했다는 측면에서 왕을 시해한 측면에 대해 도덕적 면죄부를 부여받았다.

4. 남성의 위기, 그 상상적 해결을 위한 남성성의 강화

역사·전기소설에 형상화된 영웅은 대부분 남성들이 주를 이룬다. 『애국부인전』이나 『라란부인전』과 같은 여성 영웅을 형상화한 역사·전기소설도 있지만, 이들 여성 영웅의 성 정체성이 남성적이라는 점에서 역사·전기소설에 형상화된 영웅은 모두 남성이라고 해도 무방하다. 몇몇 역사·전기소설들은 영웅의 자격을 남성으로 제한한다는 사실을 분명하게 표현하고 있다.

> (가) 영웅이라 이름하는 자는 가장 뇌력(腦力)이 강근(强勤)하고 가장 완력이 민활한 자로서 만일 독립 자주의 자격이 십분 완전하지 못하면 영웅으로 인정하기에 불가능하니, 어른을 따라서 걸음을 능히 하는 자는 어린이가 아니며, 장부를 따라 거취를 본받는 자는 여자가 아닌가.[34]

> (나) 무애생이 말하기를, 탄식하도다, 애석하도다. 몇 백 년 동안 더러운 유가(儒家)의 손으로 붓을 들어 말하되 무공(武功)이 문치(文治)만 못하다 하며, 몇십 대의 용렬한 신하들이 망령되게 혀를 놀려 말하되 어진 자는 작은 것으로 큰 것을 섬겨야 한다고 하였다. 정책은 시들고 움츠러든 것만을 주장하며 신하의 기운을 꺾고 억압하였다. 지나간 일들 가운데에서 굴하지 않고 강인했던 것은 은폐했으며, 옛 사람들은 썩은 선비를 숭배했다. 더욱 부끄럽고 웃긴 일은 전혀 상관없는 말로 우리의 사천 년 신성한 역사를 더럽혔으며 위대한 영웅을 감춘 까닭으로 혹 용처럼 싸우고 호랑이처럼 다투던 인물이라도 촌부들

---

34 원문은 다음과 같다. "英雄爲名者ㄴ가장腦力이强勤ᄒᆞ고가장腕力이敏活ᄒᆞᆫ자로써萬一獨立自主의資格이十分完全치못ᄒᆞ면英雄으로認定키不可ᄒᆞ니長者를隨ᄒᆞ야行步를能히ᄒᆞᄂᆞᆫ者ᄂᆞᆫ稱子가아니며丈夫를從ᄒᆞ야去就를以ᄒᆞᄂᆞᆫ者ᄂᆞᆫ女子가아닌가" 박은식, 『천개소문전』, 357쪽.

> 의 이야기로만 근근이 전할 뿐이며 혹 귀신이 놀랄 만한 업적이라도 초동목수의 노래로만 우연히 전할 뿐이다. 전해오는 사적(史蹟)은 이에 대해 단 몇 글자로도 남기지 않았으니 따라서 그 이름까지 잊혀져 전해지지 못한 위대한 남아(男兒)가 얼마나 되는지 알 수 없다.[35]

(가)는 박은식의 『천개소문전』에서 인용한 부분으로 영웅의 조건을 "독립 자주의 자격"으로 내세우고 있다. 그러나 이러한 자격은 "어른을 따라서 걸음을 능히 하는 어린이"와 "장부를 따라 거취를 본받는 여자"를 제외함으로써 남성에게만 요구된다는 사실을 분명히 하고 있다. 또한 신채호의 『을지문덕』에서 인용한 (나)는 당대의 영웅담을 과거로 투사하여 '영웅의 전통'을 만들어가는 과정을 보여주고 있다. 여기서 "그 이름까지 잊혀져 전해지지 못한 위대한 남아(男兒)가 얼마나 되는지 알 수 없다"라는 구절은 창출된 '영웅의 전통'이 과거의 남성들만을 중심으로 해서 이루어졌다는 사실을 보여준다.

이처럼 남성들만으로 한정된 영웅상은 역설적으로 이 시기에 국가의 존망을 내걸고 전개되었던 대결, 즉 제국주의와 이에 맞서는 저항이 궁극적으로 남성들만의 문제였다는 사실을 드러낸다. "전쟁은 남자다움으로의 초대였다"[36]라는 조지 모스의 논의를 굳이 언급하지 않더라도

35 원문은 다음과 같다. "无涯生이曰嗟乎惜夫라幾百年迂儒의手로抽筆亂題曰武功이不如文治라ᄒᆞ며幾十朝庸臣의舌로張口妄呼曰仁者ᄂᆞᆫ以小事大라ᄒᆞ야政策은委靡退縮을是主ᄒᆞ며臣氣ᄂᆞᆫ摧折壓伏을是務ᄒᆞ고往事ᄂᆞᆫ强毅不屈을是諱ᄒᆞ며古人은腐儒鯫生을是崇ᄒᆞ야一般耻可笑의等事와支離無關의等說로我韓國四千載神聖歷史를汚衊ᄒᆞ고偉大英雄은埋沒에一任ᄒᆞᆫ故로或龍爭虎躍의人物로도村兒俚談에一句만僅傳ᄒᆞ며或神驚鬼號의功業으로도樵竪巷謠에一曲만偶播ᄒᆞ고傳來史蹟은落落無多ᄒᆞ니然則其外姓名ᄭᆞ지遺漏된大男兒가幾何인지不知ᄒᆞᆯ지라" 신채호, 『을지문덕』, 24~25쪽.

36 조지 모스, 서강여성문학연구회 역, 『내셔널리즘과 섹슈얼리티』, 소명출판, 2004, 197쪽.

전쟁은 남성성을 요구한다. 남성을 기준으로 한 성별의 서열을 통해 남성은 자신들이 거주하는 모든 것들에 대한 소유권을 주장하는 존재들이었으며 전쟁이란 이러한 소유자들의 다툼이었기 때문이다. 그러므로 역사·전기소설에 형상화된 영웅상 또한 한(韓)민족의 소유자로서의 남성성을 극대화한 표현들일 수밖에 없었던 것이다.

'국가/민족'의 존망의 위기 속에서 더욱 강화된 남성성 담론은 같은 남성들에게도 차별적으로 적용되었다.

> 완고 량반 로인 흔 분이 톄조에 열심흐는 학도를 보고 빈정거리며 흐는 말이 신학문 공부흔다는 쏠이 뎌겨신가 그 공부흐다가는 춤 네 입에 밥이 드러가겟다 학도의 딕답이 웨요 톄조를 흔 번만 흐고나면 밥 흔 사발이 거침업시 쑥쑥 더 잘 드러가는데요[37]

위의 예문은 『대한매일신보』의 「편편긔담」에 게재된 이야기다. '신진'을 대표하는 체조하는 학생과 체조에 대해 부정적 입장을 취하고 있는 '완고'한 노인 사이에 이루어지는 대화가 이 이야기의 주를 이룬다. 완고한 노인의 가벼운 질책에 재치 있는 답변으로 응수하는 학생의 모습에서 '완고'에 대해 부정적이었던 당시의 세태를 엿볼 수 있다.

그러나 이 이야기에서 정작 중요한 것은 체조로 상징되는 근대적 신체를 통해 구현된 남성성이 또 다른 일군의 남성들을 배제하면서 구성되었다는 사실이다. 전파된 '국가/민족'의 개념과 결부되어 근대적 신체로 표상되는 애국계몽기의 남성성은 국민이라는 평등의 환상 속에 젖어 있는 모든 남성들에게 일종의 차별과 서열을 제공했다. 특히, 역사·

37 『대한매일신보』(국문판), 1907. 8. 14.

전기소설을 통해 창조된 영웅의 전형은 애국계몽기의 모든 남성들에게 요구되었던 남성성인 동시에 남성들을 '전근대와 근대' 혹은 '완고와 신진'으로 구분하는 하나의 기준이었던 셈이다.

(여성의) 배제와 (남성의) 배제를 거듭하면서 탄생하게 된 역사·전기소설의 남성성은 위기를 극복할 수 있는 힘을 지닌 강력한 남성성으로 나타났다. 그러나 강력한 남성성의 강조는 역설적으로 현실에서의 강력한 남성성 부재를 폭로한다. 신채호는 "이십 세긔 태평양에 둘재 리슌신을 기ᄃᆞ리ᄂᆞ니라"[38]라면서 『이순신전』의 끝을 맺었고 박은식은 "목하 정경(情景)이 과거 영웅을 숭배할 만하고, 현재 영웅을 갈망할 만하도다"[39]라면서 『천개소문』을 시작하고 있다. 과거 영웅을 숭배하고 앞으로 나타날 영웅을 기다리고 갈망하는 가운데 '현재'는 부재한다. 제국주의에 저항하기 위해 상무정신을 통한 강력한 남성성을 창조하고 이를 통해 국가의 위기를 극복하는 것을 보여주었지만 이것은 어디까지나 현재가 아닌 서사화된 과거에서만 가능한 것이었다. 현재는 국가의 위기를 강조하고 과거와 미래의 영웅을 호출하는 역사·전기소설의 목소리로만 존재했던 것이다.

5. 상상된 강한 남성성의 실체

근대화된 문명과 조우하면서 기존의 남성성을 부정한 새로운 남성성이

38 신채호, 『리슌신젼』, 『대한매일신보』(국문판), 1908. 10. 24.

39 원문은 "目下情景이過去英雄을崇拜홀만ᄒᆞ고現在英雄을渴望홀만ᄒᆞ도다"이다. 박은식, 『천개소문전』, 342쪽.

탄생하였다. 특히, '국가/민족' 개념의 전파와 가시화된 국가의 위기는 이전과 변별되는 강한 남성성을 요구했다. 역사·전기소설은 바로 이러한 남성성에 대한 요구를 서사적으로 해결하고자 노력했다. 이상의 논의는 역사·전기소설에 구현된 남성성을 크게 세 가지 관점에서 고찰했다.

첫째, 역사·전기소설에 구현된 남성성의 창출 과정에 대해 살펴보았다. '국가/민족' 개념은 개화와 더불어 새롭게 전파된 신체에 대한 근대적 인식과 접속함으로써 무인으로서의 영웅에 대한 서사가 가능했다. 만약 근대적 신체에 대한 중요성이 대두되지 않았다면 역사·전기소설에 형상화된 영웅의 모습이 무인으로 획일화될 이유가 없다.

둘째, 역사·전기소설에 구현된 남성성이 가져오게 된 효과에 대해 살펴보았다. 번역된 인물과의 관계 속에서 기획된 역사·전기소설의 영웅들은 역사·전기소설을 통해 역사화됨으로써 일종의 강한 남성성의 전통으로 자리매김되었다. 이는 애국계몽기에 기획되었던 일종의 '전통 만들기'이며 이를 통해 한(韓)민족은 마치 태생적으로 상무정신과 애국심을 견지한 것처럼 상상하게 되었다.

셋째, 역사·전기소설에 구현된 남성성의 한계에 대해 살펴보았다. 강한 남성성은 여성에 대한 배제와 남성에 대한 배제를 통해 구성되었다. 그러나 역설적으로, 강한 남성성에 대한 강조는 현실에서의 강력한 남성성의 부재를 폭로했다. 그래서 역사·전기소설 또한 현재를 괄호로 묶은 채, 과거의 영웅과 미래의 영웅을 단선적으로 연결하고 있다. 이는 당시의 강한 남성성이 오직 서사적으로 실현된 허구의 산물이었다는 사실을 보여준다.

서사 속에 형상화된 강한 남성성에 대한 신화는 비단 애국계몽기의 현실만이 아니다. 식민화의 경험, 전쟁의 체험 등은 강한 남성성에 대한 신화를 끊임없이 현실로 호출했다. 그러므로 이상에서 역사·전기소설을 대상으로 고찰했던 남성성의 특징은 이후 한국 문학에서 지속적으로 다뤄졌던 남성성에 대한 폭넓은 이해의 기초를 마련한다는 점에서 의의를 찾을 수 있다.

제10장
진화론적 현실 인식의 균열과 변화된 민족 영웅

1. 민중의 등장과 영웅의 퇴장

『용과 용의 대격전』은 1928년에 집필된 신채호의 마지막 소설이다. '천국'(天國)과 '지국'(地國)이라는 수직적 공간 설정이 암시하듯이, 『용과 용의 대격전』은 지국의 인민들을 수탈하는 상제와 미리 그리고 이에 대항하는 민중과 드래곤의 저항을 형상화하고 있다. 환상적인 기법을 통해, 종교의 허상과 윤리, 도덕, 법률 등의 부조리를 폭로하고 있는 『용과 용의 대격전』은 신채호의 이전 소설들과 비교했을 때, 크게 두 가지 측면에서 변화된 양상을 보여주고 있다.

첫째, 소설의 주체와 관련된 측면이다. 『용과 용의 대격전』에서 저항의 주체는 주로 '빈민', '인민', '민중'으로 호명된다. 천국 사람들을 공포에 떨게 했던 "드래곤이 왔다, 드래곤이 왔다, 인제는 천국의 말일(末日)이다" 라는 구절 속에 등장하는 드래곤은 제국, 천국 등을 포함한 지배 세력에 저항하는 주체이자 천국에서 쫓겨나 지상의 쥐구멍으로 숨어버린 상제를 위협하는 민중을 의미한다.

둘째, 소설의 갈등 양상과 관련된 측면이다. 『용과 용의 대격전』에서 주된 갈등 양상은 천국과 지국으로 구분된 지배 세력과 민중의 대립이다. 제국의 민중과 식민지의 민중을 구별함으로써 민족의 경계를 구분하기도 하지만, 천국이라는 포괄적인 지배 세력에 의해 그 경계가 분명하게 드러나지 않는다. 오히려 모든 민중이 "전 지구를 총칭하여 지국(地國)"이라고 선언하면서 그동안 수탈의 근원이었던 천국을 멸망에 이르게 한다.

신채호의 이전 소설에서 '영웅'과 '민족'은 지속적으로 강조되었던 화두였다. 애국계몽기 가시화된 식민화의 위험 속에서 신채호는 을지문덕, 이순신, 최영 등과 같은 과거 전쟁 영웅을 민족의 경계를 수호한 영웅으로 호출하면서 저항의 구심점으로 삼았다. 이러한 신채호 소설의 특징은 1910년대에 집필되었던 『꿈하늘』에서도 동일하게 지속된다. 환상적인 기법으로 하늘에 도착했던 '한놈'이 가장 먼저 목격한 장면은 을지문덕과 양광의 싸움이었다. '영계'에서도 을지문덕은 여전히 수나라 양광을 물리치면서 민족의 경계를 지켜낸 영웅으로 존재했다.

이러한 신채호의 소설적 경향을 염두에 둘 때, 『용과 용의 대격전』에서 보여주었던 민중 중심의 사고는 변화라고 하지 않을 수 없다. 송재소는 신채호의 『꿈하늘』과 『용과 용의 대격전』을 비교하면서 전자는 민족주의에 기초한 영웅 사상을 중심으로, 후자는 아나키즘에 기초한 민중 사상을 중심으로 전개되었기 때문에 두 소설 간의 차이가 발생한다고 논의했다.[1] 실제로 1920년대에 이르러 신채호는 "크로포트킨의 『청년에게 고(告)하노라』라는 논문의 세례를 밧자"[2]라면서 무정부주의자인 크로포트킨을

1 송재소, 「신채호 문학의 민족과 민중」, 강만길 편, 『신채호』, 고려대학교 출판부, 1990, 254쪽.

강조하는가 하면, 「조선혁명선언」에서는 "민중의 폭력적 혁명"을 독립의 유일한 방법으로 인식하는 무정부주의자로서의 면모를 보여주기도 했다.[3]

신채호의 이러한 변화에 대해 신용하는 "민족주의 이론의 내부 모순"을 극복하기 위해 상호부조를 강조했던 크로포트킨에 경도되었다고 주장했다. 즉, 신채호는 사회진화론에 근거한 민족주의를 제국주의에 저항하는 수단으로 인식했지만 동시에 강자에 의해 약자가 도태될 수밖에 없다는, 민족주의가 함축한 진화론적인 명제의 모순에 부딪칠 수밖에 없었다는 것이다. 그러므로 신채호는 사회 발전이 '상호경쟁'이 아닌 '상호부조'에 의해 이루어진다는 크로포트킨의 주장을 "민족주의 이론의 내부 모순"을 해결할 수 있는 매력적인 대안으로 인식했다는 것이다.[4]

그러나 신채호에게 보다 중요한 것은 '현실'이었다. 신채호가 어릴 때부터 유학 교육을 받고 이후 성균관 박사가 되었지만 "우리는 공ᄌᆞ를 셤깅으로 ᄉᆞᆷ을가"[5]라는 도전적인 질문을 할 수 있었던 것도, 그리고 이후 『용과 용의 대격전』에서 공자를 민중으로 하여금 현실을 지각하지 못하게 만드는 마취약[6]으로 격하시킬 수 있었던 것도 모두 '현실'에 대한 자기 반성적 인식에서 비롯된 것이었다. '현실'에 대한 강박적 인식은 문학에서도 당대의 현실을 외면한 속(俗)문예주의를 난산증(難産症)으로 신음하는 아내를 버려두고 시흥(詩興)을 못 이겨 금강산 유람에 오르는

2 신채호, 「浪客의 新年漫筆」, 『동아일보』, 1925. 1. 2.

3 신채호, 「조선혁명선언」, 『단재신채호전집』 8권, 독립기념관 한국독립운동사연구소, 2008, 896쪽.

4 신용하, 「신채호의 무정부주의 독립사상」, 강만길 편, 앞의 책, 98~99쪽.

5 신채호, 「잡동산이」, 『대한매일신보』(국문판), 1910. 1. 7.

6 신채호, 「룡과 룡의 대격전」, 『단재신채호전집』 7권, 독립기념관 한국독립운동사연구소, 2008, 8쪽.

정수동에 비유하는 것으로 이어졌다.[7]

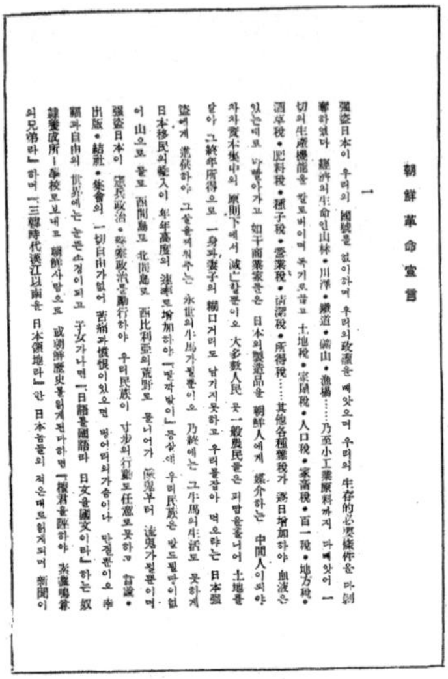
朝鮮革命宣言

一

强盜日本이 우리의 國號를 업시하며 우리의 政權을 빼앗으며 우리의 生存的必要條件을 다剝奪하엿다 經濟의生命인山林·川澤·鐵道·鑛山·漁場……乃至小工業原料까지 다빼앗어 一切의生産機能을 칼로버이며 독기로끈코 土地稅·家屋稅·人口稅·家畜稅·百一稅·地方稅·酒草稅·肥料稅·種子稅·營業稅·淸潔稅·所得稅……其他各種雜稅가 逐日增加하야 血液은 잇는대로 다빨아가고 如干商業家들은 日本의製造品을 朝鮮人에게 媒介하는 中間人이되야 차차資本集中의 原則下에서 滅亡할뿐이오 大多數人民 곳一般農民들은 피땀을흘니어 土地를 갈아 그終年所得으로 一身과妻子의 糊口거리도 남기지못하고 우리를잡아 먹으랴는 日本强盜에게 進供하야 그살을찌워주는 永世의牛馬가될뿐이오 乃終에는 그牛馬의生活도 못하게 日本移民의輸入이 年年高度의 速率로增加하야 「딸깍발이」등쌀에 우리民族은 발드딜땅이업어 山으로 물로 西間島로 北間島로 西比利亞의荒野로 몰니어가 餓鬼부터 流鬼가될뿐이며 强盜日本이 憲兵政治·警察政治를勵行하야 우리民族이 寸步의行動도任意로못하고 言論·出版·結社·集會의 一切自由가없어 苦痛과憤恨이있으면 벙어리의가슴이나 만질뿐이오 幸福과自由의 世界에는 눈뜬소경이되고 子女가나면 「日語를國語라 日文을國文이라」하는奴隷養成所―學校로보내고 朝鮮사람으로 或朝鮮歷史를읽게된다하면 「檀君을誣하야 素戔嗚尊의兄弟라」하며 「三韓時代漢江以南을 日本領地라」한 日本놈들의 적은대로읽게되며 新聞이

「조선혁명선언」은 의열단원 김원봉의 부탁을 받고 작성한 선언문이다. 이 글에서 신채호는 외교론과 준비론을 비판하면서 민중의 폭력적 혁명에 의한 독립을 주장했다.

그러므로 신채호가 아나키즘에 경도된 것은 이론을 위한 이론이 아니라 현실을 위한 이론을 역설하는 가운데 필연적으로 도달할 수밖에 없었던 측면이 강했다. 이승만을 중심으로 전개되고 있는 외교론에 대해 신채호는 개항 이후 위정자들의 "갑국(甲國)을 끌어들여 을국(乙國)을 견제"하는 방식에 의해 결국 망국에 이르게 된 역사를 들어 비판했다. 그리고 안창호를 중심으로 논의되던 준비론 역시 일본의 지배가 철두철미한 상태에서 '실업', '교육', '군인' 등을 양성한다는 것이 낭설임을 주장했다. 외교론과 준비론을 비판했던 근거는 오로지 과거와 현재의 현실이었다.[8]

외부적으로도, 그리고 내부적으로도 현실적인 독립의 길이 요원한 상태에서 결국 신채호가 불가피하게 선택할 수밖에 없었던 것이 '테러'였다. 무정부주의자인 크로포트킨을 외치면서도 그가 주장했던 상호부조가 아니라 테러와 폭력을 주장했던 것은 신채호가 무엇보다도 조선이라는 '현실'에 근거해 행동했기 때문이다. 신채호가 "우리 조선사람은 매양

7 신채호, 「文藝界靑年의 參考를 求함」, 『단재신채호전집』 7권, 독립기념관 한국독립운동사연구소, 2008, 381~382쪽.

8 신채호, 「조선혁명선언」, 894~896쪽.

이해(利害) 이외에서 진리를 차지랴 함으로 석가가 들어보면 조선의 석가가 되지 안코 석가의 조선이 되며 공자가 들어오면 조선의 공자가 되지 안코 공자의 조선이 되며 무삼 주의(主義)가 들어와도 조선의 주의가 되지 안코 주의의 조선이 되랴 한다"[9]라고 논의했던 것은 '현실'을 모든 가치 판단의 최종심급으로 삼으려 했던 신채호의 인식 태도를 드러낸다.

신채호는 일본의 식민화 의도가 본격화되기 시작하면서부터 을지문덕, 이순신 등과 같은 과거의 전쟁 영웅을 민족영웅으로 형상화했다. "뎨국쥬의를 져항ᄒᆞᄂᆞᆫ 방법은 무엇인가 ᄀᆞᆯ아ᄃᆡ 민족쥬의 다른 민족의 간셥을 밧지 아니ᄒᆞᄂᆞᆫ 쥬의를 분휘ᄒᆞᆯ ᄲᅮᆫ이니라"[10]라고 주장했던 신채호는 제국주의에 저항하는 수단으로써 민족주의를 설정하고 과거 무인들을 민족영웅으로 호출한 것이었다.

그러나 제국주의와 민족주의는 모두 진화론적 인식에서 기원한 것이다. 그러므로 승자의 기억을 통해 현재의 상황을 극복하고자 호출했던 과거의 영웅은 동시에 경쟁에서 패한 자는 도태될 수밖에 없다는 사실 또한 환기하는 존재일 수밖에 없다. 항상 '현실'을 염두에 두면서 이론을 사고했던 신채호에게 민족주의는 제국주의적 현실을 극복하는 저항의 중심이자 패자가 직면해야만 하는 현실을 승인하게 만드는 모순된 것이었다.

서구에서 고안된 민족주의가 조선으로 전파되어 저항의 중심으로 자리 잡는 과정은 단순히 이식의 과정만으로는 설명될 수 없다. 왜냐하면 조선의 현실에 부합하는 재맥락화 과정을 필연적으로 거칠 수밖에 없기 때문이다. 더구나 '현실'에 부합하지 않으면 과감히 자신의 학문적 기원까

---

9 신채호, 「浪客의 新年漫筆」, 『동아일보』, 1925. 1. 2.

10 신채호, 「뎨국쥬의와 민족쥬의」, 『대한매일신보』(국문판), 1909. 5. 28.

지도 부정했던 사실을 염두에 둘 때, 신채호는 '민족주의의 조선'이 아닌 '조선의 민족주의'를 지향했을 것으로 판단된다. 이 장에서는 민족 영웅을 형상화하는 과정에서 드러나는, 진화론에 기초한 저항 민족주의와 조선의 현실 사이에서의 균열을 신채호의 소설을 대상으로 고찰하고자 한다. 이는 식민화 과정에서 형상화되었던 영웅 상(像)에 대한 중층적인 이해에 기여할 것으로 판단된다.

2. 강인한 민족의 고대사 구성과 승자로서의 민족 영웅

신채호의 역사 인식은 사대주의에 입각한 기존의 역사를 거부하면서부터 시작되었다. 신채호는 상고시대부터 계승되어온 '국풍파'와 사대주의에 입각한 '유학파'가 충돌한 서경 전쟁에서 유학파의 김부식이 승리함으로써 조선의 종교, 정치, 풍속 등이 사대주의의 노예로 전락했다고 논의했다. 신채호는 이 전쟁을 고려에서부터 조선에 이르기까지 발생한 사건 중에서 가장 큰 사건이라고 주장했다.[11] 왜냐하면 신채호는 서경 전쟁에서 승리한 사대주의에 의해 본국의 역사를 버리고 중국의 역사에 근거한 역사 서술과 중국사로 국사를 대신한 역사 교육이 이루어졌다고 생각했기 때문이다.

그러므로 자국에 대한 역사 인식을 애국심의 주된 원천으로 인식했던 신채호는 '민족'이라는 새로운 주체를 중심으로 한 역사 서술을 시도했다. 민족주의 사학의 지평을 새롭게 열었다고 평가받는 『독사신론』은 유학적 사관[12]에 의해 그동안 배제되었던 고대사를 중심으로 추상적인 '민족'

11 신채호, 「조선역사상 일천년래 제일대 사건」, 『단재신채호전집』 2권, 독립기념관 한국독립운동사연구소, 2007, 409쪽.

개념을 구체화했다. 그동안 공백으로 처리되었던 고대사가 '민족' 개념을 통해 역사로 편입된 것이다. 고대사는 사료 부족으로 인해 역사적 상상력이 보다 절실한 역사다. 그 역사적 상상력에 의해 고대사는 근대와의 시간적 간격에도 불구하고 근대를 지배했던 진화론적 인식이 가장 적나라하게 투영될 수 있었던 대상이었다.

진화론적 인식에 기초한 역사 서술은 무엇보다도 경쟁을 역사 발전의 원동력으로 설정했다. 신채호는 『독사신론』에서 선비족, 부여족, 지나족, 말갈족, 여진족, 토족으로 구성된 동국민족 개념을 제시했다. 이 중에서 나머지 종족과의 경쟁 관계에서 승자로서의 역사를 계승한 부여족을 주족(主族)으로 설정했으며 이 종족이 한(韓) 민족의 기원을 형성한다고 논의했다. "단군의 적통이 전해져온 부여왕조가 있으니, 설령 당시 우리 조선에 열 개의 국가가 있었을지라도 그 주족은 부여이며, 백 개의 국가가 있었을지라도 그 주족은 부여이며, 천 개, 억만 개 국가가 있었을지라도 그 주족은 부여다"[13]라는 신채호의 주장은 객족(客族)들과의 경쟁에서 승자로 기록된 부여족에 대한 자긍심이다. 경쟁에서 승리한 강인한 고대사는 애국계몽기 제국주의라는 타자와 직면한 조선을 한(韓)민족으로 상상하는 매개로 기능했다.

---

12 공자는 현실에서 벗어난 초월성과 비합리성에 대해 이야기하지 않았을 뿐만 아니라, 선왕의 도를 서술하여 전하되, 사실에 근거하지 않는 것을 창작하지 않는다는 술이부작(述而不作)의 태도를 지향했다고 한다. 이는 역사가 현실을 감계(鑑戒)하기 위해서는 사실(fact)에 기초해야 한다는 의도에서 비롯된 것이라고 할 수 있다. 정요일, 『한문학비평론』, 집문당, 1990, 228~229쪽 참고.

13 원문을 밝히면 다음과 같다. "檀君嫡統의傳次흔扶餘王朝가昭在흐니設或當時我東에拾國이有홀지라도主族은扶餘가是며百國이有홀지라도主族은扶餘가是며千國 億國이有홀지라도主族은扶餘가是니" 신채호, 『독사신론』, 『단재신채호전집』 3권, 독립기념관 한국독립운동사연구소, 2007, 13쪽.

민족의 강인함이 추상적이라면 민족의 강인함을 견인해낸 영웅은 구체적이다. 신채호는 주변 종족과의 경쟁에서 승자의 기록을 써내려간 민족을 구체적으로 표상하기 위해 항상 영웅을 제시했다. 그러므로 영웅은 이민족과의 경쟁 관계 속에서만 형상화될 수 있었으며 이 과정에서 영웅은 자연스럽게 민족을 표상하는 민족 영웅으로 변모하게 된다. 이러한 과정 속에서 형상화된 영웅이 바로 단군이었다.

> 허다한 추장들이 서로 자웅을 겨루고, 대등한 실력으로 서로 다투었다. 이때에 성인이 나타나 신이한 공덕과 성스러운 덕으로 무수한 나라들을 통일하고 이들을 신하로 삼았으니, 그 처음 일어난 땅은 장백산이며 그 정치의 중심은 졸본부여였다.[14]

이만열이 논의했듯이, 『독사신론』에 형상화된 단군은 정복 군주 혹은 전쟁 영웅으로서의 단군이다.[15] 한(韓)민족의 시조인 단군이 주변을 정복했던 전쟁 영웅으로 형상화된 것은 경쟁에 기초한 진화론적 인식이 빚어낸 상상력이다. 전쟁 영웅을 민족의 기원으로 설정한 상상력은 애국계몽기 현실이 필요로 했던 승자로서의 민족의 기억을 구성하는 데에 효과적이었다.

그러므로 진화론적 인식에서 기원한 민족과 그 민족의 구현체로서 발명된 영웅은 다음과 같은 특징들을 지닌다. 첫째, 아(我)의 단위를 민족으로 한 영웅이어야 한다. 신채호는 『조선상고사』에서 진화론에

14 원문은 다음과 같다. "許多酋長들이彼雌此雄ᄒᆞ며地醜德齊ᄒᆞ야互相頡頑ᄒᆞ더니于時에聖人이作擧ᄒᆞ사神功盛德으로無數ᄀᆡ邦을統壹ᄒᆞ야此ᄅᆞᆯ臣服ᄒᆞ니其初起의地ᄂᆞᆫ長白山下가是며其政治의中心點은卒本扶餘가是니라" 신채호, 『독사신론』, 10쪽.

15 이만열, 「단재 신채호의 고대사 인식」, 강만길 편, 앞의 책, 157쪽.

근거한 역사 인식을 아(我)와 비아(非我)의 투쟁으로 구체화했다. 아(我)의 경계에 대해 신채호는 "주관적인 위치"에 따라 달라진다는 점을 강조하면서도 "강흔 쟈가 약흔 쟈를 숨키고 큰 쟈가 적은 쟈를 병탄"하는 시대라는 사실을 들어, '개인'을 아(我)의 경계로 삼고 있는 이들에게 "오늘날 인민이 쇠잔흐고 국가가 망흐는 딕는 이 졔 몸만 위흐는 폐단이 또흔 흔 가지 큰 원인이 되는도다"[16]라고 비판한다. 그러므로 영웅이란 "삼천리 강토를 그 집으로 알고 이쳔 만 민족을 그 권속으로 알며 지나간 수쳔 년 력스를 그 족보로 알고 쟝릭 억만딕 국민을 그 자손으로"[17] 아는, '민족'을 아(我)의 단위로 설정한 인물이어야만 한다.

둘째, 민족 영웅은 반드시 전쟁 영웅이어야 한다. 영웅은 민족주의가 일군(一群)의 사람들을 동일한 민족으로 상상하게 만드는 표상이다. 통상을 요구했던 제국주의에 의해 비로소 근대와 조우하게 된 조선이 가장 먼저 인식할 수밖에 없었던 것은 약자로서의 위치다. 군함으로 가시화된 제국주의의 힘에 의해 세계무대에 등장하게 되었다는 사실 자체가 이미 힘에 대한 결여를 함축한다. 결여된 현재를 갈음하기 위한 기획으로 전개된 것이 민족을 주체로 한 고대사 정립 프로젝트였으며 강인한 고대사의 상징으로 전쟁 영웅이 민족 영웅으로 변화하게 된 것이다. 신채호가 "영웅이라 흐는 아름다온 일홈은 무스의 오로지 흐는 물건이 된지가 지금 몃쳔 년이라"[18]라고 논의하면서 영웅의 조건을 무인(武人)으로 한정한 것은 바로 이러한 맥락에서 이루어진 것이었다.

단군을 정복 군주 혹은 전쟁 영웅으로 형상화했던 이러한 기획은

---

16 신채호, 「이십셰긔 신국민」, 『대한매일신보』(국문판) 1910. 2. 23~26.

17 신채호, 「이십셰긔 새동국의 영웅」, 『대한매일신보』(국문판) 1909. 8. 17.

18 신채호, 「영웅과 셰계」, 『대한매일신보』(국문판) 1908. 1. 5.

『을지문덕』을 통해 더욱 확대된다. 추장정치 시대의 단군이 주변을 정복하여 일국을 건설했다면, 을지문덕은 중국이라는 이민족과의 경쟁에서 민족의 경계를 수호한 영웅으로 형상화된다. 중국을 통일한 그 힘을 바탕으로 고구려를 침략한 수나라에 맞서 지략과 용맹으로 전멸시킨 을지문덕은 신채호에 의해 "영양왕 때의 을지문덕이 아니라 단군의 ᄌᆞ손 을지문덕이며, 고구려의 을지문덕이 아니라 죠션 민족의 을지문덕"19으로 승화되었다.

그러나 경쟁에서 승리한 '민족 영웅 을지문덕'의 기획은 비단 이것으로 끝나지 않았다. 신채호는 을지문덕이 수나라와의 전쟁에서 승리한 이후, 그대로 수나라로 진격했다면 중국을 정복할 수 있었을 것이라고 주장했다. 하지만 불가피한 상황에 의해(신채호는 죽음으로 단정 짓고 있다) 뜻을 이루지 못한 을지문덕을 아쉬워하면서 신채호는 을지문덕의 회포를 "영토 개척주의", "제국주의 사상"이라고 규정했다.

신채호에게 있어서 민족주의 기획에서 발명한 민족 영웅은 제국주의 영웅으로 가기 위한 디딤돌이었다. 신채호는 제국주의와 민족주의를 진화론에 기초한 동일한 맥락으로 이해하고 있었다. 「이십셰긔 ᄉᆡ국민」에서 신채호는 제국주의에 대해 "이 세계ᄂᆞᆫ 뎨국쥬의를 슝샹ᄒᆞᄂᆞᆫ 셰계라 강ᄒᆞᆫ 쟈가 약ᄒᆞᆫ 쟈를 ᄉᆞᆷ키고 큰 쟈가 적은 쟈를 병탄ᄒᆞᆷ은 녯적브터 잇ᄂᆞᆫ 바ㅣ라"라고 논의했으며 민족주의에 대해서는 "이 세계ᄂᆞᆫ 민족쥬의를 슝샹ᄒᆞᄂᆞᆫ 셰계라 저희 동족이면 합ᄒᆞ고 저희와 다른 죵족이면 닷토ᄂᆞᆫ 거슨 샹고ᄉᆞ적에도 이믜 잇던 바ㅣ라 즁고 이후로 그 경징이 더욱 심ᄒᆞ며 더욱 참독ᄒᆞ여 니긔ᄂᆞᆫ 쟈ᄂᆞᆫ 그 위셰가 더욱 확장이 되고 지ᄂᆞᆫ 쟈ᄂᆞᆫ 영영

19 신채호, 『을지문덕』, 『단재신채호전집』 4권, 독립기념관 한국독립운동사연구소, 2007, 145쪽.

쇠멸ᄒᆞ니"[20]라고 논의했다. '경쟁'이라는 진화론의 논리로 제국주의와 민족주의를 연결하고 있는 신채호는 약자의 위치에 처한 현재의 상황을 극복하고 궁극적으로는 승자로서의 제국주의를 염원했던 것이다.[21]

신채호는 "국민의 애국심을 기르려면 고성질호(高聲疾呼)로 애국하라 애국하라 함보다 차라리 조국 위인의 전기를 이야기하며, 역내(域內) 산천의 독본을 읽게 하여 내 나라에 대한 관념을 깊게 함이 나으리라 하노라"[22]라고 논의했다. 이때 위인이란 신채호에게 있어서 곧 정복 영웅이나 민족 영웅, 더 나아가 궁극적으로는 제국주의 영웅을 의미한다. 정복 영웅과 민족 영웅에 의해 구성된 강인한 고대사란 단지 패자의 위기로 내몰린 현재의 결여를 극복하기 위한 상상력일 뿐만 아니라 결여된 현재가 지향해야 할 목표였다. 그러므로 신채호가 주장하는 애국심은 곧 군함으로 상징되는 힘으로 조선을 개항에 이르게 했던 그 제국주의를 ('비판'이 아닌) 모방하기 위해 필요한 감정이었다.

3. 진화론적 세계 인식의 균열과 패자로서의 민족 영웅

임화는 신소설의 문학사적 가치를 논하면서, '당대 현실의 소설화'라는

20 신채호, 「이십세긔 신국민」, 『대한매일신보』(국문판), 1910. 2. 23.

21 윤영실은 당시 민족주의와 제국주의는 선악의 문제가 아니라 강약의 문제로 사유되었다고 논의했다. 이러한 맥락에서 윤영실은 "신채호에게는 주인의 자리에 선 타자를 비판하는 '부정'의 의지가 아니라, '아'를 '주인'의 자리에 올려놓는 '긍정'의 의지가 중시되었다"라고 평가했다. 윤영실, 「근대계몽기 신채호의 민족론에 나타난 '아(我)'의 의미」, 『한국학연구』 24집, 인하대학교한국학연구소, 2011, 303쪽.

22 신채호, 「정육과 애국」, 『단재신채호전집』 7권, 독립기념관 한국독립운동사연구소, 2008, 171쪽.

점에 대해 주목했다. 구소설과 달리 신소설은 당대의 현실을 소설화함으로써 유치한 형식으로나마 리얼리즘의 초기 형태를 보여주었다는 것이다.[23] 그러나 '현실'을 문제시한 것은 비단 신소설로 한정되지 않는다. 역사·전기소설 또한 역사적 우의(allegory)를 통해 과거의 실재 인물을 호출하여 국가의 운명과 관련된 애국계몽기 현실을 형상화하고 있기 때문이다.[24] 신소설이 미시적인 '현실'에 근거했다면 역사·전기소설은 국가, 민족과 같은, 보다 거시적인 '현실'에 초점을 두었던 것이다.

신채호 역시 문학의 화두는 '현실'이었다. "영웅호걸을 도와셔 텬하ᄉᆞ업을 일우ᄂᆞᆫ 쟈ᄂᆞᆫ 우부우부와 ᄋᆞ동주졸이오 우부우부와 ᄋᆞ동주졸의 하등샤회로 시작ᄒᆞ야 인심을 변화ᄒᆞᄂᆞᆫ 능력을 ᄀᆞ촌 쟈ᄂᆞᆫ 쇼셜이니 그런즉 쇼셜을 엇지 쉽게 볼 거시리오"[25]라는 신채호의 논의는 현실을 위한 계몽의 수단으로 문학을 인식하고 있음을 보여준다. 그러므로 역사적 인물과 같은 소재에서부터 환상과 같은 기법 등은 모두 '현실'을 위해 선택된 문학적 도구였다. 하지만 신채호 소설을 형상화하는 절대적 기제인 '현실'을 구체성의 차원에서 인식하고자 한다면 결코 단순하지 않다. 국가·민족으로 수렴될 수 있는 신채호 소설의 세부적 다양성은 바로 '현실'의 구체성에서 비롯되었다.

'현실'에 입각한 신채호의 소설 창작을 염두에 둘 때, 『최도통전』은 문제적이다. 왜냐하면 승자가 아닌 패자로서의 민족 영웅을 형상화하고 있기 때문이다. 『최도통전』은 『대한매일신보』에 1909년 12월 5일부터 1910년 5월 27일까지 연재된 소설이다.[26] 신채호가 1910년 4월에 망명길에

---

23 임화, 임규찬·한진일 편, 『신문학사』, 한길사, 1993, 162쪽.

24 이재선 외, 『개화기 문학론』, 한국학술정보, 2002, 179~180쪽.

25 신채호, 「근일 국문쇼셜을 저슐ᄒᆞᄂᆞᆫ쟈의 주의ᄒᆞᆯ일」, 『대한매일신보』(국문판), 1908. 7. 8.

26 『최도통전』은 국문판 『대한매일신보』에도 1910년 3월 6일부터 1910년 5월 26일까지 국문체

오른 사실을 염두에 둘 때, 『최도통전』은 신채호가 망명길에 오르기 직전 마지막으로 집필한 소설이다.

『최도통전』에 입전된 '최영'은 민족 영웅으로서의 면모를 두루 갖추고 있는 인물로 형상화되어 있다. 먼저, 최영은 단군의 후손으로 제시된다. "최도통은 단군의 착흔 즈손이오 부여민족의 딕표ㅣ라"[27]라는 인물에 대한 직접적 언급은 오랜 시간적 차이에도 불구하고 단군과 최영을 부여족이라는 민족의 코드로 연결시키고 있다. 최도통이 단군의 자손이라는 사실은 중요하다. 신채호는 진화론적 인식에 근거하여 동국민족을 주족과 객족으로 구분하고, 객족을 패자로 만든 승자의 기억으로 부여족을 구성하였다. 그리고 이전의 역사서에서 강조했던 기자(箕子)와 같은 이민족을 철저하게 민족의 구성원에서 배제시킴으로써 순혈성을 강화시킨 민족 서사를 완성했던 것이다.[28] 그러므로 최영을 단군의 자손이라고 언급한 것은 최영이 강인한 부여족의 적통성을 지닌 민족 영웅이라는 사실을 증명하는 것이다.

둘째, 최영은 무인으로 형상화되어 있다. 문인인 최영의 아버지는 최영에게 "형아 너는 무예를 빅호라 나라의 슈치가 이 디경에 니르딕 활ㅅ살 흔 딕를 쎽혀 도적을 향흐여 쏘는 쟈ㅣ 업스니 너의 아비는 셔싱이 되여 무예를 빅호지 못흔 거슬 흔흐노니 너는 반드시 무예를 빅호라"[29]라고 당부한다. 신채호에 따르면, 삼국시대 말기는 한(韓) 민족이 주변 민족을 패자의 위치로 내몰던 시기였다. 동명왕, 대무신왕, 광개토대왕 등이 기씨, 위씨, 최씨 등의 중국 민족을 패하여 도망가게 하고 숙신씨,

---

로 번역되어 연재되었다.

27 신채호, 『최도통전』, 『대한매일신보』(국문판), 1910. 3. 8.

28 신채호, 『독사신론』, 320~321쪽.

29 신채호, 『최도통전』, 『대한매일신보』(국문판), 1910. 3. 12.

모용씨 등의 족속을 패망에 이르게 하여 부여족을 승자로 각인시켰던 시대였다.[30] 이때 주변을 패자의 위치로 내몰았던 민족 영웅은 모두 무인이었다. 정복 군주인 단군에서부터 비롯된 무인의 민족 영웅화 기획은 무인인 최영을 민족 영웅으로 선택하는 데에 결정적인 이유가 되었다. 이를 통해, 한(韓)민족은 단군에서부터 시작된 무인으로서의 민족 영웅의 계보가 적어도 고려 말까지는 지속되는 역사를 갖게 된 것이다.

셋째, 최영은 강력했던 고대사의 기억을 간직한 인물로 형상화되어 있다. 과거 역사에 대한 기억은 지리적 영토 회복의 의지로 구체화된다. 쇠약해진 원나라가 고려에 원군을 보낼 것을 명령하니 최영이 이를 거부하면서 "군ᄉᆞ를 기르며 군량을 져츅ᄒᆞ여 나아가면 치고 쉬ᄒᆞᆯ 힘이 넉넉ᄒᆞ며 퇴ᄒᆞ 직면 회고 보젼ᄒᆞᆯ 힘이 넉넉ᄒᆞ거든 대병을 발ᄒᆞ여 첫지 료동을 쉬ᄒᆞ고 둘지 심양을 쉬ᄒᆞ여 고구려와 발히의 구긔를 거두어 회복"할 수 있고 더 나아가 "고구려가 ᄒᆞᆼ샹 즁국을 병탄ᄒᆞ고져 ᄒᆞ다가 쯧을 일우지 못ᄒᆞ엿스니 이제 우리가 이것을 셩공ᄒᆞ면 쳔고ᄉᆞ긔에 광치가 잇스리니"[31]라고 주장했다. 민족의 경계를 수호하는 것을 넘어 최영은 『을지문덕』과 마찬가지로 "영토확장주의자", "제국주의자"로서의 면모를 간직한 인물이다. 지도에 국경을 표시하기 시작한 것은 근대 이후에 일어난 일이다.[32] 추상적인 국가 관념이 국경이라는 물리적 지지(支持)를 통해 구체화되면서, 영토 확장 혹은 확장된 영토는 곧 경쟁에서 승리한 승자의 위치를 표상하게 된다. 그러므로 옛 영토의 회복을 통해 과거에 찬란했던 고대사를 지속시키고자 하는 최영은 민족 영웅적 면모를 지닌다

30 신채호, 『최도통전』, 『대한매일신보』(국문판), 1910. 3. 9.

31 신채호, 『최도통전』, 『대한매일신보』(국문판), 1910. 3. 18~19.

32 베네딕트 앤드슨, 윤형숙 역, 『상상의 공동체』, 나남출판, 2002, 221쪽.

고 할 수 있다.

이상의 조건들을 염두에 두었을 때, 최영은 단군, 을지문덕 등과 마찬가지로 진화론적 인식에 근거하여 형상화된 민족 영웅이다. 특히, 『최도통전』에 언급되어 있는 "경징ᄒᆞᄂᆞᆫ 거ᄉᆞᆫ 하늘이 주신 ᄉᆞ람의 직분이오 ᄉᆡᆼ활ᄒᆞᄂᆞᆫ ᄌᆞ본이라 그럼으로 직분 니져 ᄇᆞ리고 ᄌᆞ본을 더져 ᄇᆞ리면 말너셔 죽ᄂᆞᆫ 더경에 ᄉᆡᆨ짐은 일 개인이라도 그러ᄒᆞ고 일개 국가ㅣ라도 그러ᄒᆞ거늘 이러케 경징에 힘을 쓰지 아니ᄒᆞᄂᆞᆫ 국민이 엇지 안락을 누리여 보리오"[33] 라는 부분은 신채호가 진화론에 입각한 우승열패의 논리 속에서 최영을 민족 영웅으로 형상화했다는 사실을 알 수 있게 한다.

그러나 『최도통전』은 이전의 작품들과는 다르다. 왜냐하면 최영은 결국 패자로 전락한 민족 영웅이기 때문이다. 최영의 한계는 외적인 요인과 내적인 요인으로 구분하여 논의될 수 있다. 원나라에서 돌아온 최영은 공민왕에게 어렵게 승낙을 얻어 인당(印塘)과 더불어 북벌 전쟁을 벌일 수 있게 되었다. 그러나 이미 쇠약해진 원나라의 진영들을 격파하면서 옛 영토를 수복하고 있을 무렵, 원나라에서 파견된 사신의 협박에 굴복한 공민왕이 결국에는 인당을 참수하는 선에서 원나라와 화해하고 북벌 계획을 취소하기에 이른다. 또한 최영 역시 유학에서 비롯된 사회적 관습을 모두 부정하지는 못했다. 중 현린이 옛 땅을 회복하는 방안으로 "죠뎡에 간당을 쫓는다 칭탁ᄒᆞ고 뎌 패악ᄒᆞᆫ 졍부를 ᄀᆡ혁ᄒᆞ야 안에 잇ᄂᆞᆫ 도적을 몬져 멸졀ᄒᆞᆫ 후에 밧긔 도적을 나가셔 토멸ᄒᆞ면 일이 슌ᄒᆞ고 공을 일우기가 쉬우려니와"[34]라며 혁명을 제안하자, 최영은 그저 묵묵히 앉아 있을 뿐이었다. 이에 대해 신채호는 "천합소문이 그 뎍국 당병을

---

33 신채호, 『최도통전』, 319쪽.

34 신채호, 『최도통전』, 349쪽.

쳐셔 물닐칠 졔 몬져 용렬훈 님금브터 내여 칫"[35]던 사실을 언급하면서 군신 관계에 얽매어 있는 최영의 한계를 지적하였다.

신채호에게 영웅이라는 존재는 추상적인 민족 개념을 구체화하는 표상이었다. 단군이라는 영웅이 있었기에 주변을 복속하여 민족의 기원을 형성할 수 있었으며, 고구려로 연결되는 영웅들을 통해 민족의 경계를 지키면서 승자로서의 기억을 지속시킬 수 있었던 것이다. 그러므로 신채호는 "그 나라에 셰계와 교셥홀 영웅이 잇셔야 셰계로 더브러 분징ᄒ리니 영웅이 업고야 엇지 그 나라 되기를 ᄇ라리오"[36]라는 논의를 통해 영웅과 국가 혹은 민족의 생사를 동일시했다. 그러나 민족 영웅으로서 갖추어야 할 모든 것을 지닌 인물임에도 불구하고 최영은 패자로 존재하게 된 영웅이다.

패자로서의 민족 영웅 형상화는 먼저 가시화된 식민화의 '현실'에서 그 원인을 추측할 수 있다. 앞에서도 언급했듯이, 신채호는 항상 현실과 긴밀한 관련성을 내포한 문학을 했던 인물이다. 그러므로 신채호가 망명길에 오르기 직전에 집필된 『최도통전』은 가시화된 식민화의 현실로부터 자유로울 수 없었다. 진화론에 근거한 민족주의를 저항의 근거로 삼아 펼친 자강론은 불가피한 선택이었다. 그러나 식민화되는 현실은 불가피한 선택의 모순을 드러내는 계기가 되었다. 즉, 진화론은 결국 약자에게 식민의 과정을 인정할 수밖에 없게 만드는 논리였던 것이다. 패자가 되지 않기 위해 불가피하게 승자가 되기를 희망하지만, 식민화되는 현실은 이것이 불가능한 일이라는 사실을 보여준 것이다.

또한 식민화되는 현실은 저항 민족주의에 의해 구성된 민족 영웅에

35 신채호, 『최도통전』, 351쪽.

36 신채호, 「영웅과 세계」, 『대한매일신보』(국문판), 1908. 1. 7.

관한 상상력에 의문을 제기하는 계기가 된다. 앙드레 슈미드는 신채호가 망명 직전에 『대한매일신보』에 쓴 "합소문의 뎌 장략과 을지공의 뎌 무공은 천고 력ᄉᆞ상에 혁혁히 빗낫건만 오ᄂᆞᆯ날 이러ᄒᆞᆫ 이 강산에 누가 다시"[37]라는 시가를 인용하면서, 신채호가 "영웅이 출현하여 위기에 빠진 민족을 구하는 시나리오"를 크게 믿지 않았다고 논의했다.[38] 식민화되는 현실에 의한 진화론적 논리에 근거한 저항 민족주의에 대한 회의 그리고 저항 민족주의의 핵심을 이루었던 민족 영웅에 대한 불신은 민족 영웅으로 형상화된 최영을 결국에는 패자의 위치로 전락하게 만들었다.

『최도통전』은 신채호의 이전 소설들과 마찬가지로 진화론적 논리에 근거한 역사 인식에서 비롯되었다. 소설 속에 강조된 경쟁 논리, 승자로 존재했다는 구성된 고대사의 기억, 민족정신을 표상하는 무인으로서의 민족 영웅 형상화 과정 등은 또 한 명의 전쟁 영웅을 애국계몽기 민족 영웅으로 호출하는 데에 무리가 없다. 그러나 망국의 분위기는 궁극적으로 『최도통전』에 진화론적 인식의 흐름 이외에 또 하나의 흐름을 덧입혔다. 최영은 가시화되는 식민화의 현실에 절대적으로 필요한 승자로서의 민족 영웅이 아니다. 현실이 요청하는 승자가 아닌, 패자로 전락한 영웅에 대한 형상화는 진화론적 논리에 의해 망국의 과정을 걷는 현실에 대한 어쩔 수 없는 인정이면서 동시에 진화론적 세계 인식에 대한 미세한 모순을 드러내는 것이다.

37 「누가 다시」, 『대한매일신보』(국문판), 1910. 4. 22.

38 앙드레 슈미드, 정여울 역, 『제국 그 사이의 한국』, 휴머니스트, 2002, 533쪽.

4. 여성과 민중, 새로운 영웅의 발견

신채호가 망명 이후에 집필한 것으로 추정되는 『일목대왕의 철퇴』는 궁예를 소설화한 것이다. 신채호의 또 다른 소설인 『일이승』에서 "신라 이후에 죽어 가는 조선의 인심을 진작(振作)시키려던 걸물(傑物)"[39]로 언급된 궁예는 『일목대왕의 철퇴』에서도 민족 영웅적 자질을 내포한 인물로 형상화되어 있다. "조선의 옛 것을 없이 하려함이 아니라 단군, 고주몽, 박혁거세, 부여 온조, 진흥 대왕, 남랑, 술랑 모든 조선의 성인이 하여 온 것을 더욱 발휘하여 온 세계에 펴려 함이라"[40]라는 언급은 궁예가 단군, 고주몽 등과 같은 계보로 표상되는 민족으로 아(我)를 인식하고 있음을 보여준다. 또한 "동남으로 신라와 백제를 쳐서 조공을 받고 서북으로 압록강을 건너 발해와 거란을 쳐서 료동땅 삼분의 이분을 차지하사 고구려 오륙백 년만에 차츰차츰 개척한 강토를, 폐하께옵서는 이십 년 동안에 이루셨으니"[41]라는 왕건의 찬사 속에 궁예는 승자였던 과거의 민족 역사를 현재 속에 재현하고 있는 민족 영웅의 면모를 보여주고 있다.

그러나 이러한 민족 영웅적 자질에도 불구하고, 『일목대왕의 철퇴』의 궁예는 결코 민족 영웅으로 인정되지 않고 있다. "외통이 대왕(一目大王)이 저 혼자 제 자랑을 한다"라는 서술자의 인물에 대한 비판의 근거는 궁예의 도덕적 행태다. 궁예는 자신이 대왕임에도 불구하고 자신보다 석가와 공자를 더 숭배하는 사람들의 태도를 못마땅하게 여긴 나머지,

39 신채호, 『일이승』, 『단재신채호전집』 7권, 독립기념관 한국독립운동사연구소, 2008, 95쪽.

40 신채호, 『일목대왕의 철퇴』, 『단재신채호전집』 7권, 독립기념관 한국독립운동사연구소, 2008, 67~68쪽.

41 신채호, 『일목대왕의 철퇴』, 65~66쪽.

스스로 '미리'가 되어 사람들에게 자신을 믿을 것을 강요하였다. 그럼에도 불구하고 사람들이 자신을 신임하지 않자 강도회를 열어 소위 관심법(觀心法)으로 많은 사람들을 죽음에 이르게 한다. 이에 대해 왕후 강씨는 "온 세상 사람을 다 인도할 만한 길이 <도>가 아닙니까? 온 세상 사람을 다 감복하게 하는 사람이 <덕>이 아닙니까? 대왕이 글과 경문을 지어 대왕의 <도>로 세상을 인도하시려면 사람을 사랑하여야 합니다"[42]라면서 임금이 가져야 할 도덕적 자질에 대해 주장하였다.

『일목대왕의 철퇴』에서 강조되는 도덕은 신채호의 영웅을 형상화한 소설에서는 낯선 것이다. 모든 가치 판단의 중심에는 민족 영웅이 위치하고 있었기 때문에, 민족 영웅은 항상 선(善)으로 형상화되었다. 수나라의 양광이 '고구려가 조세를 많이 거두고 있다'라고 말한 사실에 대해 『을지문덕』은 "인민을 무휼ᄒᆞ야 화평케ᄒᆞᆫ 고로 부셰를 즁히 거두어 군ᄉᆞ를 공급ᄒᆞ여도 원망이 업셧"다고 서술함으로써[43] 을지문덕이 과도한 전쟁 준비로 백성을 괴롭혔을 개연성을 을지문덕의 민족 영웅적 면모로 봉합하고 있다. 『독사신론』에서 광개토대왕의 초손(肖孫)이며 을지문덕의 현제(賢弟)로 논의되고 있는 연개소문 역시 자신의 뜻과 반대되는 귀족들을 죽이고 임금을 시해했지만, 오히려 연개소문은 "동국의 4천 년 역사상 첫손가락에 꼽을 영웅"으로 강조된다.[44] "국가가 중요하고 임금은 가볍다"에서도 알 수 있듯이, 연개소문의 국가를 위하는 마음, 즉 민족 영웅의 면모가 왕까지 시해한 행동에 대해 도덕적 면죄부가 되었던 것이다.

그러나 궁예에게 있어서 민족 영웅은 도덕적 면죄부로 기능하지 않는

42 신채호, 『일목대왕의 철퇴』, 87쪽.
43 신채호, 『을지문덕』, 127쪽.
44 원문은 "我東四千載以來로第壹指를可屈ᄒᆞᆯ英雄"이다. 신채호, 『독사신론』, 35쪽.

다. 지리적 확장을 통해 옛 민족의 기억을 현재화하고 '석가의 조선', '공자의 조선'에 반대하며 '조선의 것'을 강조했지만, 궁예는 민족 영웅으로 형상화될 수 없었다. "지나간 영웅을 긔록ᄒᆞ야 쟝ᄅᆡ의 영웅을 부르노라",[45] "하ᄂᆞ님ᄭᅴ셔 이십셰긔 태평양에 둘재 리슌신을 기ᄃᆞ리ᄂᆞ니라"[46] 등으로 영웅전을 집필한 이유를 밝혔던 신채호는 진화론적 인식에 근거하여 승자로서의 민족의 영광을 이끌었던 영웅의 표상을 통해 당대의 위기를 극복하고자 했다. 그러나 망국에 이를 때까지 난세를 구원할 영웅이 출현하지 않는 현실은 신채호의 영웅에 대한 믿음을 깨뜨렸다. 민족 영웅은 망국의 현실에도 불구하고 여전히 가능성의 영역에만 머물고 있었기 때문이다.

영웅에 대한 회의는 현실을 타개할 새로운 주체를 탐색하게 만든다. 이 주체는 『일목대왕의 철퇴』에서도 이미 암시되어 있다. 궁예의 비도덕적 행위를 비판하는 왕후의 판단 근거는 '백성'이었다. 신채호에게 영웅이란 "셰계를 지어내는 셩신"[47]이었다. 민중을 이끌고 새로운 역사를 창조하는 인물이 바로 영웅이었다. 그러나 왕후는 '백성을 이끄는 영웅'이 아니라 '백성이 사랑할 수 있는 영웅'이어야 한다고 말했다. "백성들의 마음에 대왕이 맞지 안하면 신라나 백제를 사랑할 것입니다. 그리되면 대왕의 나라는 망하고 신라나 백제가 통일할 것입니다"[48]라는 왕후의 말은 역사 창조의 주도권이 영웅에서 일반 백성으로 넘어갔음을 보여준다.

민중을 새로운 역사의 주체로 설정할 때, 『백세 노승의 미인담』은

---

45 신채호, 『을지문덕』, 110쪽.

46 신채호, 『이순신전』, 『단재신채호전집』 4권, 독립기념관 한국독립운동사연구소, 2007, 281쪽.

47 신채호, 「영웅과 세계」, 『대한매일신보』(국문판), 1908. 1. 5.

48 신채호, 『일목대왕의 철퇴』, 64쪽.

주목할 만한 작품이다. 노승이 자신의 아내 때문에 결국 중이 될 수밖에 없었던 사연을 전하고 있는 이 작품에서 영웅의 면모를 지니고 있는 인물은 엽쁜이라고 불리는 여성이다. 엽쁜이는 노승의 아비와 몽고를 물리칠 계략을 논의하는 과정에서, 노승의 아비가 엽쁜이가 제안한 정책을 실현할 만한 이가 없다고 한탄하자 "쇤네에게 국정을 맡기십시오"[49]라는 포부를 밝힐 정도로 기존의 여성상에서 벗어난 인물이다. "여개소문"(女蓋蘇文)이라는 별칭으로 명명되기도 하는 엽쁜이의 영웅화는 남성을 중심으로 이루어졌던 신채호의 민족 영웅화 기획이 변화했음을 보여준다.

영국의 제국주의를 분석하면서 박형지 · 설혜심은 "제국이 유지되기 위한 필수 요소인 영국적인 남성다움과 용기가 제국주의라는 구도 속에서 구현되었다"라고 논의했다.[50] 식민지를 통치하기 위해 필요한 억압의 상징 속에서 강인한 남성성의 모습이 중첩된 결과다. 한편, 식민지는 제국주의 남성성에 지배되는 여성성으로 표현된다. 그러므로 제국주의에 저항하는 민족주의는 강한 남성성을 필요로 할 수밖에 없다. '약함'을 상징하는 여성성으로의 규정에 저항하기 위해서는 제국주의와 마찬가지로 저항 민족주의 또한 강한 남성성이 요구되기 때문이다. 박은식이 천개소문을 민족 영웅으로 형상화하면서 "석 자 구레나룻에 늠름한 풍채"[51]라는 남성의 지표를 강조했던 것 역시 동일한 맥락이다. 그러므로 제국주의와 저항 민족주의가 남성성을 강조한 것은 경쟁이라는 진화론적 논리에 근거했기 때문이라는 것을 알 수 있다.

신채호 역시 이러한 남성성에 기초해서 민족 영웅 프로젝트를 진행했

49 신채호, 『백세 노승의 미인담』, 『단재신채호전집』 7권, 독립기념관 한국독립운동사연구소, 2008, 62쪽.

50 박형지 · 설혜심, 『제국주의와 남성성』, 아카넷, 2004, 40쪽.

51 박은식, 「천개소문전」, 『백암박은식전집』 4권, 동방미디어, 2002, 341~342쪽.

다. 그러나 망명 이후 집필한 『백세 노승의 미인담』에서 남성이 아닌 여성인 엽쁜이를 영웅으로 형상화했다는 사실은 신채호가 기존의 진화론적 인식에 근거해서 진행하던 민족 영웅의 기획이 승자와 패자라는 이분법에서 벗어나 새로운 패러다임 속에서 전개하고 있다는 사실을 보여준다. 이는 엽쁜이를 통해 강조된 민중에 대한 인식에서 보다 분명하게 드러난다. 몽고와 싸울 방법을 노승의 아비와 상의하는 가운데 엽쁜이는 다음과 같이 말한다.

> 대감이 무슨 까닭에 고려는 적고 몽고는 많은 줄을 아십니까 ……(중략)…… 가령 몽고 사람 백만 명이 있다 하면 그 백만 명이 다 몽고입니다. 우리 고려는 백만 명이 있다 하면 그 중에 량반이 있고, 노예가 있고, 상놈이 있고, 잡색이 있어 백만 명에 구십 구만 명은 고려가 아니요 겨우 일만 명이 고려입니다.
>
> 일만 명의 고려로서 백만 명의 몽고를 대적하게 되므로 매양 과불적중의 한탄이 생기는 것입니다. 근일에 각도의 장수들이 몽고와 싸울 때에 노예 문서를 불사르고 몽고만 쳐 물리면 노예도 량반의 동등으로 대우한다 선언하여 싸움을 이기고는 노예 문서를 다시 꾸미게 되므로 상놈과 노예들은 다 락망하여 나라 일에 죽으려 안 하므로 싸우는 군사가 날로 저잔하니 오늘에 전국에 노예 문서를 없이 하여 노예라도 공만 이루거던 높은 벼슬을 줄 것이 제일 급무입니다.[52]

엽쁜이는 '몽고'라는 외부의 적에 맞서 '고려'라는 단일한 주체의 저항을 강조하는 것이 아니라, 몽고와의 전쟁에서 패할 수밖에 없는 원인을 제시한다. 그 원인은 저항 민족주의에 의해 간과되었던 민족 내부의

---

52 신채호, 『백세 노승의 미인담』, 61쪽.

모순이었다. 민족이라는 상상의 공동체는 그 구성원들을 '민족'이라는 단일하고 평등한 코드로 호명하여 민족을 위해 희생하게 만들어야 하지만 이것은 어디까지나 상상이었다. 왜냐하면 민족의 실체는 여러 계급으로 구분된 불평등한 구성원들로 기계적으로 이루어진 집단에 불과했기 때문이다.

신채호에게 민족은 절대적인 화두였다. 그러나 민족의 독립과 생존을 구하는 방법은 현실에 따라 변화했다. 신채호는 애국계몽기 진화론적 인식에 근거하여 민족을 주체로 저항 민족주의를 강조했다. 이는 불가피한 선택이었다. 개항과 함께 갑작스럽게 출현한 제국주의는 민족 혹은 국가를 단위로 한 불완전한 저항 민족주의를 일으킬 수밖에 없었던 주된 원인이었기 때문이다.[53] 그러나 망국의 현실에 이르러, 신채호는 기존의 소설과는 다른 새로운 주체를 형상화했다. 엽쁜이라는 여성과 엽쁜이에 의해 강조되는 불평등한 처지에 있는 민중은 신채호의 민족 담론이 민족 영웅이 아닌 새로운 담론을 통해 형성되고 있다는 사실을 보여준다. 이는 경쟁을 강조했던 진화론적 현실 인식을 비껴가는 것이다. 왜냐하면 진화론에서 강조한 경쟁은 결국 조선의 현실을 망국으로 이끌었기 때문이다.

5. 변화하는 현실과 다양한 영웅 상(像)

애국계몽기 한국은 서구에서 기원한 민족주의를 제국주의에 저항하는

53 전복희는 한국의 계몽운동에서 사회진화론은 국가유기체설과 결합되어 발전되었다고 논의했다. 즉, 국가는 사회진화론적 싸움에서 생존경쟁의 단위로 인식되었다는 것이다. 전복희, 『사회진화론과 국가사상』, 한울, 1996, 157쪽.

방법으로 삼았다. 그러나 저항 민족주의는 당대의 현실에서 재맥락화되는 과정에서 괴리를 야기했다. 왜냐하면 저항 민족주의와 제국주의는 진화론적 인식이라는 동일한 근거 위에 성립된 개념들이었기 때문이다. 그러므로 민족주의는 저항의 담론이 될 수도 있었지만 식민화되는 현실을 인정하는 담론이 될 수도 있었다.

신채호는 애국계몽기 현실에서 민족 영웅으로 표상되는 저항 민족주의를 전개했던 인물이었다. 그러나 식민의 위험이 고조되는 현실에서 식민화된 현실로의 변화는 신채호로 하여금 단순히 이론에만 몰두하게 만들지 않았다. '주의(主義)의 조선'이 아닌 '조선의 주의(主義)'를 지향했던 신채호에게 진화론에 근거한 민족주의는 '주의'와 '현실' 사이에서 일종의 균열로 기능했다. 이 장에서는 저항의 담론이자 승인의 담론이었던 민족주의를 중심으로 야기된 균열을 신채호의 문학을 통해 규명하고자 했다.

애국계몽기 신채호는 진화론적 인식에 근거한 역사를 집필했다. 동국민족을 여러 종족으로 구분한 후, 주족(主族)인 부여족이 다른 종족을 정복하는 과정으로 고대사를 구성했다. 이때 다른 종족을 정복한 승자로서의 민족의 위상은 민족 영웅으로 구체화되었다. 정복 군주로서 형상화된 민족의 기원인 단군은 이후 고구려의 을지문덕, 연개소문 등으로 이어지는 민족 영웅의 계보를 형성하는 단초가 되었다. 특히, 을지문덕을 영토확장주의자, 제국주의자 등으로 지칭한 부분은 민족 영웅이 진화론적 인식에 근거하여 발명되었다는 것을 보여주는 동시에 신채호의 민족주의가 지향하는 바를 분명하게 드러냈다.

그러나 승자의 기억을 통해 현재를 갈음하고자 했던 신채호의 민족 영웅 기획은 점차 식민화되는(혹은 식민화된) 현실에 의해 균열을 드러냈다. 『최도통전』은 고려 말기 전쟁 영웅인 최영을 민족 영웅으로 형상화한 작품이다. 그러나 『최도통전』은 이전의 소설들과 다르다. 왜냐하면 『최도통전』의 최영은 승자로서의 민족 영웅이 아니라 패자로서의 민족 영웅이기 때문이다. 민족 영웅적 면모를 갖추었음에도 불구하고 궁극적으로 패자로 형상화되었다는 사실은 식민화되는 현실의 알레고리일 수 있는 동시에 진화론적 인식에 근거하여 패자로서의 현실을 인정할 수밖에 없는 것에 대한 회의를 드러내는 것이라고 볼 수 있다.

진화론적 세계 인식에 대한 신채호의 의문은 망명 이후 여러 작품들을 통해 본격화되었다. 애국계몽기 임금을 시해하면서도 중국의 침략으로부터 민족의 경계를 지켜냈다는 민족 영웅적 면모에 의해 도덕적 면죄부를 받았던 연개소문을 염두에 둘 때, 민족 영웅적 면모를 지니고 있음에도 불구하고 백성들을 탄압하는 궁예에 대한 비판은 신채호의 진화론적 세계 인식에 근거한 민족 영웅 기획이 변화되었음을 보여준다. 특히, 제국주의와 저항 민족주의가 주로 형상화했던 남성 영웅이 아닌 여성 영웅의 형상화와 민족이라는 담론에 의해 소외되었던 민족 내부의 불평등한 구성원인 민중에 대한 조망은 신채호의 민족 영웅 기획이 더 이상 진화론적 경쟁에 근거한 민족주의에 의해 형상화된 것이 아니라는 사실을 보여준다.

이상의 논의는 진화론적 인식에 근거한 민족 영웅 형상화 과정과 식민지 현실에 의한 민족 영웅 기획의 균열에 대해 고찰한 것이었다. 신채호에게 있어서 민족은 절대적 화두였다. 그러나 민족은 항상 진화론에 근거한 민족주의에 의해서만 구성될 수 있는 것은 아니었다. 신채호는 식민지 현실을 인정할 수밖에 없게 만드는 진화론적 경쟁의 논리로부터 벗어난 지점에서 여성 영웅과 민중을 새로운 역사의 주체로 설정할 수 있었던 것이다. 하지만 이러한 신채호의 변화된 인식이 신채호에게 절대적이었다고 말할 수는 없다. 왜냐하면 여전히 신채호는 『조선상고사』 등을 통해 '아(我)와 비아(非我)의 투쟁'으로서 역사를 규정하고 있기 때문이다.[54] 그러나 신채호는 강조된 진화론적 인식 이면에 분명 진화론적 인식에 위배되는 현실에 근거한 측면들을 내포하고 있었다. 「조선혁명선언」은 바로 이러한 측면들이 축적되어 표현된 것이라고 할 수 있다.

일반적으로 신채호의 사상적 변화는 1920년대부터 비롯된 것으로 논의된다. 무정부주의자인 크로포트킨의 언급, 「조선혁명선언」 등이 1920년대에 이르러 나타났기 때문이다. 그러나 항상 현실에 주목했던 신채호에게 있어서 이러한 사상적 변화는 망국이 현실화되기 시작했던 1910년부터 이미 나타났으며 이러한 흐름이 『최도통전』, 『일목대왕의 철퇴』, 『백세 로승의 미인담』 등을 통해 지속되었다고 할 수 있다. 이상의 논의는 진화론적 인식으로 획일화되어 있는 1920년대 이전의 신채호에 대한 사유를 보다 다양화하는 데에 기여할 것으로 판단된다.

54 『조선상고사』는 신채호가 북경에 다소 안정적으로 체류하고 있었을 1915~1919년 사이와 1920~1922년 사이에 집필된 것으로 이만열은 추정하고 있다(이만열, 「『단재신채호전집』 1권 해제」, 『단재신채호전집』 1권, 독립기념관 한국독립운동사연구소, 2007, p. iv).

참고문헌

1. 기본 자료

박은식, 『백암박은식전집』, 동방미디어, 2002.
신채호, 『단재신채호전집』 1~10권, 독립기념관 한국독립운동사연구소, 2007 · 2008.
양계초 편저, 안명철·송엽휘 역주, 『역주 월남망국사』, 태학사, 2007.
이인직, 『혈의루』, 한국학문헌연구소편, 『신소설 · 번안(역)소설』 1권, 아세아문화사, 1978.
한국학문헌연구소편, 『역사 · 전기소설』 1~10권, 아세아문화사, 1978.
———, 『한국개화기교과서총서』 1 · 11권, 아세아문화사, 1977.
현채 역, 『월남망국사』, 보성관, 1906(초판).
『대한매일신보』, 『권업신문』, 『독립신문』, 『황성신문』, 『신한민보』, 『해조신문』.
『고종실록』.
『官報』 2권, 아세아문화사, 1973.

2. 논문 및 단행본

강만길 편, 『신채호』, 고려대학교 출판부, 1990.
강명관, 「한문폐지론과 애국계몽기의 국 · 한문논쟁」, 『한국한문학연구』 8권, 1985.
강영주, 「개화기의 역사 · 전기문학(1)」, 『관악어문연구』 8집, 1983.
———, 『한국 역사소설의 재인식』, 창작과비평사, 1991.

강준만, 『한국근대사산책』 5권, 인물과사상사, 2007.
고영수, 「일제하의 금서출판 소고」, 『출판학연구』 28호, 한국출판학회, 1986.
공임순, 『우리 역사소설에는 이론과 논쟁이 필요하다』, 책세상, 2000.
구자황, 「독본을 통해 본 근대적 텍스트의 형성과 변화」, 『상허학보』 13집, 2004.
권보드래, 「근대 초기 '민족' 개념의 변화」, 『민족문학사연구』 33호, 민족문학사학회, 2007.
———, 「신소설의 성 · 계급 · 국가」, 『여성문학연구』 20호, 한국여성문학학회, 2008.
———, 『한국 근대소설의 기원』, 소명출판, 2000.
권행가, 「명성황후와 국모의 표상」, 『미술사연구』 7권 1호, 2007.
김게르만, 『한인 이주의 역사』, 박영사, 2005.
김기승, 「박은식의 민족과 세계 인식」, 『한국사학보』 39호, 고려사학회, 2010.
김명호, 「실학파의 문학론과 근대 리얼리즘」, 『한국한문학연구』 19집, 1996.
김민수, 「주시경의 업적」, 『국어학』 1집, 1962.
김봉희, 『한국개화기 서적 문화 연구』, 이화여자대학교출판소, 1999.
김부식, 이재호 역, 『삼국사기』 3권, 솔, 1997.
김석봉, 『신소설의 대중성 연구』, 역락, 2005.
김양선, 「반공주의의 전략적 수용과 여성문단」, 『어문학』 101집, 2008.
김양수, 「조선전환기의 중인집안활동」, 『동방학지』 102호, 1998.
김영경, 「한말 서울지역 중인층의 근대화운동과 현실인식」, 『학림』 20집, 연세대학교 사학연구회, 1999.
김영민, 『한국근대소설사』, 솔, 1997.
———, 『한국근대소설의 형성과정』, 소명출판, 2005.
———, 『한국의 근대신문과 근대소설』, 소명출판, 2006.
김윤식 · 정호웅, 『한국소설사』, 예하, 1993.
김은하, 「1970년대 소설과 저항 주체의 남성성」, 『페미니즘연구』 7권 2호, 2007.
김재영, 「근대계몽기 소설 개념의 변화」, 김영민 외, 『한국 근대 서사양식의 발생 및 전개와 매체의 역할』, 소명출판, 2005.
김종박, 「한국 개화기 여성의 근대화와 교육에 대한 고찰」, 『새마을연구』 6권, 1988.
김주현, 「한국 근대 초기 문학의 탈식민주의적 연구」, 『어문학』 105집, 한국어문학회,

2009.
김진곤 편역, 『이야기 小說 Novel』, 예문서원, 2001.
김찬기, 『한국 근대문학과 전통』, 국학자료원, 2002.
김현숙, 「한말 '민족'의 탄생과 민족주의 담론의 창출」, 『동양정치사상사』 5권 1호, 2006.
김현주, 「신채호의 '역사' 이념과 서사적 재현 양식의 연관성에 대한 연구」, 나병철 외, 『한국문학과 탈식민주의』, 깊은샘, 2005.
김형중, 『애국계몽기의 신문연재소설』, 한국문화사, 2001.
남상호, 「공자와 춘추」, 『공자학』 7호, 한국공자학회, 2000.
단재 신채호 선생 기념사업회 편, 『단재신채호와 민족사관』, 형설출판사, 1980.
———, 『신채호의 사상과 민족독립운동』, 형성출판사, 1986.
도민재, 「조선전기 예학사상의 이념과 실천」, 『유학사상연구』 21집, 1999.
류보선, 「민족≠국가라는 상황과 한국문학의 민족 로망스들」, 『문학과사회』, 2008년 여름.
박노자, 『씩씩한 남자 만들기』, 푸른역사, 2009.
박성봉, 『대중예술의 미학』, 동연, 1995.
박용옥, 『한국근대여성운동사연구』, 정신문화연구원, 1984.
박정심, 「신채호의 유교 인식에 관한 연구」, 『한국사상사학』 22집, 한국사상사학회, 2004.
박찬부, 『현대정신분석비평』, 민음사, 1996.
박형지 · 설혜심, 『제국주의와 남성성』, 아카넷, 2004.
박환, 「권업신문에 대한 일고찰」, 『사학연구』 46호, 1993.
박희병, 「조선후기 '전'의 소설적 성향 연구」, 서울대학교 박사학위논문, 1991.
성현경, 『한국 옛소설론』, 새문사, 1995.
송엽휘, 「월남망국사의 번역 과정에 나타난 제문제」, 『어문연구』 34권 4호, 2006.
신규수, 「근대 일본의 한국지배인식에 관한 연구」, 『역사와 사회』 25호, 국제문화학회, 2000.
신남주, 「개화기 여성연구: 사회참여를 중심으로」, 『한국여성교양학회지』 1권, 한국여성교양학회, 1994.

신승하, 『근대중국: 개혁과 혁명』(상), 대명출판사, 2004.
신연재, 「동아시아 3국의 사회진화론 수용에 관한 연구」, 서울대학교 박사학위논문, 1991.
신용하, 『박은식의 사회사상 연구』, 서울대학교 출판부, 1982.
신일철, 『신채호의 역사사상 연구』, 고려대학교 출판부, 1980.
신창호, 「유학의 '인성론'에 내재된 교육의 방향」, 『한국교육학연구』 8권 2호, 2002.
안자산, 최원식 역주, 『조선문학사』, 을유문화사, 1984.
양진오, 「고구려 영웅과 역사의 발견」, 『어문학』 95집, 한국어문학회, 2007.
———, 「영웅의 호출과 민족의 상상」, 『현대소설연구』 38권, 2008.
여규형, 「논한문국문」, 『대동학회월보』 1호, 1908년 2월.
오석원, 「유교 역사관의 재구성」, 『인문과학』 29집, 성균관대학교 인문과학연구소, 1999.
우남숙, 「사회진화론과 한국 근대민족주의」, 『동양정치사상사』 7권 2호, 한국동양정치사상사학회, 2008.
우림걸, 「양계초 역사·전기소설의 한국적 수용」, 중한인문과학연구회, 『동아시아 언어문화 연구』, 국학자료원, 2001.
유길준, 「경쟁론」, 『유길준전서』 4권, 일조각, 1971.
유길준, 채훈 역주, 『서유견문』, 명문당, 2003.
유방란, 「한국근대교육의 등장과 발달」, 서울대학교 박사학위논문, 1995.
유인선, 『새로 쓴 베트남의 역사』, 이산, 2002.
윤병석, 「백암박은식전집 4권 해제」, 백암박은식선생전집편찬위원회 편, 『백암박은식전집』 4권, 동방미디어, 2002.
윤영실, 「근대계몽기 신채호의 민족론에 나타난 '아(我)'의 의미」, 『한국학연구』 24집, 인하대학교 한국학연구소, 2011.
이광린, 『한국개화사연구』, 일조각, 1999.
이기문, 『개화기의 국문연구』, 일조각, 1970/1981.
이상근, 『러시아 중앙아시아 이주한인의 역사』, 국학자료원, 2010.
이선이, 「근대중국의 민족주의와 여성주의」, 『여성과 역사』 1호, 2004.
이승원 외, 『국민국가의 정치적 상상력』, 소명출판, 2003.

이영아, 「신소설의 개화기 여성상 연구」, 서울대학교 석사학위논문, 2000.
———, 『육체의 탄생』, 민음사, 2008.
이임하, 「한국전쟁과 여성성의 동원」, 『역사연구』 14호, 2004.
이재선 외, 『개화기 문학론』, 형설출판사, 1978; 한국학술정보, 2002.
이재선 역주, 『애국부인전/을지문덕/서사건국지』, 한국일보사, 1975; 한국학술정보, 2001.
이재선, 『한국개화기소설연구』, 일조각, 1972/1985.
———, 『한국소설사: 근현대편 1』, 민음사, 2000.
———, 『한말의 신문소설』, 한국일보사, 1975; 한국학술정보, 2001.
이지훈, 「신채호의 아나키즘과 <용과 용의 대격전> 고찰」, 『한국현대문학연구』 8집, 한국현대문학회, 2000.
이현미, 「대한제국의 영웅 개념」, 『세계정치』 25집 2호, 2004.
임화, 임규찬 · 한진일 편, 『신문학사』, 한길사, 1993.
장학수, 「신채호문학의 민족주의적 성격」, 『전북대학교 인문논총』 16권, 1986.
전경옥 외, 『한국여성 정치사회사』, 숙명여자대학교 아시아여성연구소, 2004.
전복희, 『사회진화론과 국가사상』, 한울아카데미, 1996.
전세영, 「현채의 교육 및 애국계몽활동에 대한 정치사상적 평가」, 『한국정치학회보』 33집 2호, 1999.
전용문, 「여성영웅소설의 문학사적 위치」, 사재동 편, 『한국서사문학사의 연구 IV』, 중앙문화사, 1995.
정은경, 「개화기 현채가의 저 · 역술 및 발행서에 관한 연구」, 『서지학연구』 14권, 1997.
정요일, 『한문학비평론』, 집문당, 1990.
정환국, 「근대계몽기 역사전기물 번역에 대하여」, 한기형 외, 『근대어근대매체근대문학』, 성균관대학교 대동문화연구원, 2006.
조종환, 「박은식의 유교 개혁론」, 『韓國思想史學』 4·5合輯, 한국사상사학회, 1993.
주시경, 「국어와 국문의 필요」, 이기문 편, 『주시경전집』 1권, 아세아문화사, 1976.
주희, 『인설』, 임헌규 역, 책세상, 2003.
차승기, 「근대 계몽기 민족주의의 성격에 관한 고찰」, 『현역중진작가연구 4』, 국학자료원, 1999.
최기영, 「국역 『월남망국사』에 관한 일고찰」, 『동아연구』 6집, 1985.
최영성, 「삼국사기의 역사관과 유학사적 의의」, 『한국철학논집』 1집, 1991.
최홍규, 『신채호의 민족주의사상』, 단재신채호선생기념사업회, 1983.
하정일, 『탈식민의 미학』, 소명, 2008.
한국언론사연구회, 『대한매일신보 연구』, 커뮤니케이션북스, 2004.
한금윤, 「신채호 소설의 미적 특성 연구」, 『현대소설연구』 9집, 1998.
한영우, 「개화기 안종화의 역사서술」, 『한국문화』 8집, 1987.
———, 「『동국통감』의 역사서술과 역사인식(下)」, 『한국학보』 16호, 1979.
한원형, 『한국 개화기 신문연재소설연구』, 일지사, 1990.
홍인숙, 「근대계몽기 여성담론 연구」, 이화여자대학교 박사학위논문, 2007.
황종연, 「문학이라는 역어」, 문학사와비평연구회 편, 『한국문학과 계몽담론』, 새미, 1999.
황호덕, 「한국 근대 형성기의 문장 배치와 국문 담론」, 성균관대학교 박사학위논문, 2002.

니시카와 나가오, 윤대석 역, 『국민이라는 괴물』, 소명출판, 2002.
리타 펠스키, 김영찬 · 심진경 역, 『근대성과 페미니즘』, 거름, 1998.
베네딕트 앤더슨, 윤형숙 역, 『상상의 공동체』, 나남출판, 2002.
스티븐 코헨 · 린다 샤이어스, 임병권 · 이호 역, 『이야기하기의 이론』, 한나래, 1997.
앙드레 슈미드, 정여울 역, 『제국 그 사이의 한국』, 휴머니스트, 2007.
애덤 로보츠, 곽상순 역, 『트랜스 비평가 프레드릭 제임슨』, 앨피, 2007.
에릭 홉스봄, 박지향 · 장문석 역, 『만들어진 전통』, 휴머니스트, 2004.
H. 포터 매벗, 우찬제 외 역, 『서사학 강의』, 문학과지성사, 2010.
우에노 치즈코, 이선이 역, 『내셔널리즘과 젠더』, 박종철 출판사, 1999.
제레미 탬블링, 이호 역, 『서사학과 이데올로기』, 예림기획, 2000.
조지 모스, 서강여성문학연구회 역, 『내셔널리즘과 섹슈얼리티』, 소명출판, 2004.
캐서린 흄, 『환상과 미메시스』, 한창엽 역, 푸른나무, 2000.
프라센지트 두아라, 문명기 · 손승회 역, 『민족으로부터 역사를 구출하기』, 삼인,

2004.
피터 브룩스, 이봉지・한애경 역, 『육체와 예술』, 문학과지성사, 2000.
한스 울리히 벨러, 이용일 역, 『허구의 민족주의』, 푸른역사, 2007.
해리 하르투니언, 윤영실・서정은 역, 『역사의 요동: 근대성, 문화 그리고 일상생활』, 휴머니스트, 2006.

Braudy, Leo., *Narrative Form in History and Fiction*, Princeton: Princeton UP., 1970.
Gelfand, Elissa D., *Imagination in Confinement: Women's Writing from French Prisons*, Cornell UP., 1983.
Liu, Lydia H., *Translingual Practice*, Stanford UP., 1995.
Rabkin, Eric S., *The Fantasy in Literature*, Princeton: Princeton UP., 1976.

텍스트

인물

용어 및 개념